Der Schriftatlas

ERNST REIMANN
HANS-JOACHIM RIETHMÜLLER

Der Schriftatlas

für Ausbildung
und Praxis
im Berufsfeld
Farbe
Gestaltung
Schrift
Werbung

BECHTERMÜNZ VERLAG

Ernst Reimann, geboren 1922 in Breslau, studierte an den Kunstschulen in Mainz, Bonndorf, Wiesbaden und an der Graphischen Fachschule in Freiburg. Bis 1963 war er als freier Graphiker tätig, dann unterrichtete er als Schriftlehrer an der Badischen Maler- und Lackiererfachschule in Lahr. Er baute den modernen Schriftunterricht an der Bundesfachschule für Werbetechnik in Lahr auf.

Hans Joachim Riethmüller, geboren 1925 in Stuttgart, studierte nach einer Ausbildung als Verlagsbuchhändler von 1953 bis 1957 an der Kunstakademie in Stuttgart Schriftgrafik und Typographie, von 1957 bis 1972 war er Fachlehrer für Schrift an der Staatlichen Fachschule für Steinbearbeitung in Wunsiedel. Ab 1972 unterrichtete er Schrift an der Badischen Malerfachschule in Lahr.

Genehmigte Lizenzausgabe für
Bechtermünz Verlag im
Weltbild Verlag GmbH, Augsburg 1997

Einbandgestaltung: Peter Engel, Grünwald
Gesamtherstellung: Istituto Grafico Bertello
Printed in Italy
ISBN 3-86047-259-3

Inhalt

Inhalt

Inhalt

Einführung zu Teil 1

In den vergangenen Jahren hat die Entwicklung auf dem Gebiet der angewandten Schrift einen tiefgreifenden Wandel erfahren. Zwar hat sich das Angebot von Fertig-, Transfer-, Fotosatz- und Computerschriften um ein Vielfaches vermehrt. Dies brachte jedoch leider keine allgemeine Qualitätsverbesserung der Schrift mit sich, wie sich auch die Ausbildung an den beruflichen Schulen nur zögernd verbesserte: eine Folge des schnellen Wechsels von Stilen und Neuschöpfungen von Schriften, der unzureichenden Lehrerausbildung mit geringer Vermittlung umfassender Kenntnisse über die Schrift und der Einführung der Schneid- und Schriftcomputer in Ausbildung und Praxis. Hierin liegen die Gründe für die vielfach vernachlässigte Grundausbildung im Bereich der gezeichneten Schrift, von der geschriebenen ganz zu schweigen. Zusätzlich entstehen noch selbstentworfene Schriften als Unterrichtsvorlagen, bei denen die Gesetzmäßigkeiten historischer und moderner Schriftformen grob mißachtet werden. Hinzu kommt, daß sich durch die neuen technischen Satz-, Kopier- und Schneidverfahren in Schulen und Handwerk Bequemlichkeiten eingebürgert haben, weshalb Schriften aus Katalogen der Industrie oft unkritisch übernommen werden. Dies führt zu zum Teil katastrophalen Ergebnissen und in nicht geringem Ausmaß zum Niveauverlust in allen Bereichen der Schriftanwendung.

Glücklicherweise verhelfen aber die Wiederentdeckung der Alt- und Kernstädte und ihre Rückentwicklung zu bürgerfreundlichem Lebensraum der Schrift durch vielfache, oft stilgebundene Möglichkeiten der Anwendung zu neuem Ansehen. Überzogener Modernismus hat hier keinen Platz mehr. Er ist zu kurzlebig, stiftet Verwirrung und Unruhe im Stadtbild, vermindert den Informationswert und widerspricht auf diese Weise den Grundsätzen der moderner Werbung. Besonders an der Stilfassade kann der »Schriftenmaler» im echten Sinne des Wortes wieder beispielgebend tätig werden. Voraussetzung dafür ist die Beherrschung von Form und Schreibtechnik, so daß dadurch auch die Schrift wieder »Kunst am Bau« werden kann.

Aus diesem Grunde habe ich in diesen »Schriftatlas« die wichtigsten Grundformen historischer – auch gebrochener – Schriften aufgenommen und versucht, nicht nur den geschichtlichen Ablauf der Schriftentwicklung aufzuzeigen, sondern auch dem Lehrer, dem Schüler und vor allem dem Praktiker verbindliche Hilfen zur Anwendung an die Hand zu geben. »Nur so kann erhalten werden, was in Jahrhunderten aus der Breitfeder-Antiqua gewachsen ist, was uns heutigen anspruchsvollen Menschen ein Höchstmaß an guter Lesbarkeit, schneller Erfaßbarkeit und dabei auch zeitloser Schönheit bietet« (Max Caflisch).

Schriftkultur und Verständnis für Form, Material und Proportion dürfen nicht länger alleiniges Wissen und Können einer immer kleiner werdenden Minderheit von Schriftschaffenden und Schriftverarbeitenden bleiben. Im Gegenteil: An der Basis, im Unterricht, in den Klassen unserer beruflichen Schulen und in den Meisterklassen der Fachschulen muß begonnen und fortgeführt werden, was in die Öffentlichkeit hineinwirken und lange Bestand haben soll. Hier muß bereits der Grundstein gelegt werden für ein – von allen falschen Modernismen unseres spätindustriellen Konsumzwangs befreites – neues Schriftempfinden. In diesem wichtigen Bereich moderner Kommunikation dürfen keine unwiederbringlichen kulturellen Werte verlorengehen; heute gilt mehr denn je, sie zu erhalten oder in diesem Sinne gleichwertig Neues zu schaffen.

Es soll nicht die Aufgabe des »Schriftatlas« sein, das Gesamtgebiet der Schrift umfassend zu behandeln. Dafür steht in ausreichendem Maß Literatur zur Verfügung. Er soll vielmehr für den in der Ausbildung stehenden gestaltenden Handwerker und Schriftfachmann eine zuverlässige Grundlage sein, auf der er aufbauen und in der späteren Praxis arbeiten kann. Das Literaturverzeichnis wird dem Lehrenden und dem Lernenden weitere Möglichkeiten der Information aufzeigen, die geeignet sind, das fachliche Wissen über die Schrift und das Schriftempfinden zu vertiefen. Denn nur das Quellenstudium führt zum Verständnis der Zusammenhänge und damit der guten Schriftanwendung.

Die Entwicklung der abendländischen Schrift

Kurzgeschichte der Schrift

Das Größte aber ist das Alphabet,
denn alle Weisheit ist darin
verborgen für den, der es zu lesen
versteht.

Vier bedeutende und grundlegende Entdeckungen kennzeichnen die großen Epochen der Menschheitsentwicklung: die Bändigung des Feuers, die Erfindung des Rades bzw. der Rolle, die Entstehung der Schrift und die Erfindung des Buchdrucks. Den drei technischen Erfindungen steht die größte und genialste Leistung des Menschen überhaupt gegenüber: die Erfindung des Alphabets, d.h. die Sichtbarmachung des gesprochenen, flüchtigen Lautes und damit des Wortes.
Die Schrift ist Träger des Geistes, Bewahrer alles Erdachten und Erforschten und Grundlage alles Zukünftigen. In der unendlichen Abfolge von Generationen ist die Schrift bleibender Mittler über die Jahrtausende hinweg. Nur durch sie wird uns das Leben im Ägypten der Bronzezeit gegenwärtig, erfahren wir über Denken und Handeln der Griechen und Römer ebenso wie über das Geschehen im Mittelalter.
Die *Phönizier* waren es, denen es um *1300 v. Chr.* gelang, aus der Fülle der »Bilderschriften« des Vorderen Orients und auf deren Grundlage Lautzeichen herauszubilden, welche die Basis des heutigen Alphabets geworden sind. Von den *Griechen* wurden diese Zeichen übernommen und weiterentwickelt zu einer sogenannten »Lapidarschrift« (lat.: lapis = der Stein), deren Formen noch heute fast unverändert im griechischen und zum Teil auch im kyrillischen Alphabet (z.B. in Rußland, Bulgarien, Jugoslawien) mit einigen Ergänzungen fortbestehen. Das klassische Griechenland der vorchristlichen Jahrhunderte wurde durch sein Alphabet zur Wiege der abendländischen Kultur, in der die Grundformen unserer Buchstaben entstanden sind. Noch heute haben die Erkenntnisse der Griechen und Römer in den weiten Bereichen der Mathematik, der Architektur, der Philosophie, der Bildenden Kunst und der Dichtkunst als Grundwissen Gültigkeit. Die *Römer* übernahmen teilweise das Alphabet von den Griechen, ergänzten es im Sinne der lateinischen Sprache und brachten es auf der Grundlage des Goldenen Schnitts (siehe »Rhythmus und Proportion in der Schrift« von Walter Käch, Walter-Verlag, Olten/Freiburg) zu einer Vollkommenheit, die bis auf den heutigen Tag nur in Details überboten werden konnte, wenn man von einigen, unserem derzeitigen Empfinden näherliegenden stil- und technikbedingten Schriftformen der Neuzeit absieht. Basis aller späteren Schriften unseres Sprachraums aber ist und bleibt die *Capitalis romana,* die klassische Antiqua (aus dem Lateinischen: caput = das Haupt, antiqua = die alte [Schrift]). Dieses Alphabet bestand in seiner ursprünglichen Form nur aus Großbuchstaben, den Versalien, die sich erst in mehreren Jahrhunderten über *Kurrentformen* (lat.: currere = laufen), *Unzialschriften* und *Karolingische Minuskel* (minuskel = Kleinbuchstabe) zum heutigen vollständigen Alphabet mit Groß- und Kleinbuchstaben entwickelten. Generationen von Schreibmönchen und höfischen Schreibern ließen durch ihren Fleiß und ihr Können die stilgebundenen formenreichen Schriften der Romanik, der Gotik und der Renaissance entstehen. Sie alle bauten wiederum auf der Karolingischen Minuskel auf.
Seit der bahnbrechenden Erfindung *Gutenbergs* (1455 Mainz), Schrift in Form von beweglichen Lettern zur Buchseite zusammenzusetzen und zu drucken, gibt es Druckschriften, die vereinzelt sogar noch heute in unveränderter Form verwendet werden. So zeichnete Aldus Manutius um die Wende des 15./16. Jahrhunderts herum in Venedig seine erste richtungsweisende *Renaissance-Antiqua,* der aus der humanistischen Kursive (Schreibschrift) entstandene Auszeichnungsformen hinzugefügt wurden. Dadurch vervollständigte sich die erste Schriftgarnitur. Mit diesem Schritt vollzog sich eine einschneidende Spaltung des Stammbaums in die beiden Äste »deutsch« bzw. mitteleuropäisch und »romanisch« bzw. südeuropäisch. Denn der Süden Europas machte in weit geringerem Maße die Brechung der Schrift mit als Mitteleuropa, wo die Rundungen der Buchstaben in ekkiger Form dargestellt wurden. So bildeten sich auch die stark unterschiedlichen Formen der in Deutschland gebräuchlichen *Textur* (lat.: texere = weben, textura = die Gewebte; Fachausdruck für die gotische Schrift) und der romanischen *Ro-*

tunda (lat.: rotunda = die Runde) aus. Letztere war ganz an den spätromanischen Ausformungen der Karolingischen Minuskel orientiert.
Auch die Kursivformen waren demzufolge deutlich voneinander zu unterscheiden: In Italien die *humanistischen Kursiven* der Renaissance, aus der sich alle lateinischen Schreibschriften bis in die Gegenwart ableiten; in Deutschland dagegen die *gotische Kurrentschrift,* auf der die Kanzlei-Frakturen der Nürnberger Schule (1520–1580) aufbauten. Diese *Kanzlei-Schriften* entwickelten sich über die Zwischenformen der Fraktur-Kursiven (1600–1850) hin zur deutschen Schreibschrift und ihrer Endausformung, der *Sütterlin-Schrift,* die 1905 unter Kaiser Wilhelm II. an den deutschen Schulen als Grundschrift eingeführt wurde. Dieser deutsche Ast des Schriftstammbaums muß mit dem Ende des Zweiten Weltkriegs 1945 als abgebrochen betrachtet werden.
Aus der Zeit der Renaissance waren es *Manutius, Bembo* und vor allem der hochtalentierte *Claude Garamond* (ca. 1480–1561), deren einmalige Schriftschnitte große Bedeutung bis in unsere Gegenwart hinein behielten. Besonders jedoch hat die Garamond-Antiqua (von Fachleuten nur »die Garamond« genannt) das Schriftgeschehen der Moderne nachhaltig beeinflußt. Noch heute gehört diese Schrift zum Besten, was Setzkasten oder Filmschablone bieten.
Über die *Barock-Antiqua* (etwa 1600–1760) mit ihren überaus feinen und weich ansetzenden Serifen (Füßchen oder Schraffen), deren Schöpfer der Holländer *Janson,* die Engländer *Caslon* und *Baskerville* (1706–1775) waren, entwickelten sich verspielte Rokokoformen und reichverzierte Schmuckinitialen. Sie alle gingen aus den hervorragenden Formen Garamonds hervor, während die ihnen nachfolgenden Schriftgestalter des Klassizismus an den hohen Leistungen des Barock anknupften. Waren die Barockschriften in der Gesamtwirkung zart, weich und fließend, so wurden die Kontraste zwischen Haupt- und Haarstrichen bei den Schriften in der klassizistischen Epoche durch die Weiterentwicklung der Technik des Schneidens und Stechens und die gewandelte Stilauffassung härter und deutlicher. Die Hauptvertreter im Klassizismus waren der Pariser Drucker *Firmin Didot* und sein Sohn Pierre (1789) sowie der Italiener *Giambattista Bodoni* (1740–1830), dessen *klassizistische Antiqua*-Garnitur bis in unsere Tage hinein ebenso ihren unnachahmlichen Reiz bewahrt hat wie die Schnitte des Deutschen *J. E. Walbaum.* Die Bodoni-Antiqua zeichnet sich durch besondere Grazie in den Kontrasten aus, deren Serifen jedoch übergangslos ansetzen. Dadurch erhält sie einen Anstrich exklusiver, modischer Vornehmheit, Strenge und kühler Sachlichkeit, die bis heute unübertroffen geblieben ist. Auch Bodonis Kursivschnitte waren von einer solchen meisterhaften Flüssigkeit, sie trugen wesentlich zur Gestaltung der späteren Grundform unserer lateinischen Handschrift bei.
Mit Beginn des industriellen Zeitalters wurde auch die Schrift tiefgreifenden Wandlungen unterworfen: 1815 erschien bei Vincent Figgins in England die erste Egyptienne-Form, deren Serifen den Fundamenten der eben erfundenen Dampfmaschine glichen: massiv, schwer, weit entfernt also von den durchgeistigten Schriftformen eines Bodoni oder Walbaum im auslaufenden Klassizismus. Der Name *Egyptienne* wurde dieser bis dahin unbekannten Schrift wohl im allgemeinen Rausch der ersten Ausgrabungen in Ägypten gegeben. Solcherart technisierte Schriften sind die »Aachen bold«, die »Beton«, die »Schadow-Antiqua« und die englische »Clarendon«-Garnitur. Alle diese Schriften verkörpern nüchterne Sachlichkeit mit kräftiger Auszeichnungswirkung; sie wurden in ihrer Zeit als Werbeschriften geschaffen und verwendet.
Fast gleichzeitig vollzog sich ein letzter Wandel zur absoluten Vereinfachung der Antiqua-Form: Diese verlor im ersten Viertel des 19. Jahrhunderts ihre Serifen völlig, so daß eigentlich nur noch ein »groteskes« Skelett übrigblieb, weshalb man der Schrift möglicherweise auch den Namen »Grotesk« gab. Heute nennen wir sie offiziell *die serifenlose Linear-Antiqua,* weil auch ihr noch – entgegen dem flüchtigen Anschein – neben geringen Balkenstärken-Unterschieden die Proportionen der Capitalis geblieben sind, die uns an ihren Ursprung, die Antiqua, erinnern. Gleichzeitig mit dieser Endform des Antiqua-Alphabets entstand eine weitere Egyptienne-Variante, *die Italienne,* deren eigenartige Formen auf den Prinzipien der spätrömischen Rustica (lat.: rustica = die ländliche) aufbauten. Ihre dünnen Hauptstriche münden in massiv-dicke Serifen, so daß bei dieser Schrift ein umgekehrtes Erscheinungsbild entsteht. Sie war und ist weniger auf Lesbarkeit als auf dekorative Wirkung hin angelegt und wurde bereits in der Mitte des vorigen Jahrhunderts häufig zu Werbezwekken verwendet. Die europäischen Auswanderer nahmen diese Schriften mit in die Neue Welt. Dort erfuhren sie während des Goldrausches in der zweiten Hälfte des vorigen Jahrhunderts viele romantisierende Verformungen, die heute als »Western«-Schriften wieder auf den europäischen Markt zurückfluten.
Aber auch in Europa geriet die Schriftentwicklung in den mächtigen Sog der *Romantik* und des *Historismus* sowie der negativen Erscheinungsformen

in allen Bereichen der Künste. Dies führte letztlich zum heftigen Aufbegehren der Schriftkünstler und Drucker in den letzten Jahrzehnten des 19. Jahrhunderts: *William Morris, John Everard* und *Edward Johnston* in England. Sie alle sind Mitbegründer *des Jugendstils* als ein Protestschrei gegen die Stillosigkeit der Schriftgestaltung dieser Jahre.
In Holland waren es u. a. *van der Velde,* in Deutschland *Otto Eckmann, Rudolf von Larisch* und die großen Lehrer *E.R. Weiß* und *F.H. Ehmcke.* Sie kämpften – wie auch die Morris-Schülerin *Anna Simons,* welche die Ideen ihres Lehrers nach Deutschland brachte – um eine grundlegende Erneuerung der Schrift, wodurch eine starke Reformbewegung gegen Geschmacklosigkeit und Dilletantismus einsetzte. Der Schwung dieses Protestes wurde erst durch den Ersten Weltkrieg gestoppt, nach dessen Ende in den revolutionären Wirren der Nachkriegszeit ein mühsamer, aber energischer Neuanfang möglich wurde. Hier war es dann die Bewegung des Bauhauses, die in Weimar und Dessau versuchte, neue Wege der Schriftgestaltung im Sinne der *Neuen Sachlichkeit* zu gehen. Ihre Hauptvertreter waren *Joseph Albers, Eric Gill* und vor allem *Paul Renner,* dessen »Futura« – eine Serifenlose von hervorragender Lesbarkeit in allen Garnituren – über Jahrzehnte hinweg das Schriftgeschehen nachhaltiger beeinflußte als die »Gill Sans« des Engländers Gill, die stark an der Antiqua orientiert war. Diese beiden Schriften haben erst im bzw. nach dem Zweiten Weltkrieg durch die Wiederentdeckung der französischen Groteskformen aus dem frühen 19. Jahrhundert ihre große Bedeutung verloren.
Im Bereich der Kursiv-Schriften vollzog sich durch die Erfindung der spitzen Stahlfeder im 18. Jahrhundert ein tiefgreifender Wandel mit leider auch negativen Folgen. Die Schreibschriften wurden durch die Verwendung von Spitzfedern anfänglich starr. Später, nach Beherrschung des Materials und der Erfindung des Stahlstichs, entwickelten sich jedoch herrliche Formen bis zur *Englischen Schreibschrift,* die bedeutendstes Vorbild aller weiteren Kursiv-Formen wurde und noch heute als eine der gelungensten Schriften überhaupt angesehen werden muß.
Die Schriftgestalter unseres Jahrhunderts, u.a. Tiemann, Kleukens, Schneidler, Trump, Zapf und Boehland sowie deren Nachfolger Meidinger, Frutiger, Diethelm und Poppel, widmeten und widmen sich auch heute noch mit Hingabe der Erhaltung und Überarbeitung wertvollen Schriftgutes aus allen Stilperioden. Jeder von ihnen aber schuf auch Neues von bleibendem Wert, und sie alle prägen maßgebend das Schriftgeschehen der Gegenwart.

Gerade die jüngeren unter ihnen versuchen mit Engagement, den Fluten erneuter Schriftverwilderung entgegenzuwirken.
Auf etwas Wesentliches muß im Rahmen dieser Kurzgeschichte der Schrift noch hingewiesen werden: die *Erkennung* der einzelnen Schriftstile und Schriftcharaktere. Nur wer sich diese Fähigkeit aneignet, wird in der Praxis aus der Vielzahl der Schriften die für die Aufgabe richtige Form herausfinden können. *Der Serif,* also das Füßchen des Buchstabens, ist das Erkennungsmerkmal jeder Schrift. An ihm erkennt der Fachmann die Stilepoche, in welcher der Buchstabe entstand. Damit weiß er auch den Baustil, zu dem diese Schrift gehört.

Schrifterkennung

An den hier gezeigten Beispielen erkennt man, daß die klassische römische Antiqua sehr feine, organische, aus dem Feder- bzw. Pinselfluß des Schreibers gebildete Serifen hat im Gegensatz zur Renaissance-Antiqua eines Garamond, deren Serifen breit und kräftig gestaltet sind, um dem Druck der Druckerpresse standzuhalten. Die Barock-Antiqua, aus der Epoche des verweichlichten Überflusses hervorgegangen, zeichnet sich durch weich ansetzende Serifen aus, wobei sogar die Schäfte der Buchstaben *B, D, E* und *L* sehr fließend und rund in die Querbalken übergehen. Grundlegend anders – und zwar härter und schärfer – stellt sich die klassizistische Antiqua dar, deren extrem feine und zarte Querbalken und Serifen übergangslos am Hauptschaft ansetzen. Diese präzise Nüchternheit entsprach dem Baustil und der Lebensauffassung dieser Zeit, die sich an der strengen Sachlichkeit antiker Formen und Proportionen orientierte.
Nach Überwindung der klassizistischen Denkweise setzten sich parallel zur Entwicklung in der Technik gröbere und schwerere Serifenformen durch, die ihre Ausprägung in den schon genannten Egyptienne-Schriften fanden. Im Zuge der weiteren Versachlichung wurden bei der Grotesk sogar noch diese Serifen geopfert. Nach einer Fülle von Zwischenformen im Historismus findet erst der Jugendstil wieder zu neuen und eigenständigen Serifenformen, deren Durchsetzung auf breiterer Basis jedoch begrenzt und eigentlich erst unserer Gegenwart vorbehalten blieb.
Aus dem Gesagten wird ersichtlich, welche Bedeutung die Kenntnis der historischen Zusammenhänge einerseits und der Erkennungsmerkmale einer Schrift andererseits als unabdingbare Voraussetzung zur richtigen Anwendung der einzelnen Schriftformen hat. So ist es auch nicht unerheblich, welche Schriften man miteinander mischt: Niemals darf man einander fremde oder stilfremde Formen gleichzeitig anwenden, sondern muß sich bemühen, nur Schriften einer Epoche gemeinsam einzusetzen. Die klassizistische Antiqua z. B. paßt nicht zu einer Renaissance- oder Barock-Antiqua, weil diese Stile einerseits zeitlich zu eng zusammengehören, andererseits zu weit auseinanderliegen. Hingegen paßt die Englische Schreibschrift oder auch eine Grotesk sehr gut zu einer Bodoni-Antiqua. Renaissance- oder klassische Antiqua-Formen dagegen gehen gut mit Texturen oder Frakturformen zusammen.
Diese Grundregeln sollte man sich fest einprägen, denn sie sind die entscheidende Voraussetzung für jede richtige Schriftanwendung.
Über Jahrhunderte hinweg Gewachsenes entwickelt sich organisch weiter, wenn man nicht versucht, mit Gewalt in diesen Kreislauf einzugreifen. Geschichte und Tradition lassen sich ebensowenig verleugnen wie die Schriftenwicklung. Jeder, der mit Schriften arbeitet und sie anwendet, trägt diese Verantwortung. Er muß sich die notwendigen Fähigkeiten und Sachkenntnisse gründlich erarbeiten, um das Gute vom Schlechten unterscheiden zu können und damit die Tradition zu bewahren, auf deren Grundlage er wiederum Neues schaffen kann.
Durch den Einsatz von Schrift in allen Medien der Information und Werbung kommt es zu einer Vermassung, welche die jahrtausendealte Schriftkultur verwässert. Das eine zu erhalten und das andere zu verhindern, muß Aufgabe jeder Schriftanwendung sein. Denn der Buchstabe wird trotz Computer und Mikroprozessor sowie trotz Fernsehen seine elementare Bedeutung für die Gesellschaft von morgen behalten. Da sich das menschliche Wissen explosionsartig vermehrt, ist es von eminenter Bedeutung, daß sich auch die Schrift dieser Entwicklung in angemessener Weise anpaßt, um dieses Wissen optimal lehrbar und lernbar machen zu können: das heißt Gelesenes durch wiederholendes und wiederholtes Schreiben zu vertiefen.

ABCDEF
GHIJKLMNO
PQRSTU
VWXYZ
abcdefghijkl
mnopqrstu
vwxyz
1234567890

Römische Kapitalschrift

Textur
Gotische Schrift 1450

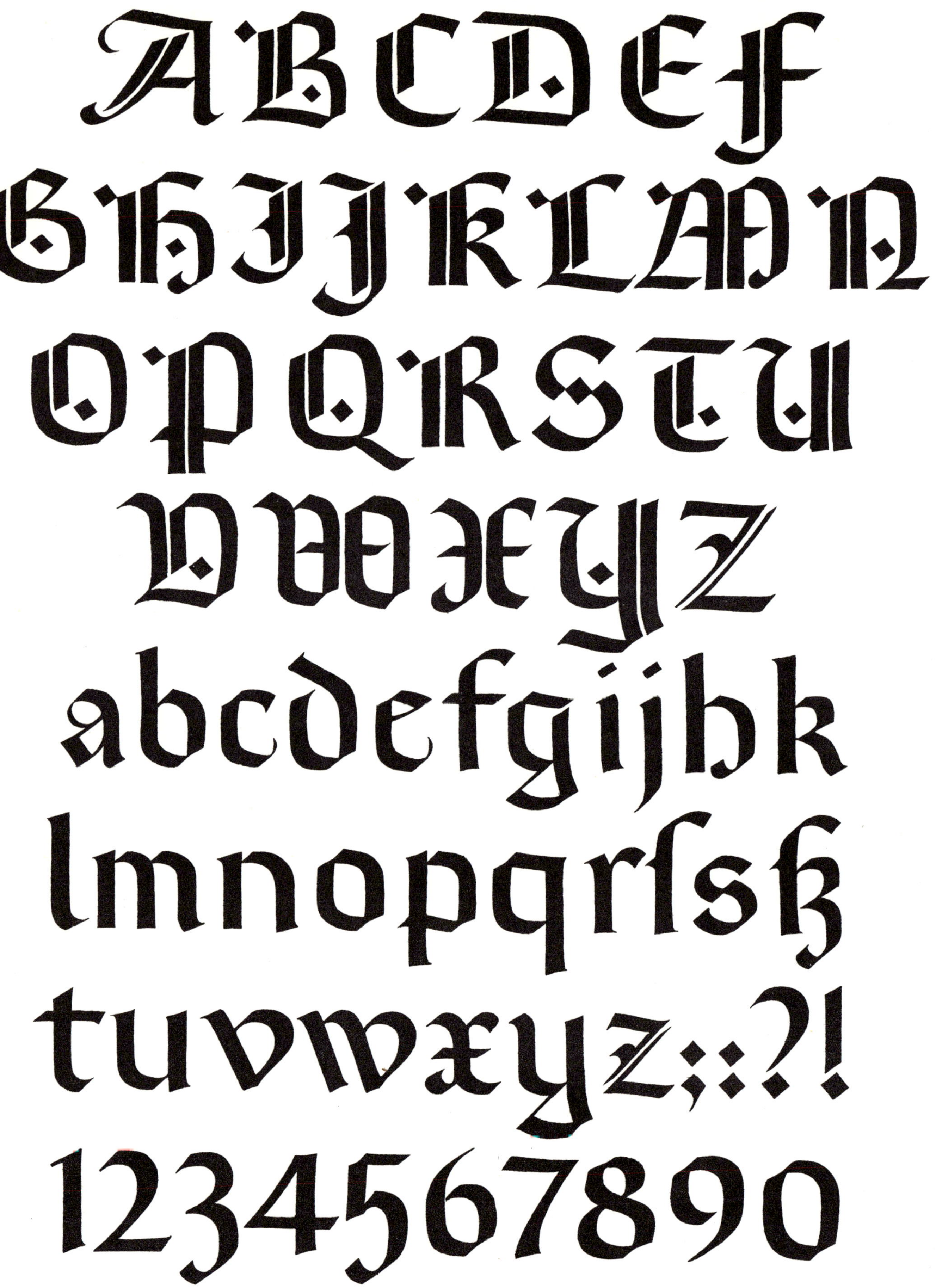

Rotunda
Rundgotische Schrift 1470

ABCDEF
GHIJKLMN
OPQRSTU
VWXYZ
abcdefghijk
lmnopqrſsß
tuvwxyz;:?!-
1234567890

Fraktur
Renaissance-Fraktur 1530

ABCDEFG
HIJKLMNO
PQRSTUV
WXYZ
abcdefghijk
lmnopqrsßtu
vwxyz
1234567890

Renaissance Antiqua

Trump Mediäval

ABCDEFG
HIJKLMNO
PQRSTUV
WXYZ?!
abcdefghijk
lmnopqrstu
vwxyz &
1234567890

Klassizistische Antiqua

Bodoni 1780

ABCDEF
GHIJKLM
NOPQRST
UVWXYZ
abcdefghi
jklmnopqr
stuvwxyz
123456789

Serifenbetonte Linearantiqua
Egyptienne
Clarendon 1840

ABCDEFG
HIJKLMNO
PQRSTUV
WXYZ
abcdefghijk
lmnopqrsßtu
vwxyz
1234567890

Serifenlose Linearantiqua
Helvetica mager

Englische Schreibschrift

Künstler-Schreibschrift

ABCDEFG
HIJKLM
NOPQRSTU
VWXYZ
abcdefghijkl
mnopqrstu
vwxyz
1234567890

Jugendstilschrift

Eckmann 1890

Schreibübungen

ÄBCDEFGHIJ

KLMNÖPQR!

STÜVWXYZ;?

äbcdefghijklm

nöpqrstüvwxy

zß&123456789

Antiqua-Übung

mit Filzstift+Feder

Schreiben ist die entscheidende Grundlage zum tieferen Verständnis der Schrift überhaupt. Der Buchstabe wird direkt erlebt und das Schreiben von Wortbildern und Sätzen vermittelt das Gefühl für Rhythmus und Proportion, ohne das Schrift nicht denkbar ist.

Wie schon an anderer Stelle betont, ist das Schriftschreiben die Hohe Schule der Schriftanwendung überhaupt. Allerdings ist eine natürliche Begabung eine wesentliche Voraussetzung für die Beherrschung dieser Disziplin, verbunden mit einem geschulten Formempfinden und einer sicheren Hand. Diese Eigenschaften bilden das Fundament, ohne das selbst bei zielstrebiger und ausdauernder Übung kein gutes Ergebnis erzielt werden kann.
Das Schriftschreiben gehört zu den schönsten Aufgaben jedes Schriftfachmannes, sei er Maler, Werbetechniker oder Dekorateur, um nur einige Berufe zu nennen, die mit der Schrift arbeiten.
Man beginne immer mit Vorübungen, die sich rhythmisch zu ornamentalen Abläufen reihen lassen; dies allein führt zu flüssigem, gleichmäßigem Schreiben. Auch eine einfache und vielleicht unbedeutend erscheinende rhythmische Anfangsübung sollte als notwendige Voraussetzung für fließendes Schreiben aufgefaßt werden.

Rhythmus-Übungen mit Filzstift oder Feder auf Karo-Papier

Gerade und runde Elemente zu Phantasie-Ornamenten kombiniert

Erst wenn diese Übungen sehr gut und flüssig gelingen, sollte zum Schreiben des ganzen Buchstabens übergegangen werden. Dabei muß der Schreiber darauf achten, daß er sowohl die Feder als auch den Pinsel stets ziehend zu handhaben hat, denn schieben oder stoßen lassen sich beide nicht. Es kommt also auf die richtige Zugrichtung des Federhalters an, der auch dick genug sein sollte, um gut und fest in der Hand zu liegen. Einige Lagen Kreppband, die um den Federhalter gewikkelt werden, verhelfen zur nötigen Stärke und Griffigkeit. Auch die richtige Arm- und Handhaltung sind für ein gutes Schreibergebnis außerordentlich wichtig. Die Hand sollte, sofern es sich um kleinere Schriften handelt, leicht aus dem Handgelenk heraus geführt werden; aus dem Schulter- oder Ellenbogengelenk heraus jedoch, wenn Pinselschriften von 5 bis 12 cm Höhe oder größer geschrieben werden müssen. Hierbei sollte der Malstock als Auflage für die Handwurzel dienen, wodurch ein freies Drehen und Führen des Pinsels ermöglicht wird. Anders ist ein zügiges Schreiben auf Putz überhaupt nicht möglich. Gerade dieses Schreiben mit Hilfe des Malstocks muß intensiv geübt werden, wenn das Ergebnis befriedigen soll.
Empfehlenswert ist, sich beim Erlernen einer guten geschriebenen Schrift an den Schreibmeistern der Renaissance zu orientieren, deren Schreibunterweisungen man im Buchhandel erwerben kann (z. B. »Schön schreiben – eine Kunst« von Werner Doede, Prestel-Verlag, München, oder »Ein nutzlich und wolgegrundt Formular Mancherley schöner schriefften« von Wolfgang Fugger (1553), Verlag Dokumentation, München-Pullach). Darüber hinaus gibt es natürlich auch moderne Unterlagen, z. B. das Lehrprogramm der Basler Kunstgewerbeschule, Bd. 2, oder das Standardbuch »Schreibschrift, Zierschrift, Angewandte Schrift« von Edward Johnston aus dem Klinkhardt und Biermann-Verlag in Braunschweig.
Zwar hat es der heutige Schriftschreiber leichter hinsichtlich des Schreibwerkzeugs, das früher aus selbstgeschnittenen Gänse- oder noch besser aus Truthahnfedern bestand, aber der Umgang mit dem Schreibgerät erfordert auch heute noch die gleiche Übung wie damals. Auch Handhabung und Federführung haben sich trotz der modernen Stahlfedern nur unwesentlich verändert.
Zurück zu den rhythmischen Vorübungen: Werden diese beherrscht, kann man mit dem Schreiben der Capitalis Grundform mit Rhedisfeder oder Filzstift beginnen. Die Capitalis bildet noch immer die Ba-

sis für alle weiteren Schriftformen. Jedoch setzt ihre Anwendung – ebenso wie die Kenntnis der richtigen Proportion – bereits einiges an Schreibsicherheit voraus. Erst nach den mit Bandzugfeder oder Filzstift geschriebenen Vorübungen oder Texten sollte man sich an das Schreiben mit Flachfeder oder Flachpinsel wagen.
Für klassenweise Anfangsübungen empfehle ich den Filzstift, nicht zu dick, nicht zu dünn, mit dem sich für den Übenden die Einzelform leichter nachvollziehen läßt als mit der starren Feder. Zudem bieten sich beim Schreiben mit dem Filzstift viele Möglichkeiten des farbigen Gestaltens, besonders für denjenigen, der über Phantasie und Farbensinn verfügt.

bene Zeile vergehen. Auch ich muß mich aufgrund meiner jahrzehntelangen Erfahrungen diesem Rat anschließen, denn auch der Musiker muß täglich üben, will er sich die Beweglichkeit der Hände und die flüssige Führung des Bogens oder die Beherrschung der Tastatur erhalten.
Die Kunst des Schriftschreibens rückt erfreulicherweise wieder ins Blickfeld und gewinnt damit an Bedeutung. Nur sind in der heutigen schnellebigen, technisierten Zeit gute Schriftschreiber selten geworden. Ich habe mich mit Erfolg darum bemüht, daß die Schilder- und Lichtreklamehersteller (Werbetechniker) ihr praktisches Meisterstück, das unter Aufsicht angefertigt werden muß, wahlweise als handgeschriebene Schriftplatte (Mindestgröße

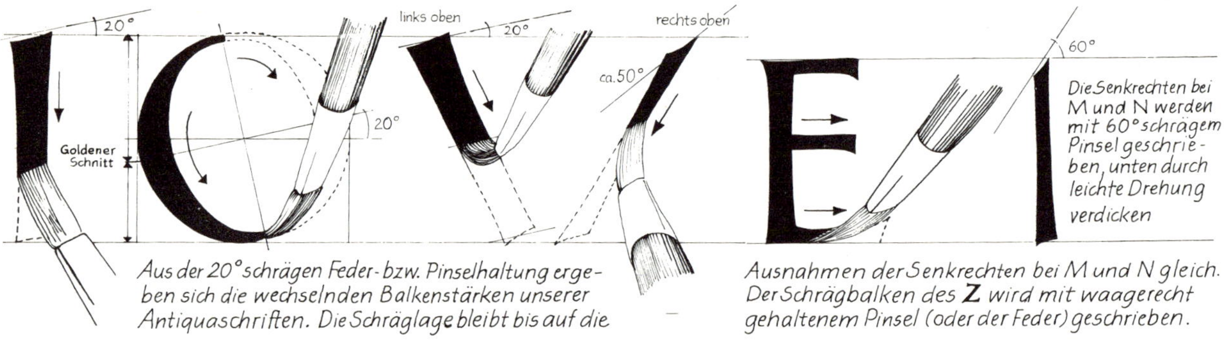

*Aus der 20° schrägen Feder- bzw. Pinselhaltung ergeben sich die wechselnden Balkenstärken unserer Antiquaschriften. Die Schräglage bleibt bis auf die Ausnahmen der Senkrechten bei M und N gleich. Der Schrägbalken des **Z** wird mit waagerecht gehaltenem Pinsel (oder der Feder) geschrieben.*

Vorübungen für das Schreiben mit der Flachfeder können mit dem breit zugeschliffenen Bleistift B 6 (die Mine ist 2 bis 3 mm stark) begonnen werden. Das Alphabet auf Seite 22 ist sinnvollerweise in der hier angegebenen Größe zu üben, beginnend mit den Buchstaben aus geraden Elementen, z. B. A, E, F, H, K usw., wobei genauestens auf die Proportionen der Buchstaben zu achten ist. Wer diese Pflichtübungen mit Geduld und Ausdauer durchführt, wird mit Sicherheit auch Erfolg ernten. Zudem ist das Üben ornamentaler Abläufe eine ausgezeichnete Gestaltungsübung für spätere Flächengliederungen. Die uns auch heute noch als Vorbild dienenden Schreibmeister der Nürnberger Schule schrieben nicht umsonst in ihren Anweisungen: NULLA DIES SINE LINEA, was in der Übersetzung heißt: Kein Tag sollte ohne eine geschrie-

1×1 m) nach gegebenen Texten mit einem vergoldeten Initial frei gestalten können. Auch die Maler können in den Meisterprüfungen die Schriftarbeit als geschriebene Schrift anfertigen. Auf diese Weise wurde ein Anreiz geschaffen, wieder vermehrt Schrift zu schreiben und wertvolle kunsthandwerkliche Fähigkeiten nicht nur zu bewahren, sondern zu fördern; darüber hinaus bleibt auch der Formenreichtum unserer historischen Schriften als kulturelles Erbe erhalten. Zwei Beispiele im Bildteil zeigen solche Arbeiten aus den Prüfungen. Die Stadtbauämter sollten sich bei der Stadtsanierung und der Fassadengestaltung der Kernstädte vermehrt solcher geschulten Schriftschreiber bedienen und die Schulen müssen dafür Sorge tragen, daß geeignete »Schreiber« von qualifizierten Lehrern ausgebildet werden.

Die gezeichnete Schrift

Keine Kunst braucht zur Vollendung mehr Liebe
als die Kunst des Buchstabens.

Schrift ist die Sichtbarmachung des Gedankens. Dieser kaum faßbare Vorgang, das flüchtige Wort optisch festzuhalten, setzt ein hohes Maß an Abstraktionsvermögen, Kombinationsfähigkeit, Systematik, Logik und die Bescheidung auf das Wesentliche voraus. *Schrift ist Ordnung und somit das Gegenteil von Chaos.* Eine Handvoll Buchstaben ist nur eine Handvoll in Zeichen verwandelter Laute, die erst durch das Ordnen in Worte und Sätze demjenigen ihren Sinn offenbaren, der sie zu lesen versteht. Ordnung im Sinne der Schrift bedeutet aber zugleich Rhythmus. Eine unrhythmisch gezeichnete (oder geschriebene) Schrift läßt nur ein stockendes Lesen zu. Bei der heutigen Fülle an Geschriebenem und Gedrucktem kommt es aber besonders auf schnelles Erfassen, d. h. auf beste Lesbarkeit der Schrift an. Voraussetzung dafür sind das rhythmische Wort- und Zeilenbild und die einwandfreie Buchstabenform. Hierbei bestimmen wiederum selbst kleinste Details – zu diesen gehören beispielsweise die harmonische Übereinstimmung der Rundungen, die richtig gewählten Balkenstärken im Verhältnis zur Buchstabenhöhe und ausgeglichene Breitenverhältnisse der einzelnen Buchstaben zueinander – ganz entscheidend das Gesamtbild.

Zweck und Ziel dieses Lehrwerkes ist es, Lehrer und Schüler – aber auch den Praktiker – unabhängig zu machen von zu vielen Schriftvorlagen. Die Hilflosigkeit von Meisterschülern, die nicht in der Lage sind, aus einem gegebenen Alphabet heraus selbständig eine »neue« Form zu entwickeln, ist mehr als bedrückend. Die Fähigkeit dazu setzt allerdings bereits Vorkenntnisse voraus. Sie zu vermitteln gehört jedoch weitgehend in die Grundausbildung. Daher habe ich eine einfache schmal-halbfette Grotesk als Ausgangsform gewählt, und diese wird in vielfältiger Weise »modifiziert«, d. h. sie wird verändert. Dies geschieht durch Variationen in der Höhe, in der Breite oder durch die Kombination von beidem. Wie das geschieht und wie sich dadurch die Einzelform im Detail verändert, wird auf den folgenden Bildtafeln deutlich gemacht.

Für den Unterricht allerdings sollten die hier aus Platzgründen in 6 cm Schrifthöhe dargestellten Alphabete um die Hälfte, also um 3 cm, auf insgesamt 9 cm vergrößert gezeichnet werden (sehr gute Übung im Proportions-Rechnen mit Rechenschieber oder Taschenrechner!), aber auch eine Vergrößerung um nur ein Drittel – also 2 cm – auf 8 cm Schrifthöhe hat sich für die Übungen im Unterricht als ausreichend erwiesen, um die Details der Buchstaben deutlich zu machen. Auch für die praktische Anwendung auf Fahrzeugtür oder Bauschild sind diese Größen sehr gut geeignet.

Breitenvariationen in unterschiedlichen Schrifthöhen und mit unterschiedlicher Breitenzugabe; die Schriftcharaktere verändern sich erheblich, sie eignen sich dadurch für sehr verschiedene Aufgaben in der Schriftanwendung.

Seit Jahrzehnten praktiziere ich diese Methode im Unterricht und erarbeitete damit in relativ kurzer Zeit eine breite Basis für vielfältige Schriftanwendungen, die nicht in der Monotonie herkömmlichen Unterrichts erstarren und dadurch die Möglichkeiten differenzierter Anwendung ausschließen. Bei jeder Schrift müssen alle optischen Täuschungen ausgemerzt werden, die geeignet sind, die Buchstabenform und letztlich das Gesamtbild eines Wortes negativ zu beeinflussen. Bei allen Schriften haben wir es mit folgenden optischen Täuschungen zu tun:

1. Gleichstarke Rechtecke wirken liegend erheblich massiger als stehend (statisches und dyna-

misches Prinzip). Für die Schrift bedeutet dies (wie bei der hier gezeigten Grotesk auch), daß die Querbalken dünner sein müssen als die Senkrechten, damit sie annähernd gleichstark wirken können.

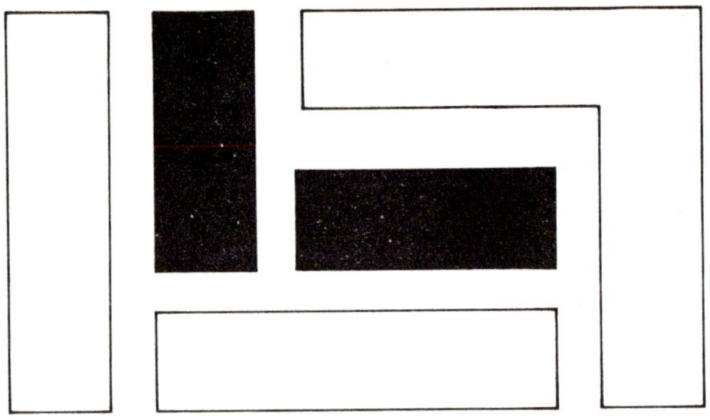

Optische Täuschung: Horizontales wirkt dicker (schwerer), Vertikales wirkt dünner (leichter)

2. Die Mittelbalken, z.B. bei *B, E, H* und den Gemeinen *a* und *e*, dürfen nicht auf der geometrischen Mitte liegen, sondern müssen stets eine Kleinigkeit darüber angeordnet sein; daraus ergibt sich die optische Mitte. Lägen sie nicht auf optischer Mitte, erschienen sie dem Betrachter als zu tief liegend. Lediglich bei *F, P* und *R* werden die Mittelbalken etwas tiefer als exakt-geometrisch gelegt, um dadurch die zu großen unteren Leerräume auszugleichen.

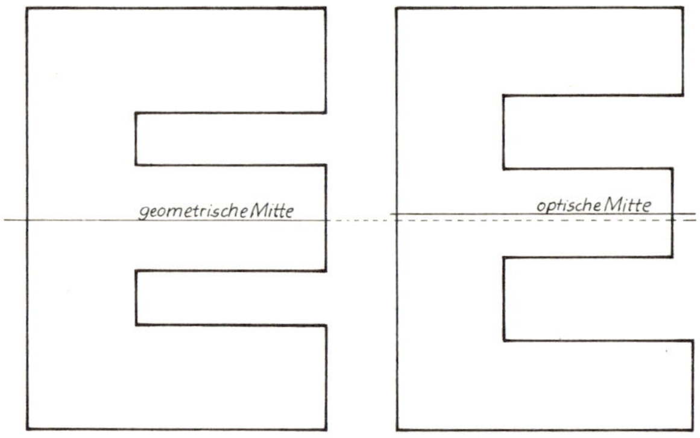

falsch richtig

3. Die Rundungen müssen immer die oberen und unteren Grundlinien etwas überschneiden, damit der Buchstabe nicht zu klein erscheint (*C, G, J, O* ebenso wie die Gemeinen *a, b, c, n, s* usw.). Berücksichtigt man diese Veränderungen nicht, so können die Rundungen optisch nicht »Linie halten«, sie würden dadurch kleiner wirken als die angrenzenden Buchstaben, die aus senkrechten und waagerechten Balken gebildet sind.

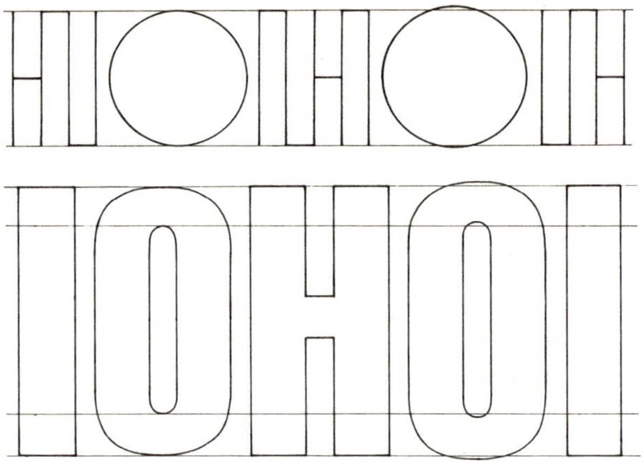

nicht ausgeglichen ◂ Opt. Täuschung ▸ ausgeglichen

4. Buchstaben sind sehr empfindliche statische Gebilde, die keine falsche Ausführung vertragen. So muß auch das Gewicht innerhalb der Einzelform richtig verteilt sein, damit der Buchstabe in der unteren Hälfte nicht zu schwer wirkt (siehe auch optische Mitte). Daher werden die Enden der Rundungen bei *C, G, J* und *S* unterschiedlich hoch gezeichnet: die oberen sind kürzer als die unteren. Auch bei *K* und *X* (*k* und *x*) liegen die Schnittpunkte der Schrägbalken etwas über der Mitte.

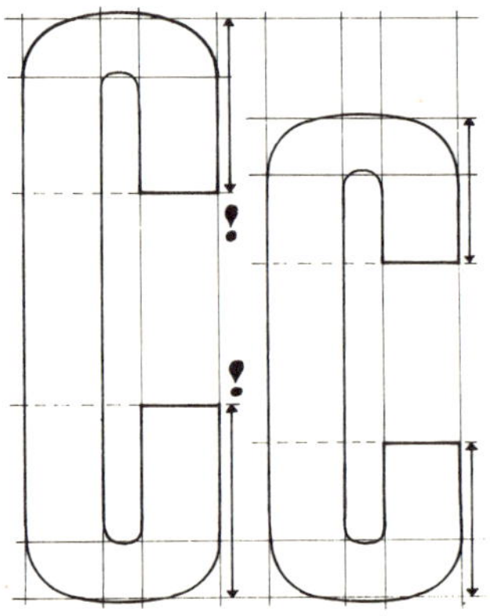

Die Auslaufenden sind in der Höhe verschieden: Oben kürzer, unten länger

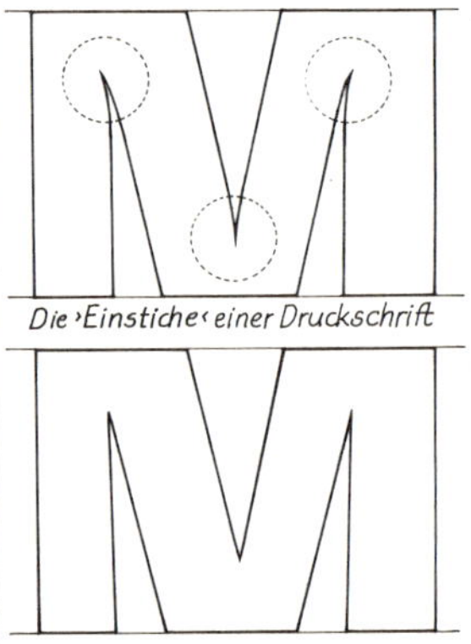

Die leicht konischen Balken der gezeichneten Schriften

5. Zu einer schwerwiegenden Täuschung kann es an den Schnittpunkten der Schrägbalken kommen, so bei *A, K, M, N, V, W* und *Y*. Um sogenannte »Schwärzen« zu vermeiden, werden beim *Druckbuchstaben* »Einstiche« gezeichnet, welche die Innenform offenhalten. Da das für die Verwendung in der Außenwerbung bei mitunter doch sehr großen Buchstaben nicht möglich ist, kann man andere Hilfsmittel verwenden: Man läßt die Balken zu den Schnittpunkten hin leicht konisch verlaufen. Beachtet man diese kleinen, aber wichtigen Änderungen

nicht, würde das Gesamtbild eines Wortes durch die zu massig erscheinenden Schnittpunkte erheblich gestört.

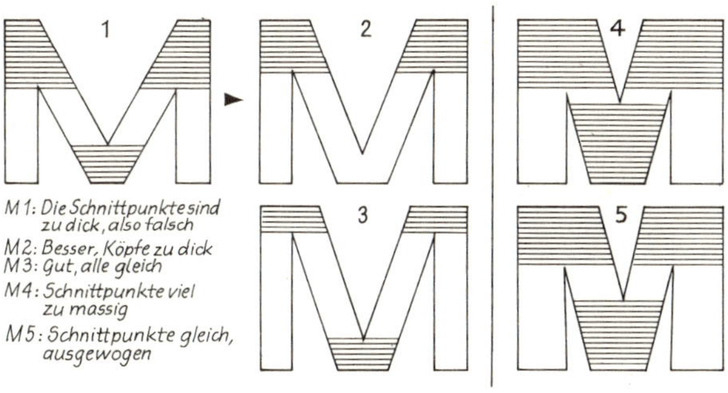

6. Die Binnenräume eines Buchstabens dürfen niemals gleich den Balkenstärken sein, sondern sie müssen prinzipiell schmaler oder breiter sein. Bliebe das unbeachtet, entstünden spannungslose Formen, die einen schlechteren Lesbarkeitswert haben. Denn es sind die guten Spannungsverhältnisse auch der kleinsten Details, welche die gute Erkennbarkeit der Buchstaben ausmachen.

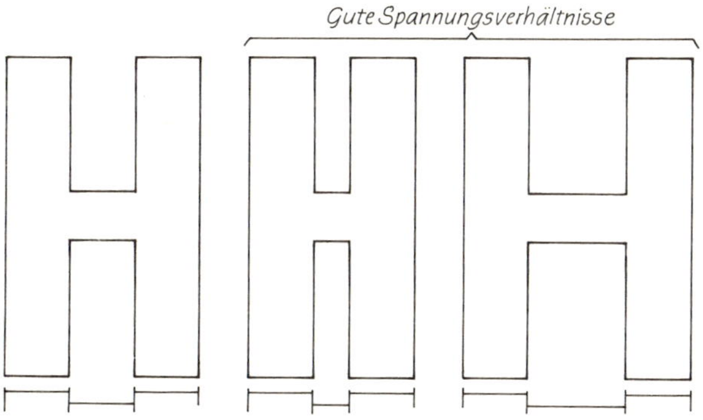

Binnenbreite = Balkenstärke: spannungslos und tot — *Binnenbreite schmaler als Balkenstärke = gut* — *Binnenbreite breiter als Balkenstärke = gut*

Das Wortbild

Über das Ausgleichen der Buchstaben untereinander informiert die Sonderseite »Das Ausgleichen«, die man gründlich durcharbeiten sollte. Rhythmisch gut angeordnete Schrift bedeutet, daß die Buchstaben nicht nur in sich wohlproportioniert sind, sondern auch zu den Nachbarbuchstaben im richtigen Abstand stehen: Sie müssen *flächenmäßig,* also räumlich gleich weit voneinander entfernt sein; sie dürfen nicht zu dicht nebeneinanderstehen, weil sonst das Wortbild ein »Dickicht« (Jan Tschichold) ergeben würde, das vom Auge nur mit Schwierigkeit zu entwirren ist. Die Buchstaben müssen also leicht gesperrt (spationiert) gezeichnet werden. Der Fachmann nennt das »Ausgleichen«, was bedeutet, daß die einzelnen Buchstaben je nach ihrer Außenform (offen oder geschlossen) näher oder weiter voneinander entfernt stehen müssen. Senkrechte Umrisse, wie bei *HM, NI, Ik* oder *II,* erfordern demnach größere Abstände als offene Buchstabenformen, wie *EA, LA, LO, Zo, kv.* Hier müssen die zu zeichnenden Abstände mitunter erheblich kleiner gehalten werden, um den Flächeninhalt des Abstandes zu verringern. Da die Flächeninhalte zwischen den Buchstaben praktisch nicht meßbar sind, wird das Ausgleichen am besten mit beweglichen Buchstaben geübt (z.B. mit Magnetbuchstaben an der Tafel oder mit aus Tonpapier geschnittenen Formen).

An diesem Beispiel wird deutlich, daß das Wort *HIMMEL* am weitesten gesperrt sein muß, weil sonst die Häufung der senkrechten Buchstaben zu erheblicher Verdichtung führt (vgl. dazu auch das Beispiel im »unterschnittenen« Satz). Auch die Wörter *BAUTEN* und *KANNEN* verdeutlichen das vorher Gesagte, denn die Buchstaben *O, A, L, T, W* und *Z* sind besondere »Lückenreißer«, deren seitliche Abstände enger gehalten werden müssen. Dies

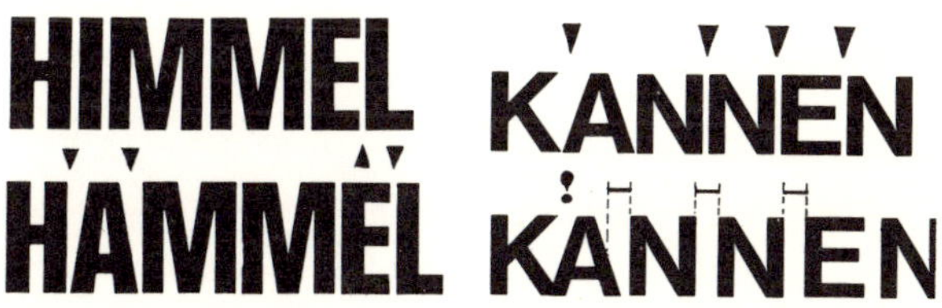

Extrem enger (unterschnittener) Satz bildet zwangsläufig Lükken zwischen bestimmten Buchstaben, zwischen anderen Verdichtungen!

Oben unterschnittener, aber falsch ausgeglichener, unten normaler, gut ausgeglichener Satz ohne Lücken u. Dichten.

BAUTEN
Bauten

Gemischter Satz ist besser lesbar, weil die Buchstabenformen differenzierter sind. Versaliensatz schlechter, weil durch nur eine Schrifthöhe das Gesamtbild monotoner erscheint.

vor allem, wenn zwei solcher sehr offenen Buchstaben zusammentreffen, z. B. in *KABELJAU* und *LATZ* im Versaliensatz oder bei *Lyon* und *Pyjama* im gemischten Satz. Erscheint in einem Text ein solches Wort, das aufgrund seiner Buchstabenkombination sehr »offen« wirkt, so muß dieses Wort als Maßstab für alle anderen Wörter des gesamten Textes gewählt werden. Es ist also wichtig, den zu schreibenden Text *vorher* auf solche Lükkenreißer hin zu überprüfen. Dieses Ausgleichen trifft nicht nur auf die ohnedies schlechter lesbaren Texte im Versalsatz zu, sondern in gleichem Maße auch auf Texte im gemischten Satz, bei denen Ober- und Unterlängen das Schriftbild zusätzlich mitbestimmen.
Interessant ist die Tatsache, daß ausschließlich die oberen Hälften eines Kleinbuchstaben-Textes die Lesbarkeit bestimmen und nicht die Unterlängen oder die Unterteile. Das Beispiel mag dies verdeutlichen.

Durch die Oberlängen werden die Gemeinen erkannt und damit erst lesbar

Die untere Hälfte der Mittellängen reicht zum Erkennen und Lesen nicht aus

Ohne untere Hälfte lesbar — *Ohne Unterpartie nicht lesbar*

Ohne Oberhälfte nicht lesbar — *Ohne Oberhälfte nicht lesbar*

Ein weiteres Kriterium beeinflußt den Buchstabenabstand: die Dicke der Schrift, also die Stärke der Balken im Verhältnis zur Buchstabenhöhe, die im Idealfall aufgrund neuester Forschungsergebnisse im Verhältnis 1:5 stehen sollten. Selbstverständlich müssen die Binnenformen einer Schrift mit den Abständen der einzelnen Buchstaben untereinander in einem ausgewogenen Verhältnis stehen; allerdings sind in der werblichen Anwendung manche typografischen Grundregeln zu durchbrechen. Dennoch gilt, daß fettere Schriften etwas weitere Abstände verlangen, sehr magere Schriftformen hingegen unterschnittener, d. h. dichter aneinander gezeichnet werden müssen. Auch hierbei sollten Übungen mit beweglichen Buchstaben dem Zeichnen vorausgehen, damit ein Gefühl für diese Gesetzmäßigkeiten entsteht, was die spätere Zeichenarbeit wesentlich erleichtert.

Die Wortabstände

Hier merke man sich eine Faustregel, die immer gilt: Ein *i* (oder *I* bei Versaltext) mit seinen beiden Abständen ist stets ein Wortabstand, z. B. in dem Wort *»ein«* oder *»EIN«* die Entfernung zwischen *e* und *n* bzw. *E* und *N*. Diese Faustregel hat nur dann keine Gültigkeit, wenn es sich um einen Text aus kurzen Worten handelt: z. B. *Ein Tip für Sie.* Hierbei müssen die Abstände von Wort zu Wort etwas kleiner gehalten werden, damit der Text nicht auseinanderfällt.

Das Zeichnen

Zum Zeichnen verwenden wir neben dem Reißbrett den Winkel, die Reißschiene, gutes Zeichenpapier und einen immer feingespitzten, nicht allzuharten Bleistift der Stärke 2 oder 3 H.
Die modernen Feinminenstifte erfüllen diese Aufgabe in hervorragender Weise, man sollte sie in der Härte HB (mittel) verwenden. Winkel und Reißschiene müssen sauber sein, damit sie das gute Zeichenpapier nicht durch anhaftenden Graphit verschmieren.
Ein sogenannter *Meßzettel* wird beim Zeichnen gute Dienste leisten, weil viele Buchstaben des Alphabets die gleichen Breitenverhältnisse haben. Diese Maße trägt man einmal *exakt* am Rand des Meßstreifens, der etwa 5×25 cm groß sein sollte, ab und verwendet für alle gleichbreiten Formen nur dieses Maß. Auf diese Weise kann es keine Meßdifferenzen geben, die erhebliche Rhythmusstörungen des Wortbildes hervorrufen können.

Der Meßzettel: Um seinen Rand herum sind die Breitenmaße der Buchstaben markiert!

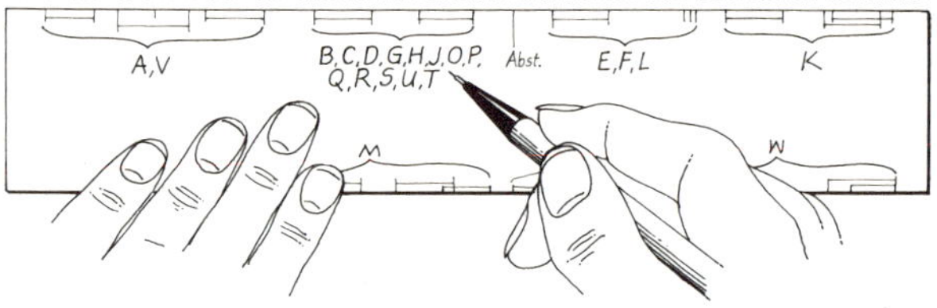

Diese Methode muß häufig und konsequent geübt werden, denn kein Meister fällt vom Himmel; allerdings kann man auch dem Anfänger durch fachlich richtige Anleitung die Ausführung erleichtern. Ich erlebe im Unterricht immer wieder, daß falsch vorgebildete Schüler erst mühsam auf ein fachgerechtes Zeichnen umgeschult werden müssen. Das falsche »Buchstabe-für-Buchstabe-Zeichnen« erkennt der Fachmann später selbst noch am fertigen Werkstück; es wirkt stotternd, während Text, der mit Hilfe des Meßzettels »am Stück« gezeichnet und dann geschnitten wurde, »perlt«. Als besonders große Vereinfachung wird das vollständige *Hilfsliniensystem* aufgezeichnet, in dem man dann den gesamten Ablauf des Textes mit kleinen, feinen Markierungen auf der Grundlinie anreißt. Danach soll sofort der entsprechende Buchstabe klein in die Markierung eingetragen werden, um Satzfehler zu vermeiden. Auf diese Weise erhält man bereits ein Gefühl für Ablauf und Umfang des gesamten Wortes.

Wenn alle Markierungen aufgetragen sind, folgen zunächst mit Reißschiene und Winkel die Senkrechten, danach die Rundungen, zuletzt die Schrägen.

Wie bereits gesagt, sollte nicht zu klein gezeichnet werden, keinesfalls jedoch auf Formaten unter DIN A 3, weil sonst kein Gefühl für das Wort und seinen Rhythmus wachsen kann. Alle Übungen müssen immer wieder auf die Rhythmik abgestimmt sein. Die Ausbildung muß für die Praxis erfolgen und darf nicht an ihr vorbeigehen. Die nicht ausreichende Qualifikation mancher Ausbilder ist bedauerlicherweise oftmals der Grund dafür, daß im schriftverarbeitenden Handwerk immer wieder schlechte Ergebnisse erzielt werden. Dies wiegt doppelt, wenn es sich um langwirkende Außenwerbung handelt. Mehr Disziplin, Formgenauigkeit und auch Mühe führen zu weit befriedigenderen Ergebnissen bei Prüfungen und auch in der späteren Praxis.

Häufig wird behauptet, daß man in der Praxis das »Zeichnen einer Schrift« nicht mehr brauche. Das kann durchaus in vielen Betrieben der Fall sein, wenn man sich dort auf Computersatz und -schneiden spezialisiert hat. Jedoch darf man keinesfalls davon ausgehen, daß es in allen Bereichen gleich aussieht. Mancher würde sich wundern, käme er in einen anderen Betrieb und müßte dort zeichnen oder gar schreiben. Wenn man die Ausbildung ernst nimmt, so gehört das Zeichnen der Schrift unausweichlich zur Grundausbildung, weil es die Voraussetzung dafür schafft, daß der Lernende ein Gefühl für die Rhythmik des Wortes und somit des Textes bekommen hat. Denn ohne dieses eingeübte, geschulte Empfinden kann auch mit Hilfe des Computers kein der jeweiligen Aufgabe entsprechendes Schriftbild entstehen.

Abschließend sei nochmals mit Nachdruck betont, daß die Grundlagen guter gezeichneter Schrift weder eine starres »Rastersystem« noch Zirkel und Winkel sind, sondern ausschließlich die positive Einstellung zur Schrift, das Wissen um ihre Proportionen, das geschulte Auge und das sichere Gefühl für den Schriftrhythmus. Ohne diese Voraussetzungen wird alles noch so eifrige Bemühen im Unvollkommenen steckenbleiben.

Ablauf des Zeichnens eines Wortes

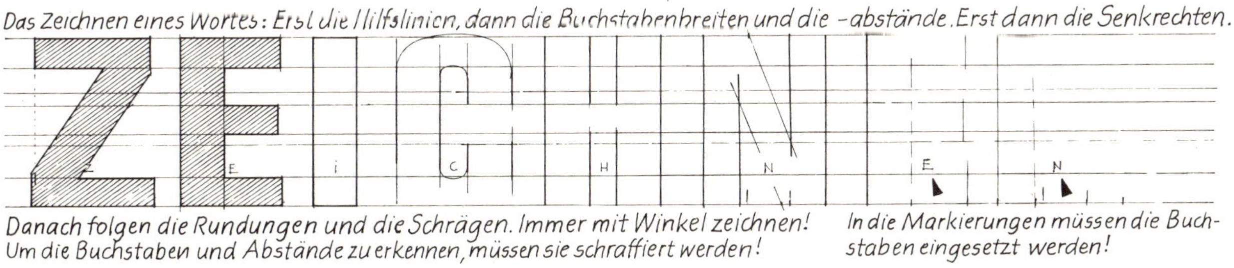

Das Ausgleichen

Abstand 1 (Grundabstand)

HIEalk ib

Der Abstand zwischen zwei Senkrechten ist der größtmögliche zwischen zwei Buchstaben überhaupt.

Abstand 2

NUP, luhj

Eine Senkrechte neben einer ›Teilrundung‹ bedingt einen engeren Abstand wegen der mitwirkenden Rundung.

Abstand 3

HOL JU nu

Eine Senkrechte mit einer Vollrundung oder zwei Teilrunde erfordern abermals einen dichteren Abstand: Flächeninhalt bleibt gleich!

Abstand 4

JOU, GU

Drei Teilrundungen (oder Teil- + Vollrundung) bilden eine noch engere Verbindung bei gleichbleibendem Flächeninhalt.

Abstand 5

OCRSU bo

Zwei Vollrunde (oder ähnlich offene Buchstaben) müssen nochmals enger aneinanderrücken, um die Abstandsfläche gleichgroß zu halten.

Abstand 6

KUT kut xn

Noch offenere Buchstaben müssen abermals dichter gesetzt werden, um den optisch richtigen Abstand zu erreichen.

Abstand 7

LUY, TX yd

Typische Lückenreißer stehen fast zusammen, um ›Löcher‹ in Text oder Wort möglichst auszuschließen.

Abstand 8 (Null-Abstand)

TOKOzvo

Bei derartigen Verbindungen ist der Abstand auf Null geschrumpft, um den Zusammenhang zu erhalten.

Abstände 9+10 (negative Abstände)

LTAV, TTJ

Diese Buchstaben erfordern gewisse Manipulationen, bei denen die ›Abstände‹ sogar im negativen Bereich liegen, d.h., die Buchstaben überschneiden einander oft wegen der zu großen Abstände. Bei TT müssen sogar die inneren Querbalken etwas gekürzt werden, damit das ›Loch‹ erträglich bleibt.

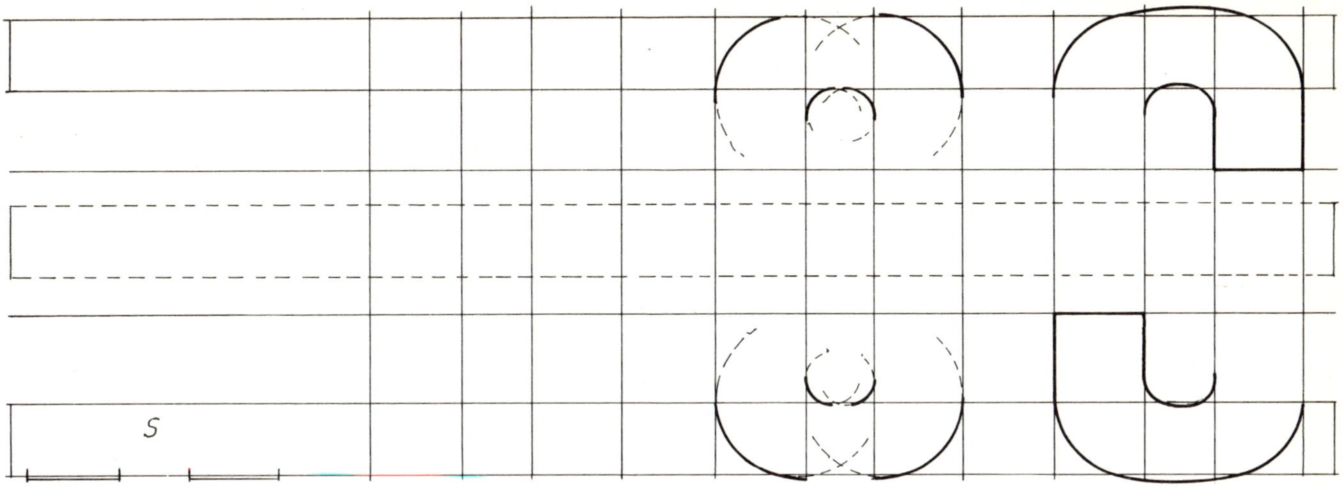

1. Anreißen der Buchstabenbreite und des Abstands

2. Anlegen der vier Senkrechten

3. Anlegen der Rundungen innen und außen (wie bei C, G, O, Q usw.)

4. Komplettieren der Rundungen (die Köpfe bilden sich von selbst

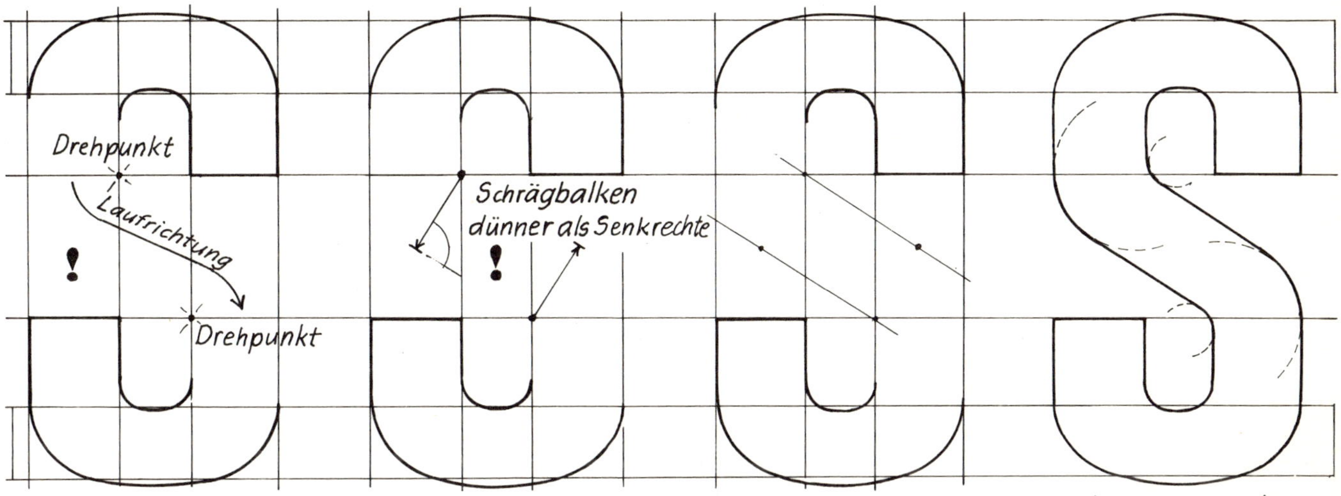

5. Die Laufrichtung des Schrägbalkens

6. Abmessen der Balkenstärke in 90° zur Laufrichtung

7. Verbinden der Meßpunkte durch Parallelen

8. Abrunden der Aussen- und Innenformen; fertiger Buchstabe

Alle S-Formen sind im Aufbau gleich, was die Lage des Schrägbalkens betrifft.

Schmalhalbfette Grotesk mit Variationen

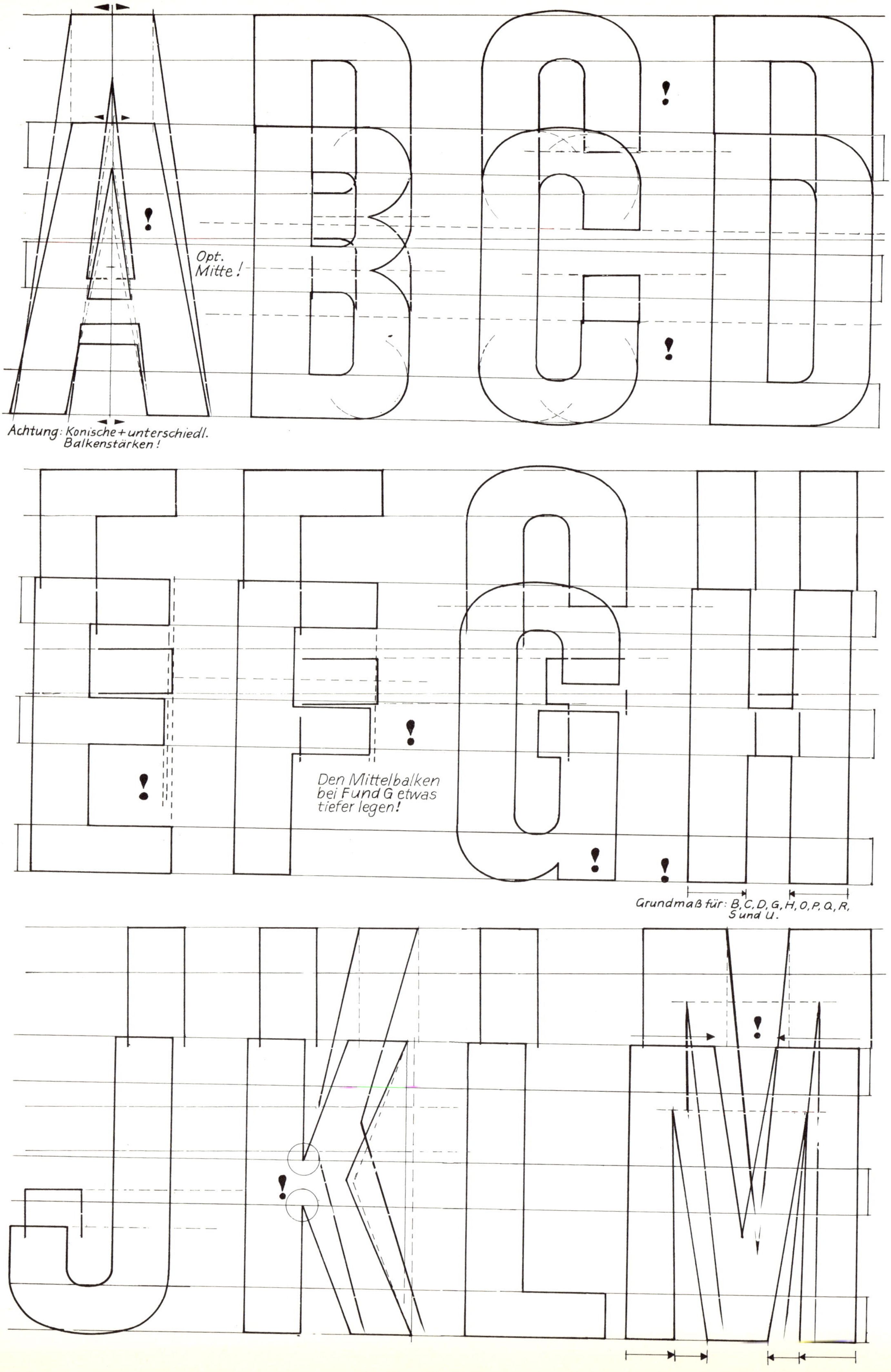

Mittelbalken verlegen!
Doppelpunkt
M

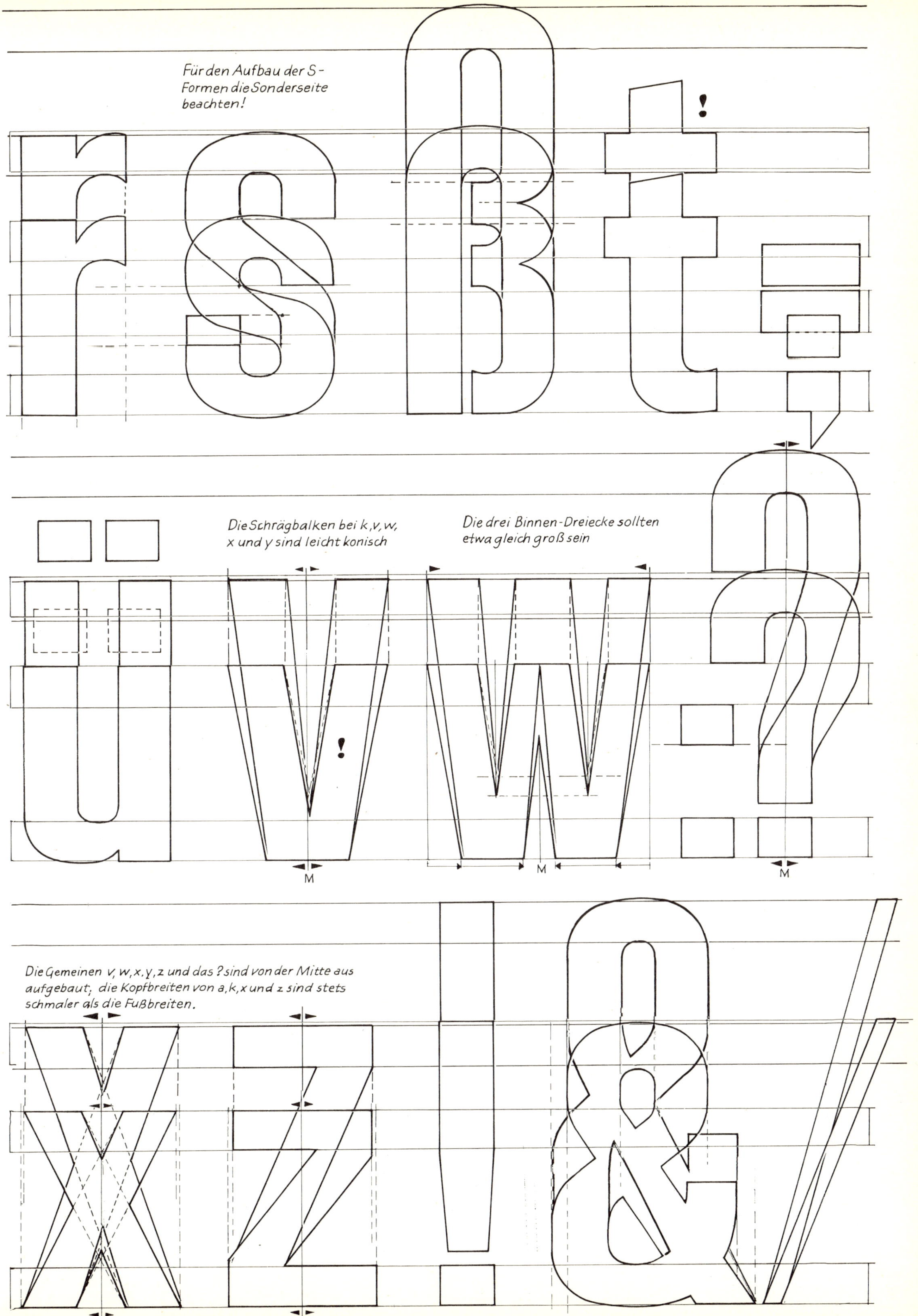
Für den Aufbau der S-Formen die Sonderseite beachten!
Die Schrägbalken bei k, v, w, x und y sind leicht konisch
Die drei Binnen-Dreiecke sollten etwa gleich groß sein
Die Gemeinen v, w, x, y, z und das ? sind von der Mitte aus aufgebaut; die Kopfbreiten von a, k, x und z sind stets schmaler als die Fußbreiten.
M
M
M
M
M

Schriftproben der Grundform und ihrer schlanken Abwandlung

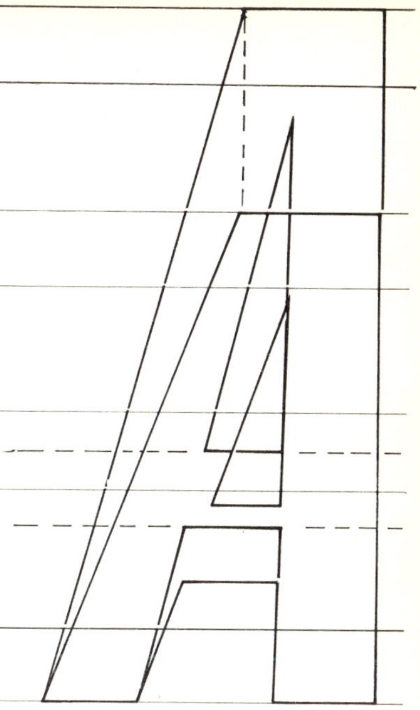

»Schrägstellung« eines A (oder V, W) zur Erzielung grafischer Effekte oder besserer Abstände

Die Grundform im Wortbild: Buchstaben-Abstände müssen optisch gleich sein; das ergibt je nach Umrißform der aneinander hängenden Lettern unterschiedliche Abstände.

Wortbild in Versalien der 1. Formvariante in Konturen-Darstellung (lichte Form). Der Schriftkarakter ist eleganter, weil schlank, aber schwerer lesbar.

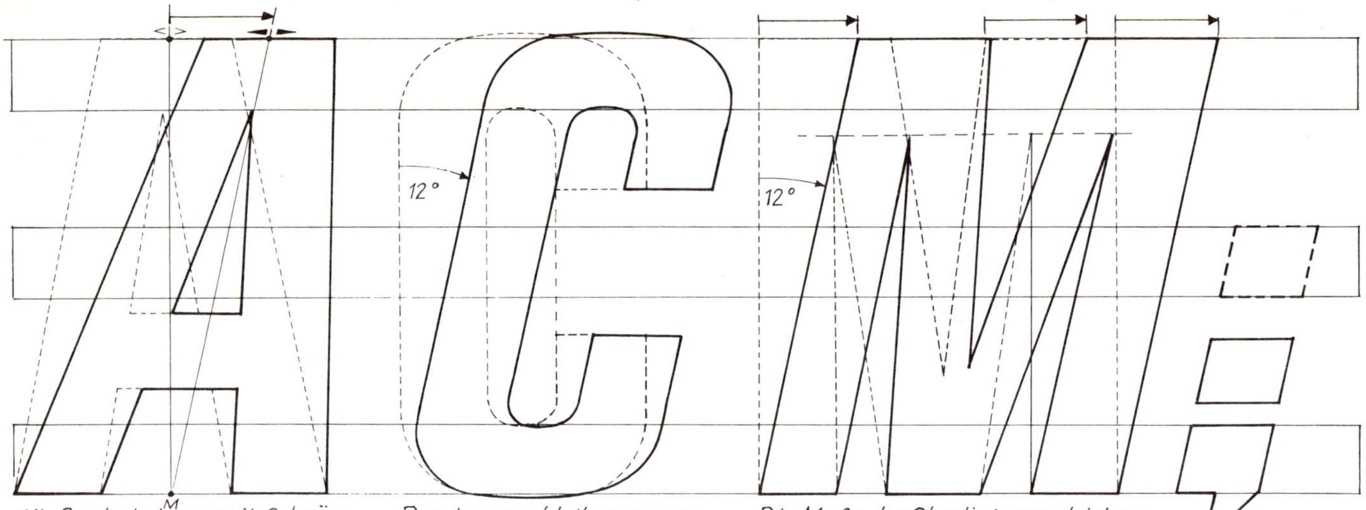

Alle Buchstaben mit Schrägbalken um die Mitte drehen

Rundungen bleiben waagerecht

Die Maße der Oberlinie verschieben sich um 12° nach rechts

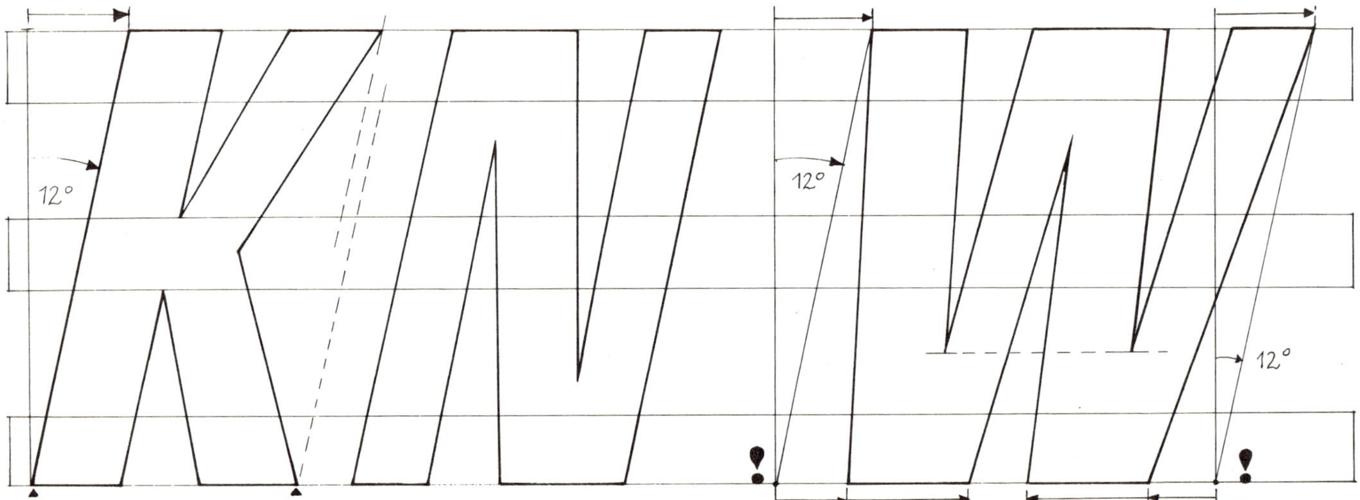

Die Außenpunkte sind die Drehpunkte für die Parallel-Verschiebung

Der Aufbau erfolgt von den äußeren Punkten auf der Grundlinie aus: Sie sind Drehpunkte

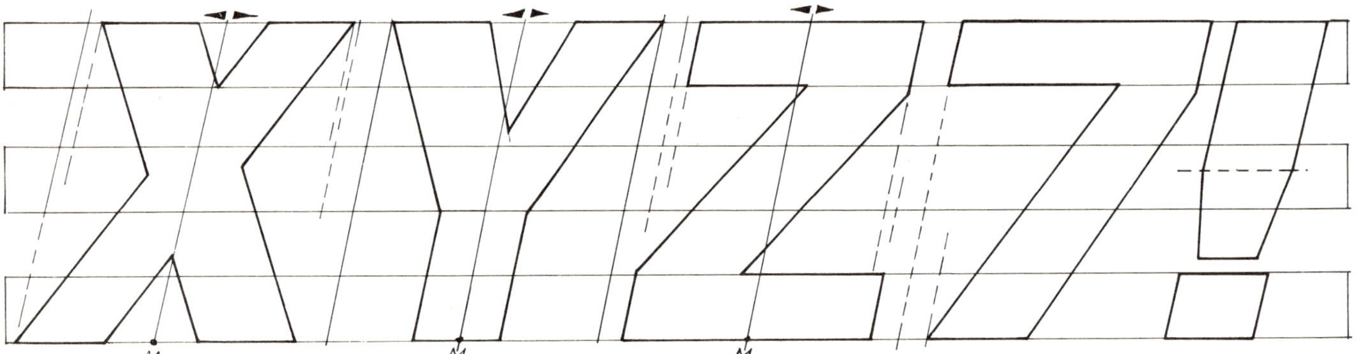

Auch diese Buchstaben sind vom mittleren Drehpunkt auf der Grundlinie aus aufzubauen, gleich, um welche Variation es sich handelt.

In der obersten Zeile ist die Veränderung anhand der Grundform dargestellt: Die Buchstaben werden lediglich in der Höhe kleiner, niedriger also; dabei müssen die Querbalkenstärken geringfügig dünner werden, damit sie nicht zu massig wirken. Alle Breitenmaße bleiben unverändert wie bei der Variation 1 und dem Mutteralphabet.

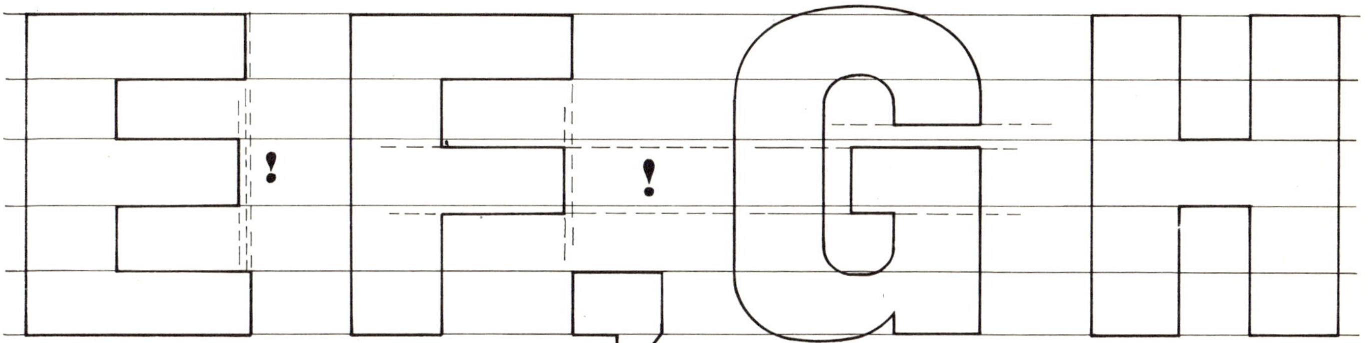

Die Höhe des Mittelbalkens wird entsprechend der Gesamthöhe (optische Mitte) verlegt.

Die Querbalken von F und G liegen etwas tiefer als bei B, E und H.

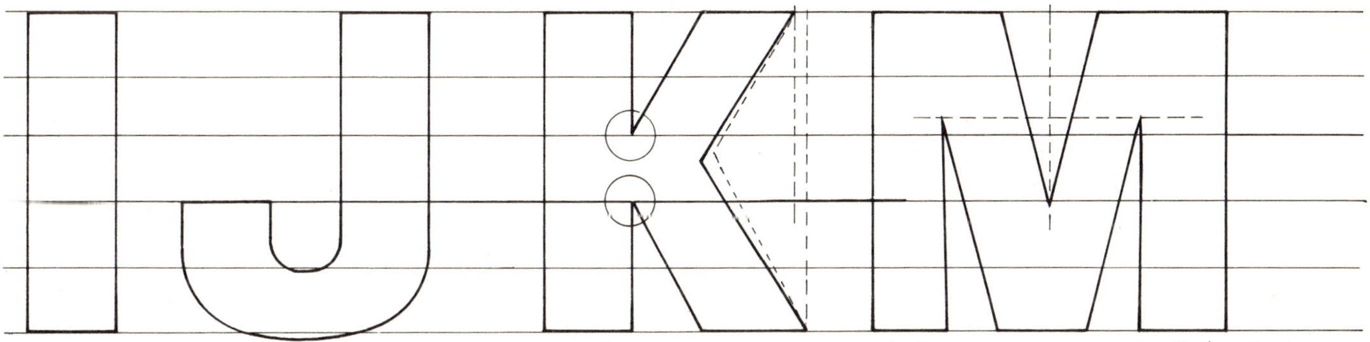

Bei allen Buchstaben mit Schrägbalken sind die unterschiedlichen Balkenstärken zu beachten: Von links oben nach rechts unten dick, von rechts oben nach links unten dünn.

Querbalken des P stets tiefer legen, da der Buchstabe sonst wie ›auf Stelzen‹ steht.

Diese Schrift kann mit Hilfe des Epidiaskops beliebig vergrößert werden, ohne daß sie (wie Satzschriften, Fotosatz usw.) formal überarbeitet werden müßte.

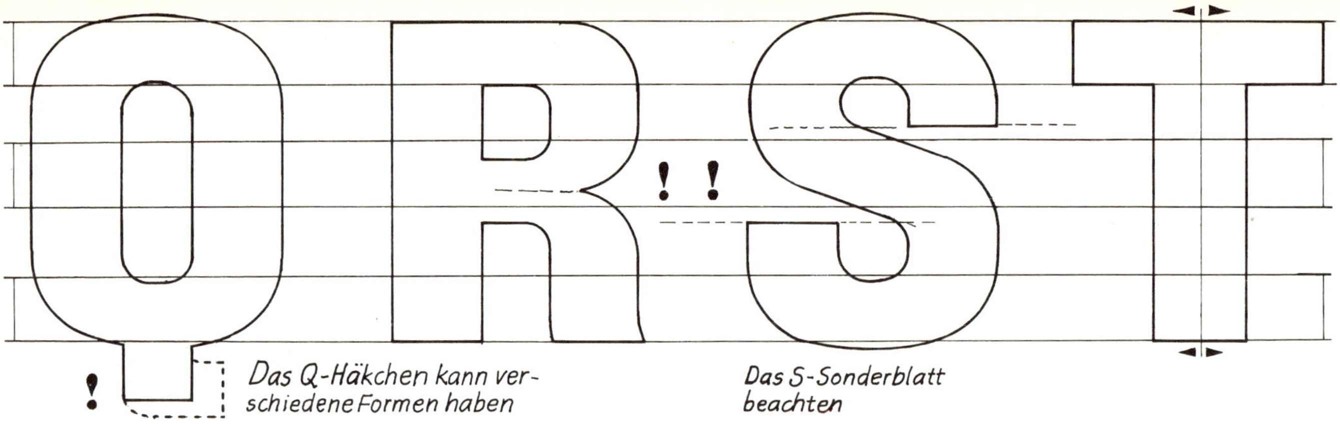
Das Q-Häkchen kann verschiedene Formen haben
Das S-Sonderblatt beachten

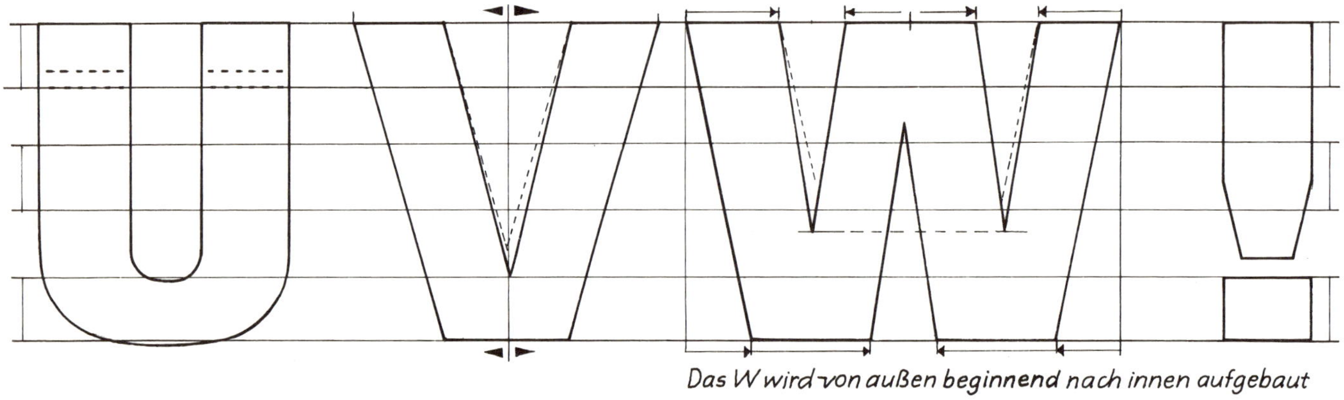
Das W wird von außen beginnend nach innen aufgebaut

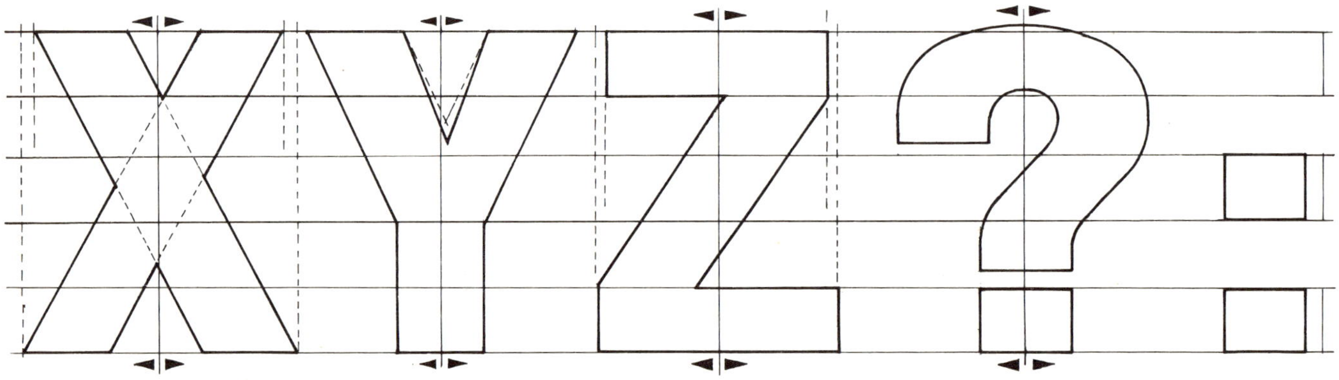

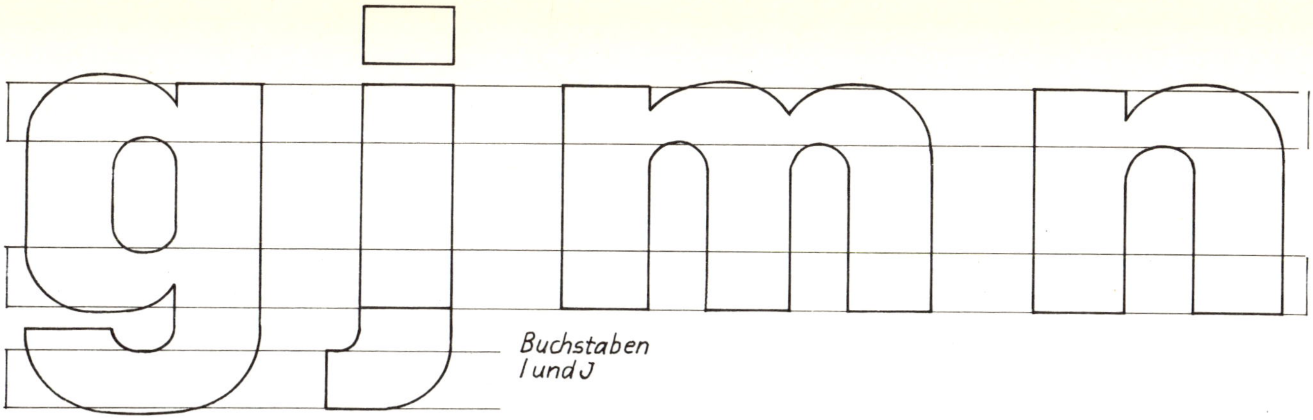

Buchstaben
I und J

Immer von der Mittel-
achse aus aufbauen

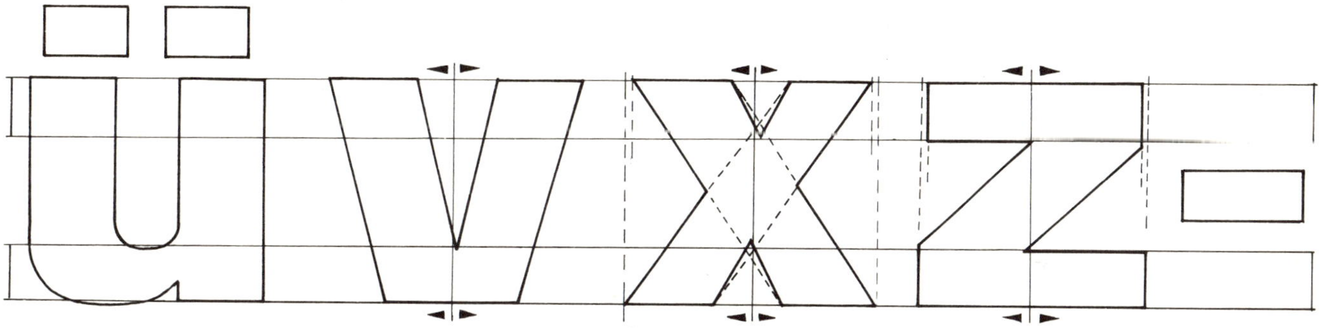

Bei a, s, x und z ist das Oberteil schmaler
als das Fußteil

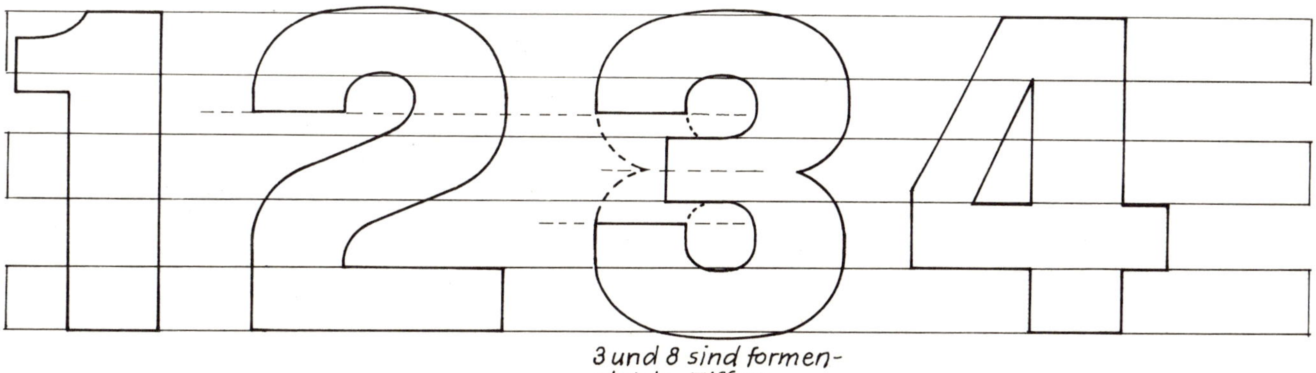

3 und 8 sind formen-
gleiche Ziffern

Aus einfachen Buchstaben lassen sich mit einigem Geschick und viel Phantasie einfache, aber oft auch sehr prägnante, Kombinationen mit Zeichencharakter herstellen. Dabei sollten die Buchstaben keinesfalls vergewaltigt werden, sondern ihre Eigenheiten behalten. Nicht jeder Buchstabe eignet sich zur Verschmelzung mit einem anderen: Hier sollte der ausgeschnittene Papierbuchstabe, der beweglich ist, Hilfe leisten. Denn erst das, was greifbar erlebt wird, zeigt alle Möglichkeiten und auch die gestalterischen Fehler.

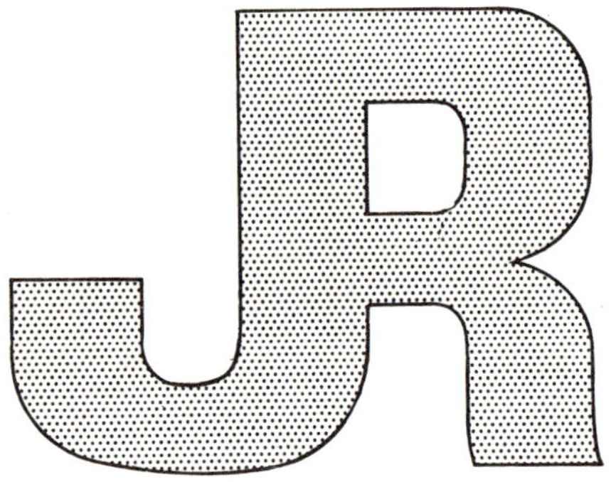

Zwei Möglichkeiten, Buchstaben mit Rundungen miteinander zu verbinden: Zwei Balken werden zu einem

Kombination verschiedener gerader Buchstaben miteinander, wobei die ›Schrägen‹ des A und W z.T. senkrecht gestellt wurden.

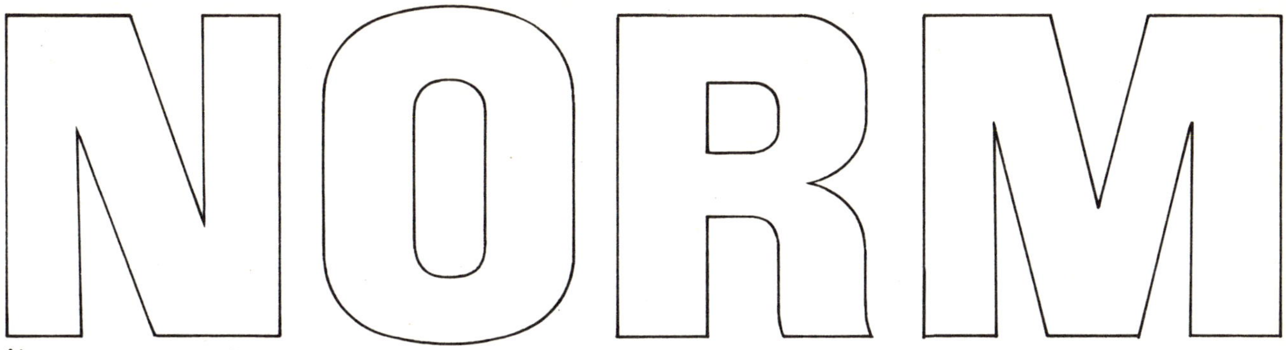

Variation 2 im Versaliensatz:
Das Schriftbild ist sehr ruhig und ausgewogen und für alle nicht zu langen Texte sehr gut geeignet.

Variation 2 im gemischten Satz:
Das Schriftbild ist differenzierter durch Ober- und Unterlängen, daher auch bei längeren Texten besser lesbar als Versaliensatz.

Normalfette Grotesk – Kursiv-Variation

Variation 2 als Kursiv-Form:
Für besondere Aufgaben, die mit Bewegung zusammenhängen, geeignet (Spedition z.B.)

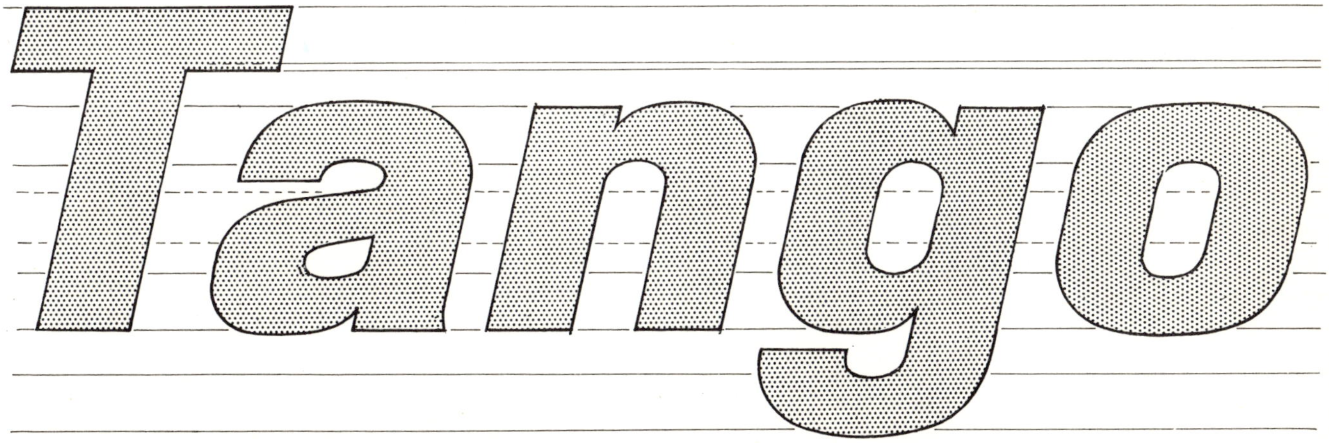

Variation 2 als Kursive in gemischtem Satz:
Neutrale, flüssig lesbare Schriftform, die für viele Bereiche einsetzbar ist. Jedoch soll bedacht werden, daß eine Kursivform schon grundsätzlich eine Auszeichnungsform darstellt.

Grotesk-Variation schmalfett

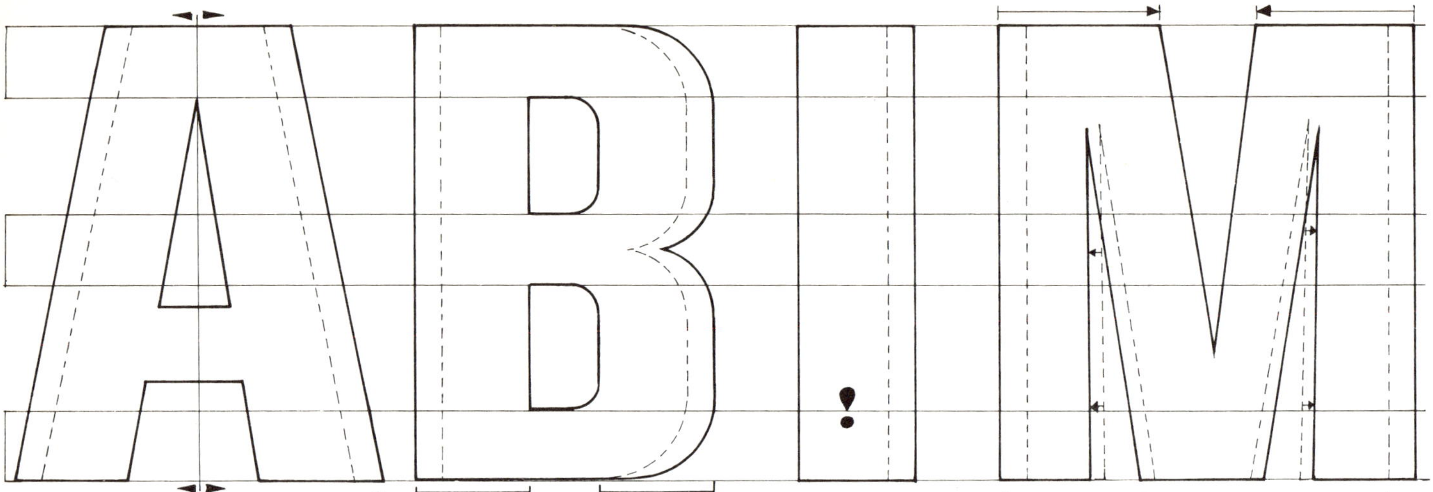

Die ›Zugabe‹ erfolgt prinzipiell außen am Buchstaben

Grundbreite für B, C, D, G, H, J, O, P, Q, R, S und U

Einseitig verbreitern

Die unteren Binnenformen um die Hälfte der ›Zugabe‹ nachrücken!

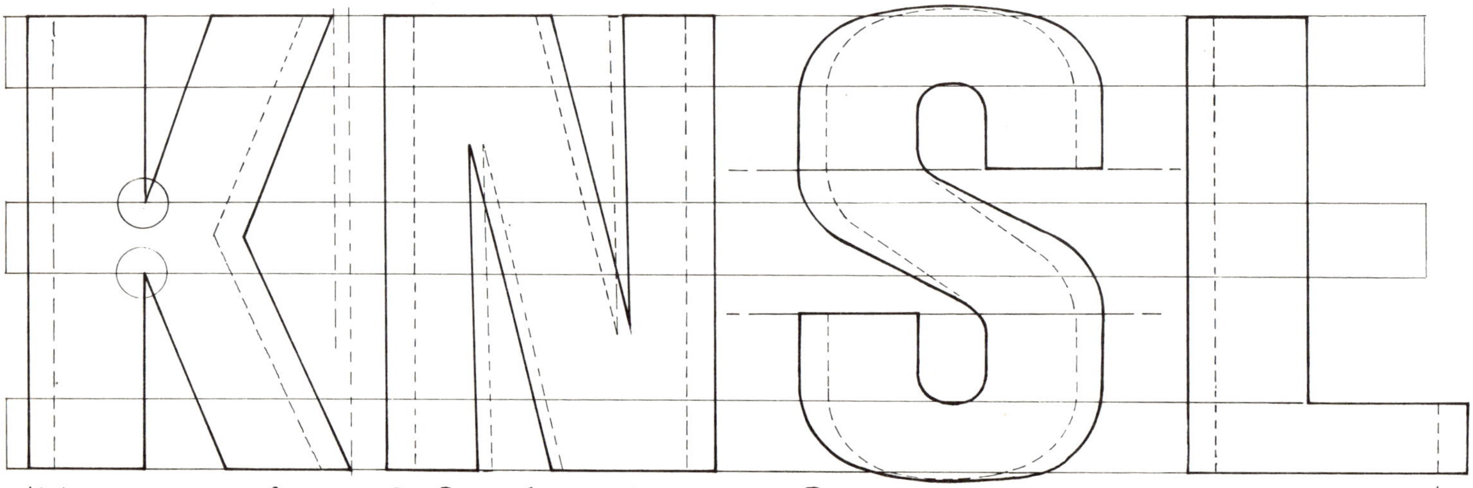

Verbreiterung nur außen

Die Binnenformen rücken um die halbe ›Zugabe‹ nach außen

Die Lage des Schrägbalkens ändert sich!

Zugabe beiderseits! Auch bei E und F

Grotesk-Variation breitfett

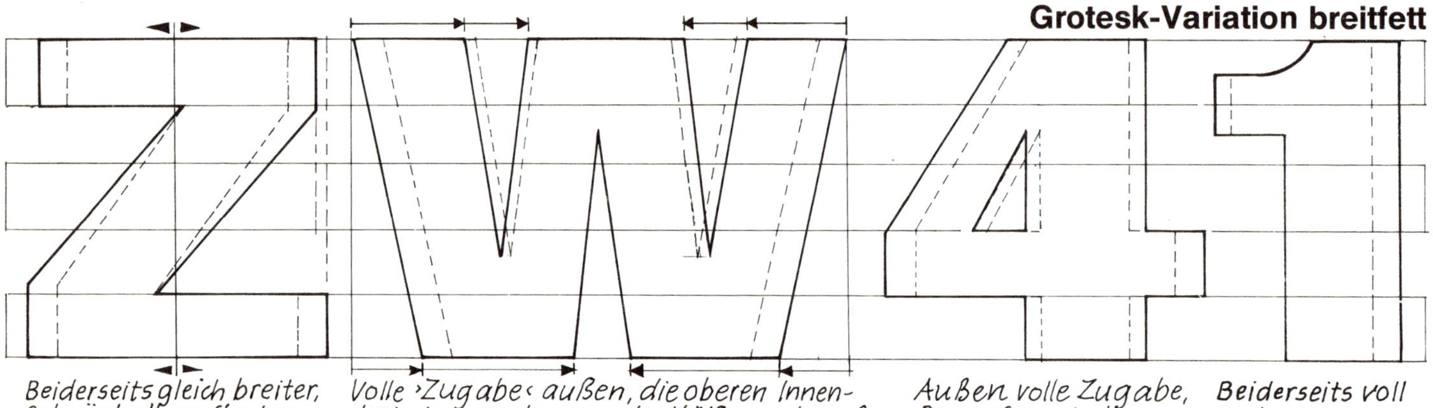

Beiderseits gleich breiter, Schrägbalken flacher

Volle ›Zugabe‹ außen, die oberen Innendreiecke wandern um die Hälfte nach außen.

Außen volle Zugabe, Binnenform halbe.

Beiderseits voll verbreitert

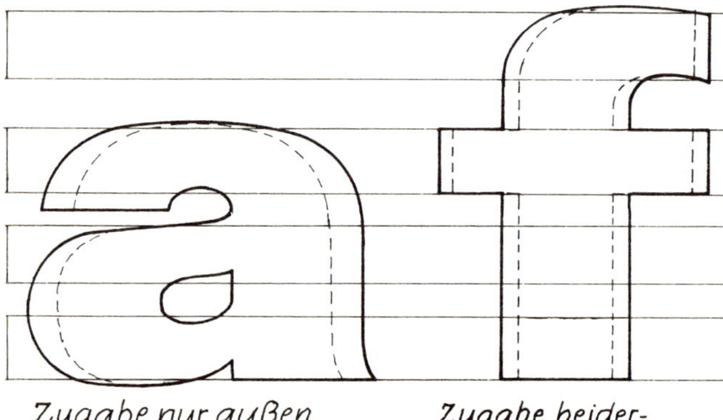

Die Zugabe bei v, x und y erfolgt nur außen

Zugabe nur außen, Innenform unverändert

Zugabe beiderseits die Hälfte

Egyptienne schmalfett

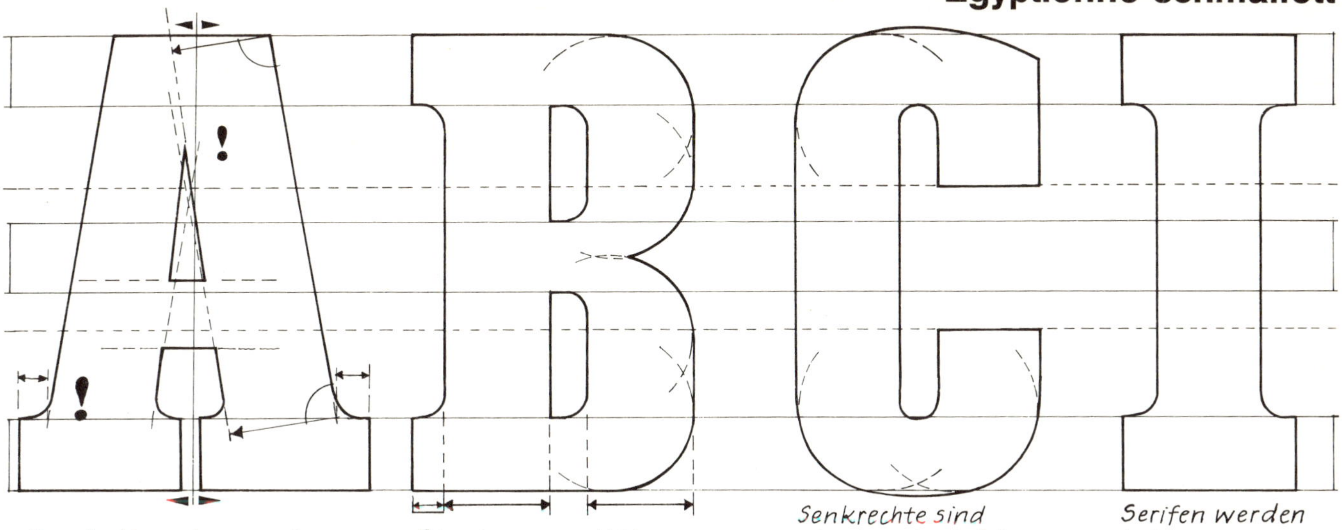

Das A + V werden von der Mitte aus aufgebaut! Serifenbreiten an der richtigen Hilfslinie abmessen!

B ist ebenso wie H Normbuchstabe. Seine Breite gilt für C, D, G, O, P, Q, R, S + U.

Senkrechte sind gleich in der Stärke

Serifen werden beiderseits ganz gleichmäßig abgetragen

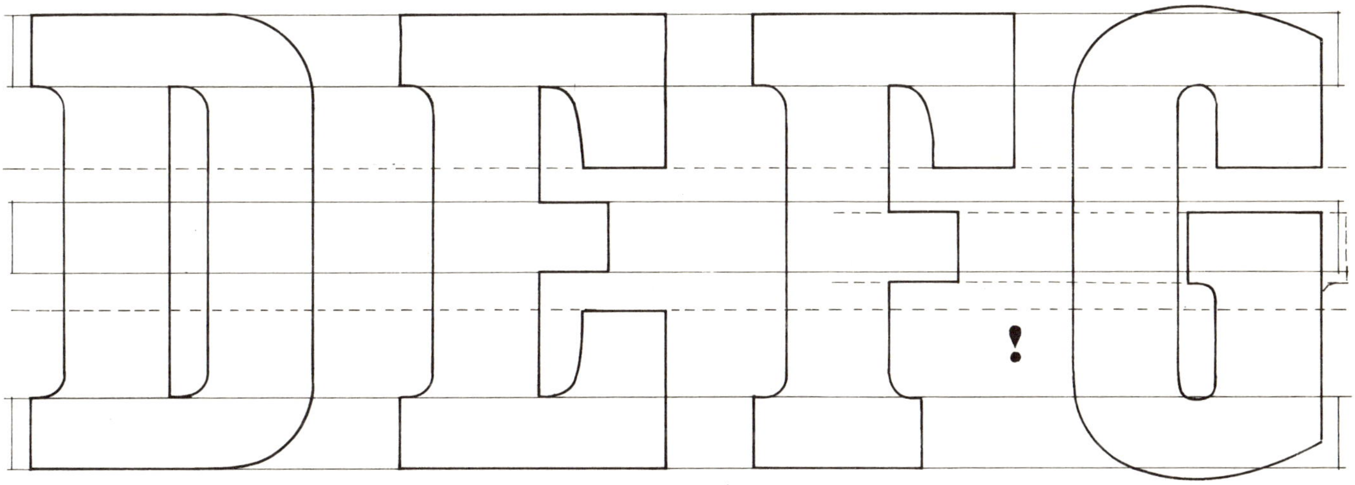

Gleiches Breitenverhältnis wie bei B usw.

E, F und L sind schmaler als die Standardbreiten B, C, G usw.!

Der Serif am Mittelbalken kann bei Bedarf auch rechts eingesetzt werden

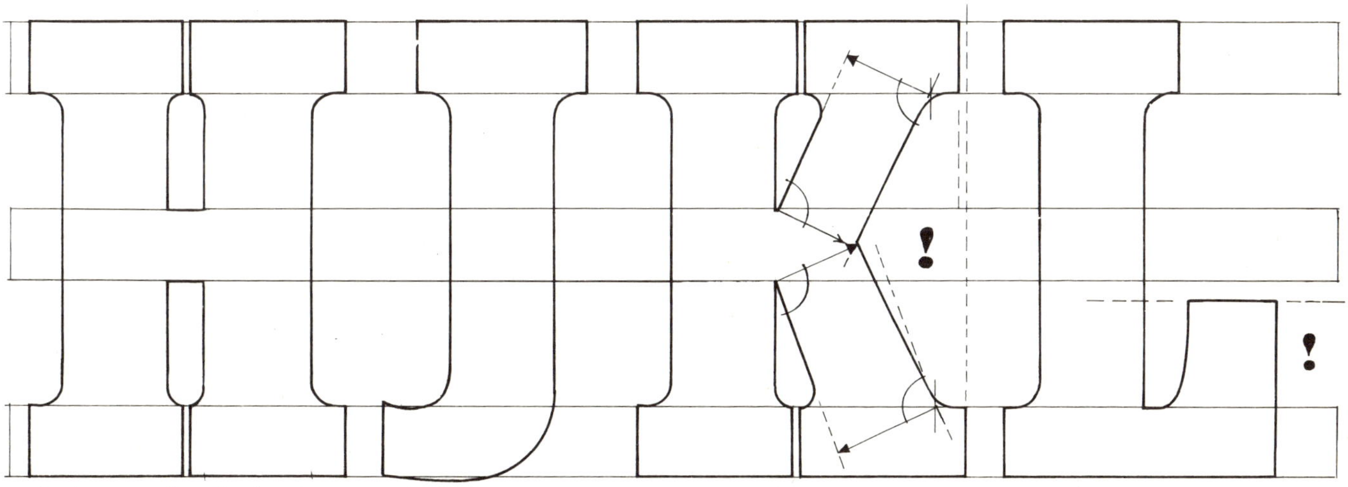

Die inneren Serifenbreiten sind aufgrund des Innenraums verkürzt

Für J gibt es eine Zweitform am Ende dieses Alphabetes

Innenserifen ebenso verkürzt wie bei H! Balkenstärken der Schrägen in 90° messen!

Der untere Serif des Querbalkens ist höher gezogen als bei E! Dadurch wird der Leerraum ausgeglichen.

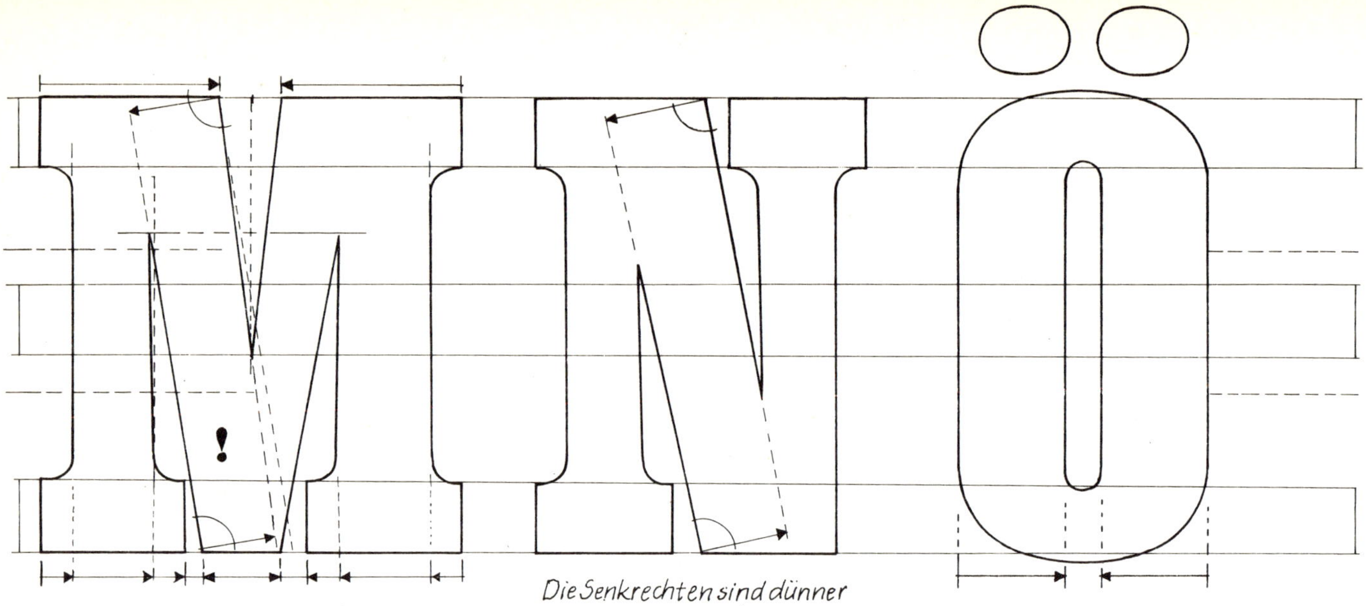

Der Buchstabe wird von außen nach innen aufgebaut. Die Balkenstärken sind unterschiedlich stark und konisch.

Die Senkrechten sind dünner als die Schräge (Antiqua) Rechts unten kein Serif!

Dieser und die folgenden Buchstaben entsprechen wieder dem Standard-Maß (B, C, D usw.)

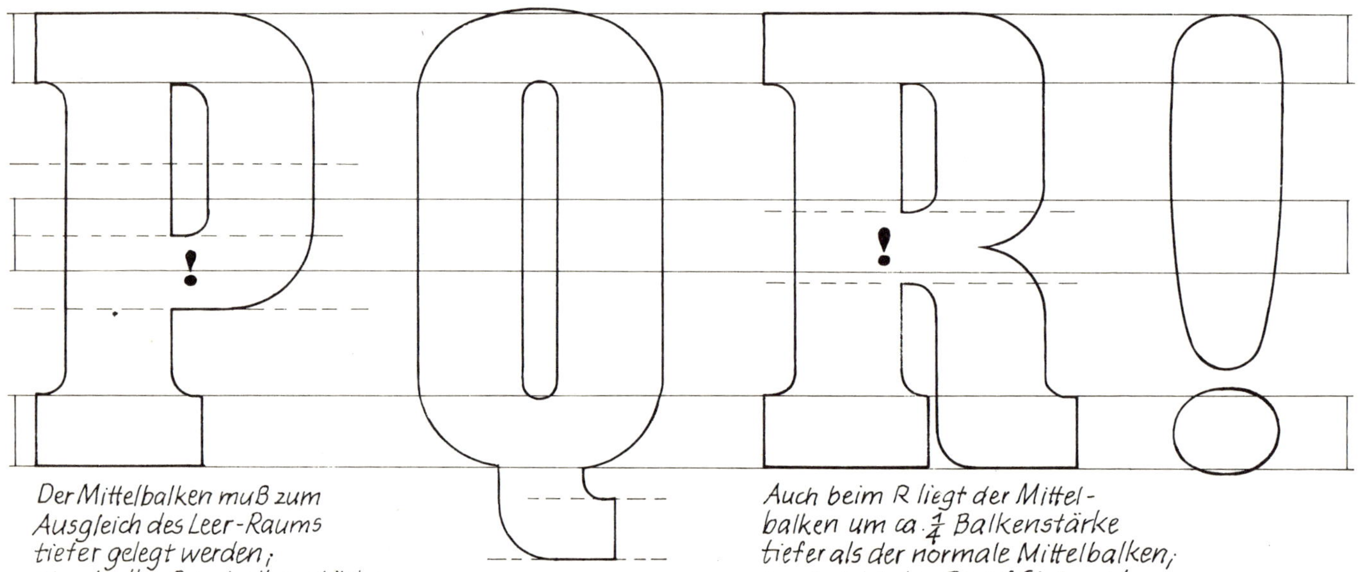

Der Mittelbalken muß zum Ausgleich des Leer-Raums tiefer gelegt werden; eine halbe Querbalkenstärke

Auch beim R liegt der Mittelbalken um ca. $\frac{1}{4}$ Balkenstärke tiefer als der normale Mittelbalken; sonst steht das R »auf Stelzen«!

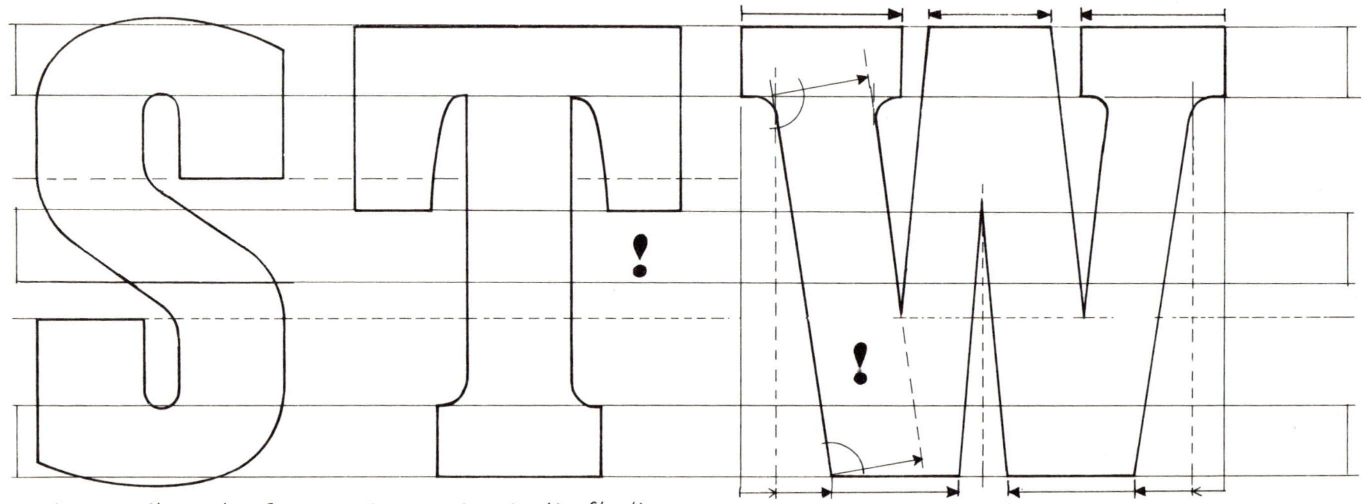

Zum Aufbau des S siehe Sonderseite!

Die Serifen des Kopfbalkens sind bis auf Oberkante des Mittelbalkens gezogen; sie füllen den Binnenraum auf

Das W wird von den Außen-Senkrechten her nach innen aufgebaut. Zu beachten ist der im Antiqua-Karakter wechselnde Balkenstärken-Unterschied. Leicht konische Balken!

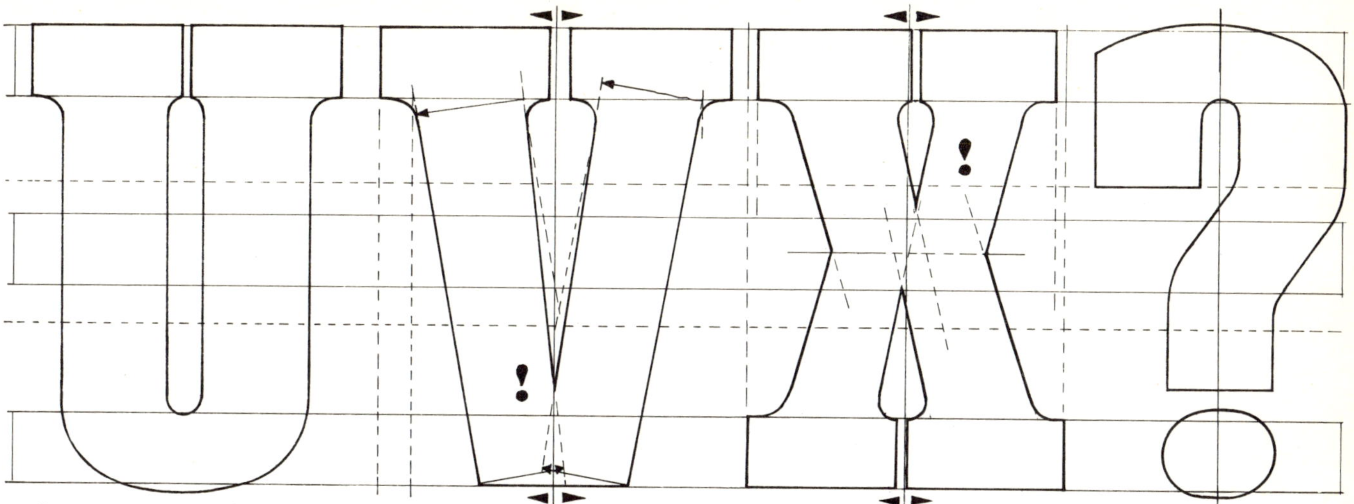

Das U entspricht der Standardbreite

Das V wird von der Mitte her gezeichnet; die Balken verjüngen sich zum Fuß hin

Von der Mitte aufbauen! Die Balken sind wegen des sonst zu engen Innenraumes versetzt

Entspricht der Standardbreite

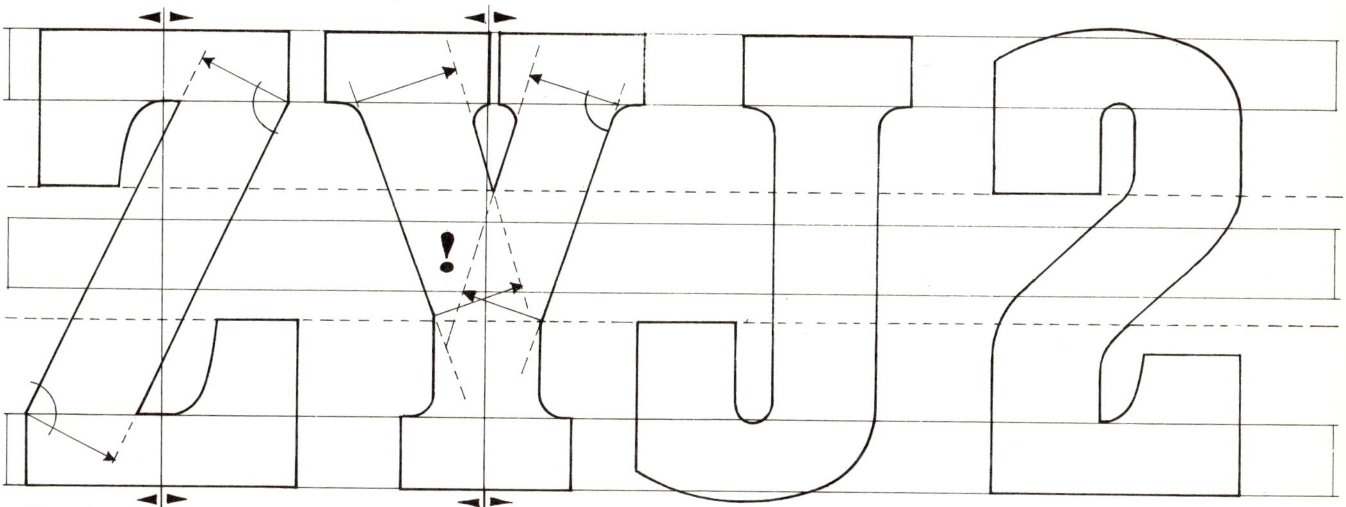

Von der Mitte aus aufbauen. Balkenstärke stets im rechten Winkel abmessen!

Auf Mitte aufgebaut.

Der Buchstabe ist etwas breiter als E, F + L. Je nach Wortbild eine harmonischere Form

Ziffern 2, 3, 5, 6, 8, 9 und 0 entsprechen der Standardbreite.

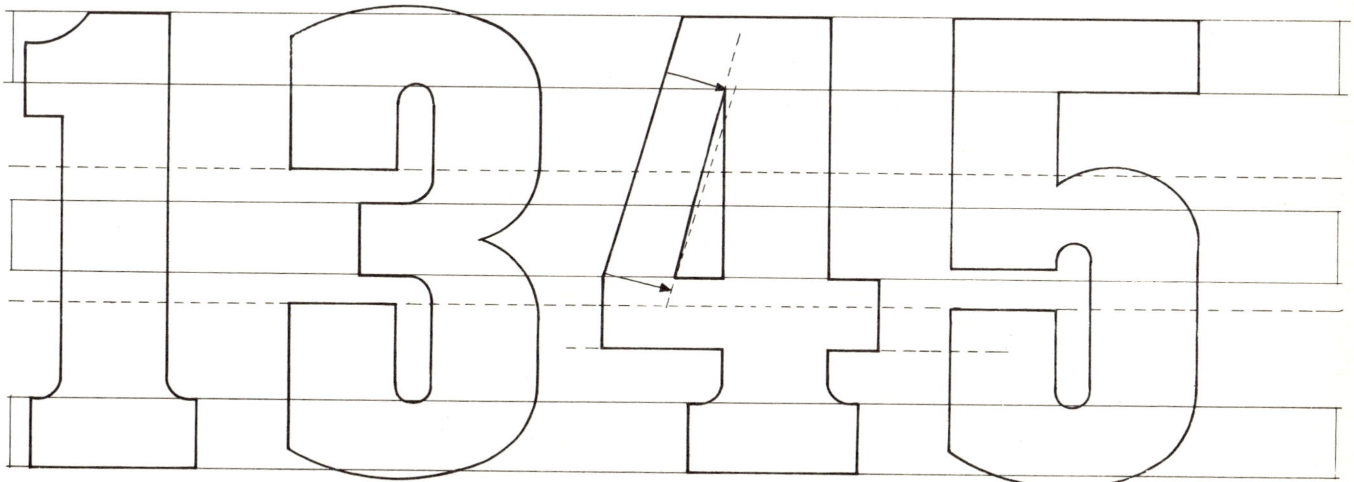

Die Ziffern entsprechen weitgehend den Standardbreiten der Versalien. Lediglich die 1, 4 und die 7 weichen von dieser Grundbreite ab.
Bei dieser serifenbetonten Linearantiqua entspricht die 0 dem Versal O, weshalb auf ihre Darstellung in diesem Werk verzichtet wurde.

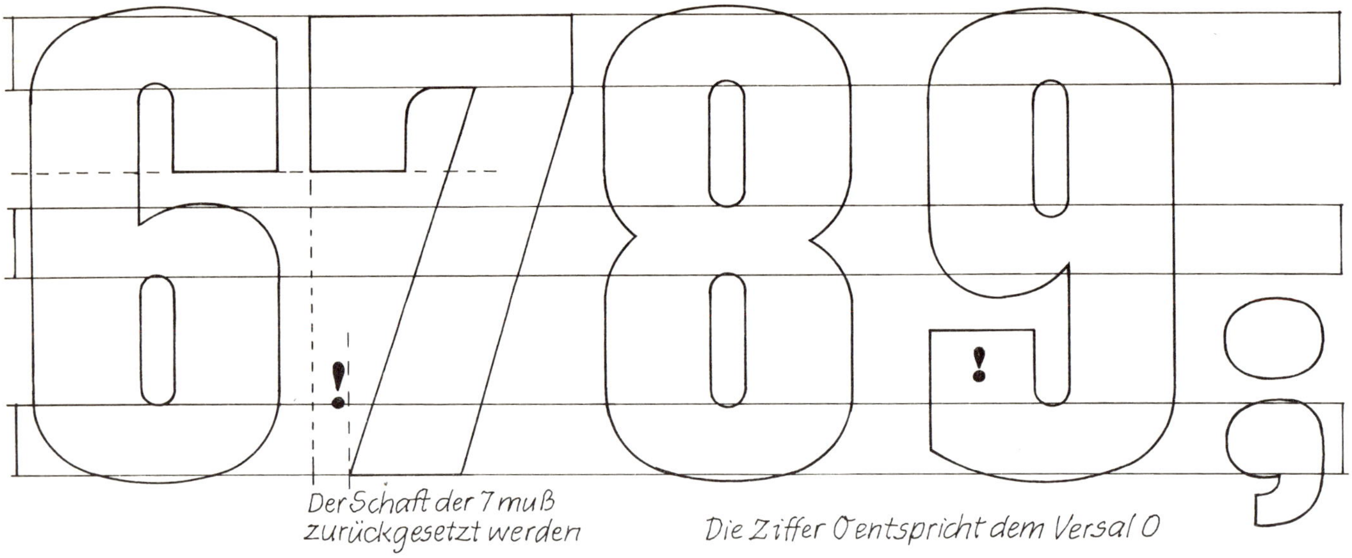

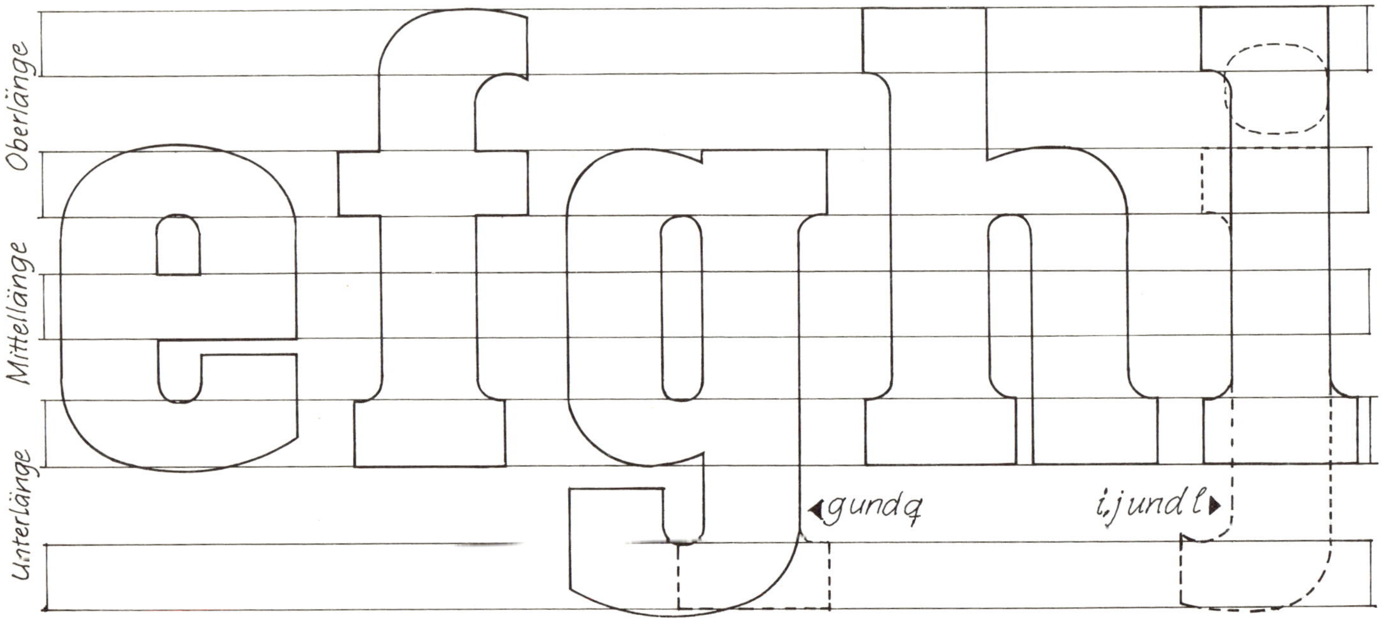

Die Gemeinen der Serifenbetonten Linearantiqua entsprechen ebenso wie die Versalien in der Breite denen der Serifenlosen (Grotesk). Lediglich der Binnenraum wurde enger.

Jedoch sind Haupt- und Querbalken in sich dünner als die der Versalien. Die Oberlänge entspricht der Unterlänge.

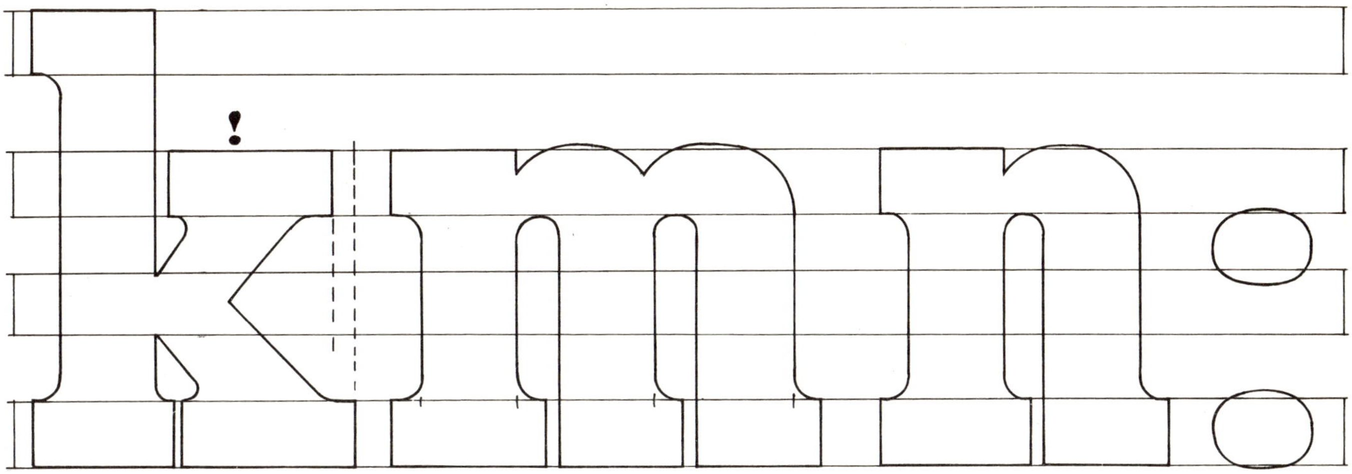

Die Schrägbalken setzen am Mittelbalken an; sie verlaufen zum Schnittpunkt hin konisch.

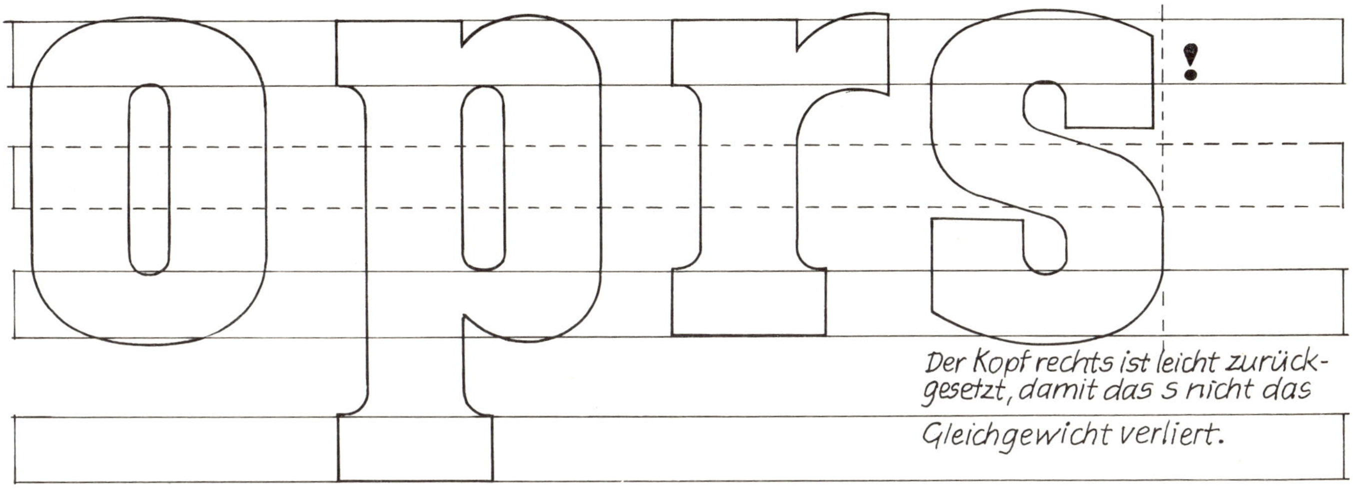

Der Kopf rechts ist leicht zurückgesetzt, damit das s nicht das Gleichgewicht verliert.

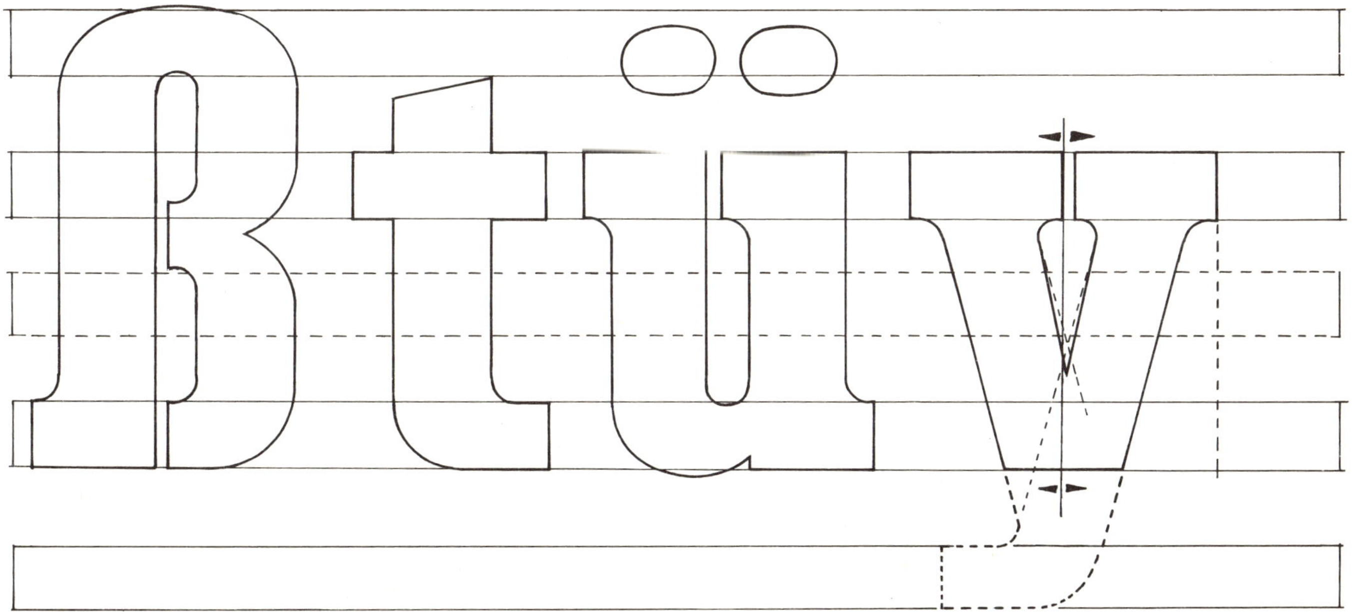

Das t ist aufgrund seiner historischen Entwicklung nur wenig höher als die Mittellänge.

V und y in einer Darstellung: Es ist auf Mitte aufgebaut, die Schrägbalken verjüngen sich zum unteren Schnittpunkt hin.

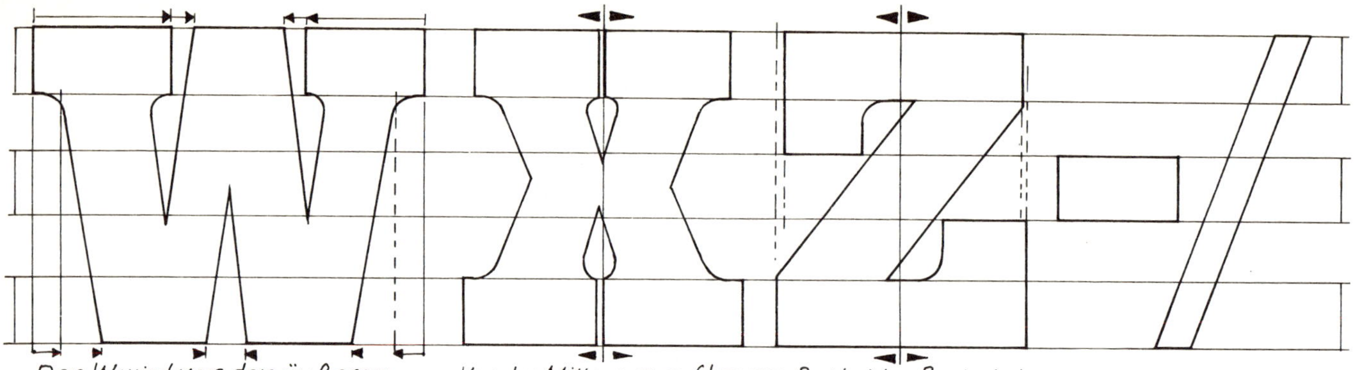

Das W wird von den äußeren Senkrechten her aufgebaut.

Von der Mitte aus aufbauen. Bei beiden Buchstaben ist die Kopfbreite schmaler als die Fußbreite

Egyptienne-Variation breitfett

Diese Variante beruht auf den gleichbleibenden Breitenmaßen, während die Buchstabenhöhe niedriger wird. Dadurch verändert sich die Schrift zur breiteren und fetteren Egyptienneform

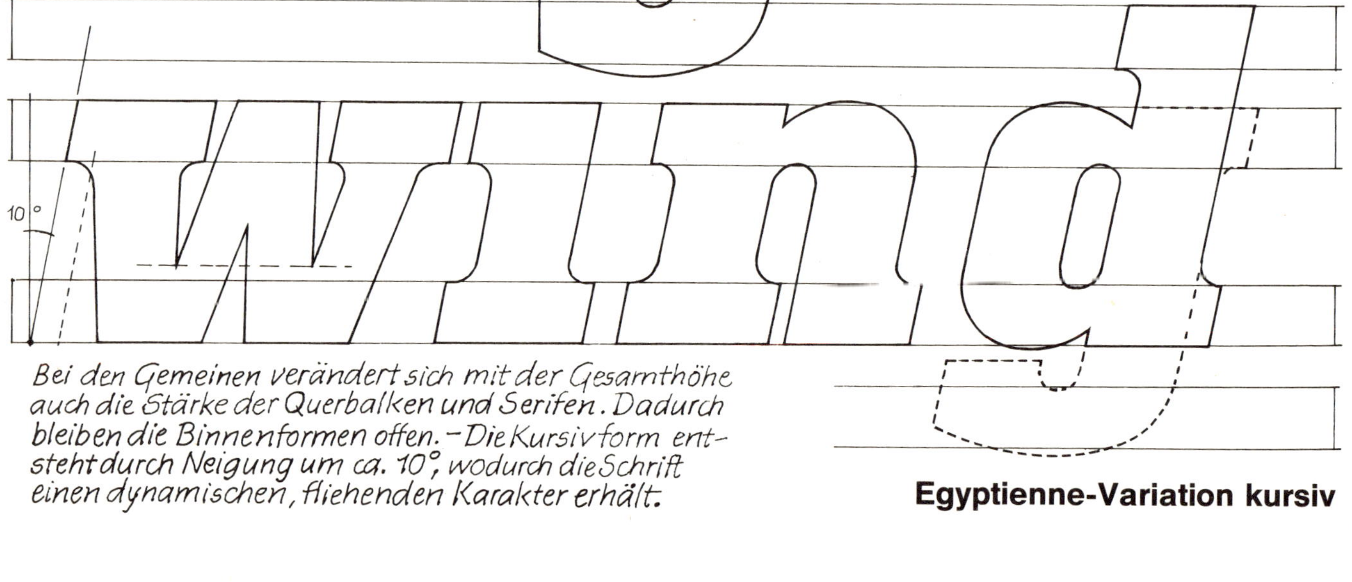

Bei den Gemeinen verändert sich mit der Gesamthöhe auch die Stärke der Querbalken und Serifen. Dadurch bleiben die Binnenformen offen. – Die Kursivform entsteht durch Neigung um ca. 10°, wodurch die Schrift einen dynamischen, fliehenden Karakter erhält.

Egyptienne-Variation kursiv

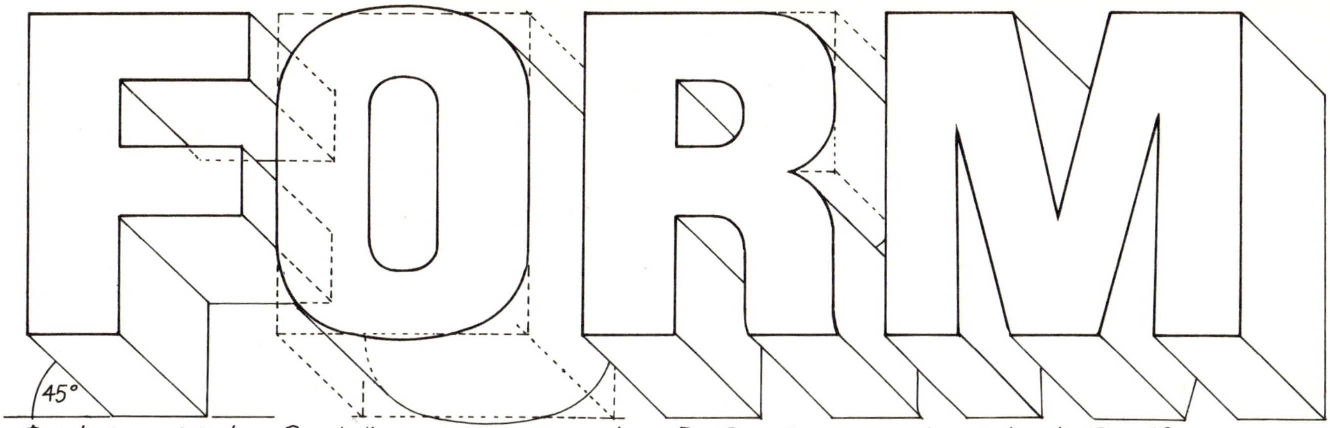

Bei der isometrischen Darstellung der Schrift wird ein Lichteinfall von links oben angenommen, der Einfallswinkel beträgt 45°. Die isometr. »Tiefe« kann je nach Aufgabe frei gewählt werden.

Bei Rundungen wird erst das die Rundform umschließende Rechteck gezeichnet. In dieses Rechteck hinein wird die Rundung gezeichnet. – Schräge Linien (A, M usw.) werden parallel verschoben.

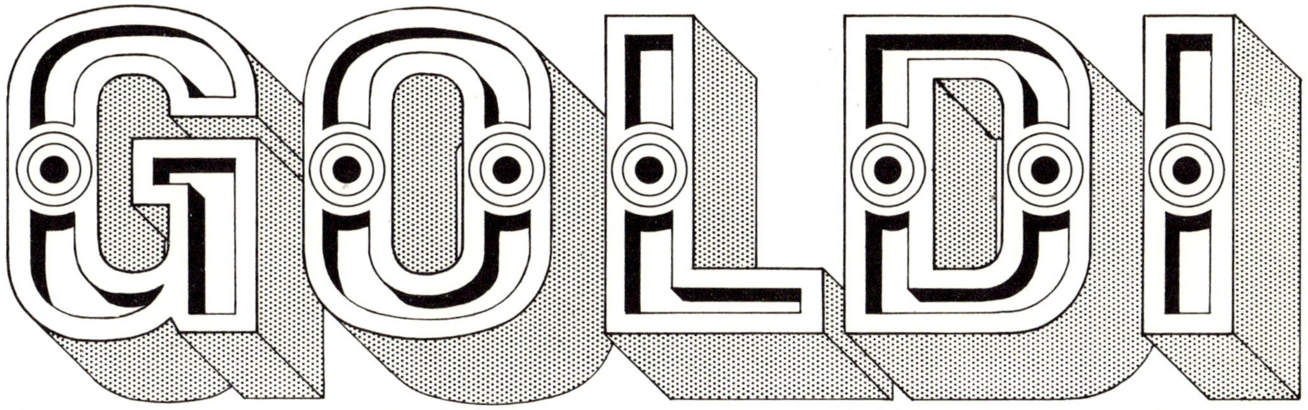

Schmuckformen lassen sich auf viele Arten zeichnen: Mit Innen- und Außenformen, positiv oder negativ, mit oder ohne Profilkarakter

Das 18. und 19. Jhd. bieten eine Fülle von Anregungen, derer man sich bedienen kann. Trotz aller Nostalgie leben wir jedoch im Ende des 20. Jahrhunderts!

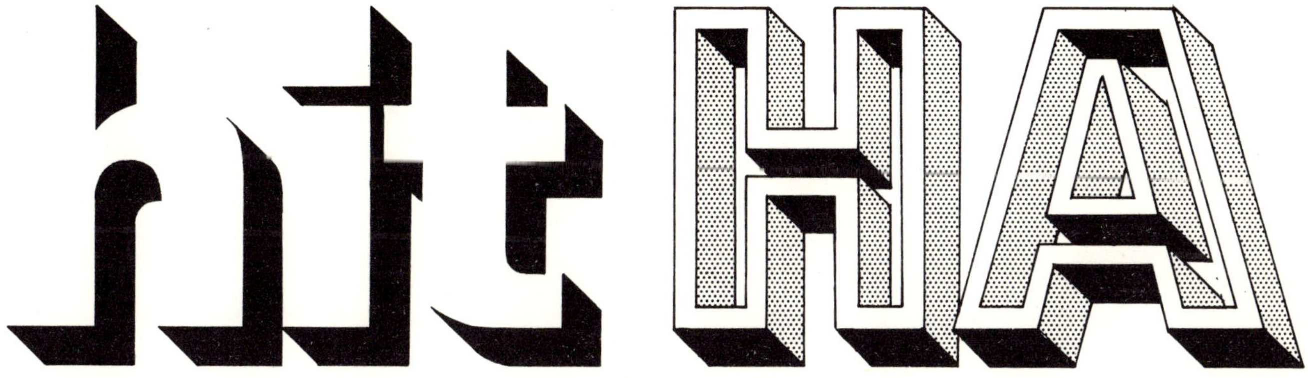

Variationen und Wirkungen von Grotesk- und Egyptienne-Buchstaben. Die Möglichkeiten, Buchstaben zu Schmuck-Initialen zu verändern, sind fast unbegrenzt. Die Technik der Arbeit wird die Form bestimmen.

Isometrische Darstellung

Diese isometrischen Übungen schulen nicht nur eine präzise Zeichentechnik, sondern vor allem das räumliche Sehen und plastisches Empfinden.
Besonders eignen sich diese »pseudoplastischen« Buchstaben für Farbstudien: Hell-dunkel, Farbe-Nichtfarbe, Gegenfarben usw.

Mit Hilfe des Siebdrucks lassen sich interessante Strukturen herstellen.

Fluchtpunktperspektive

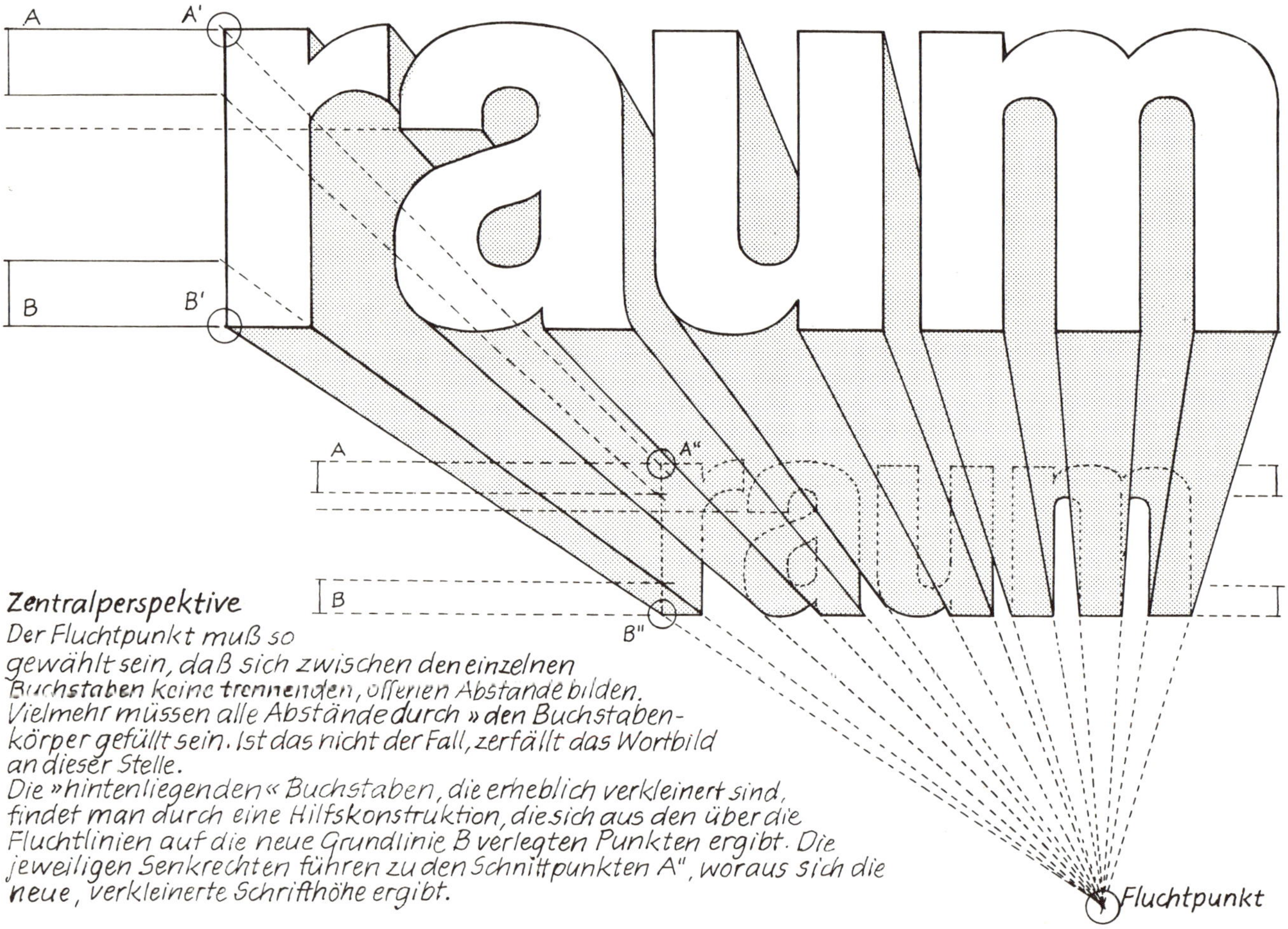

Zentralperspektive
Der Fluchtpunkt muß so gewählt sein, daß sich zwischen den einzelnen Buchstaben keine trennenden, offenen Abstände bilden. Vielmehr müssen alle Abstände durch »den Buchstabenkörper gefüllt sein. Ist das nicht der Fall, zerfällt das Wortbild an dieser Stelle.
Die »hintenliegenden« Buchstaben, die erheblich verkleinert sind, findet man durch eine Hilfskonstruktion, die sich aus den über die Fluchtlinien auf die neue Grundlinie B verlegten Punkten ergibt. Die jeweiligen Senkrechten führen zu den Schnittpunkten A", woraus sich die neue, verkleinerte Schrifthöhe ergibt.

WERBUNG
mit Kopf

Leicht asymmetrische Stellung im Rechteck: Oft besser als Mittelachsen-Satz. Auszeichnung durch Versalien

ALLES ÜBER
PATOSCH

Mittelachsen Anordnung in Versalien: Auszeichnung durch Variation der Schrifthöhe und Sperrung

B
Boden
Fliesen
und Wandkleber
BAMA

Frei und dynamisch gesetzter Text, dessen Worte dicht zusammenstehen müssen, um Halt zu haben

LETTER
GRAPHIK
AUS
LONDON

Streng asymmetrische Typografie in stark grafischer und dekorativer Wirkung. Hoher Aufmerksamkeitswert.

abc
Refreshment
room

Ausgewogene Mittelachsenlösung. Die Auszeichnung erfolgt durch fette Variante

Männer
sind kaufkräftig

Extrem unterschnittener (enger) Satz einer stark überhöhten Linearantiqua im schmalen Querformat. ▲

Fett-breite Form mit lichter Egyptienne als Auszeichnung ▼

NMA Intercontinental

Schrift am Objekt

Die in dieser Anleitung verwendeten Schriftformen sind für jegliche Art von Außenwerbung gezeichnet worden. Sie sollten also gerade dort als Medium verwendet werden, wo der Informationswert über dem dekorativen Wert liegen soll. Das schließt die Variation dieser Schriften und ihre Anwendung in dekorativer Form in keiner Weise aus. Dekorativ bedeutet, daß das Schwergewicht auf der freien gestalterischen Wirkung liegt, während die informative Verwendung zur schnellen und sicheren Verbreitung von Mitteilungen gedacht ist.
In unserer von Schrift und Werbung übersättigten Umwelt kann jedoch nur *die* Schrift eine Information übermitteln, die schnell zu erfassen, also entsprechend gut durchgeformt ist. Die dekorativen Schriften können zwar einen höheren Aufmerksamkeitswert besitzen, dies geht aber leider meist zu Lasten der guten Lesbarkeit. Dieser jedoch kommt gerade in Außenwerbung und Straßenverkehr besondere Bedeutung zu, da sowohl der Fahrer als auch der Fahrgast im öffentlichen Transportmittel ebenso wie der Fußgänger die Mitteilung aufnehmen sollen. Dekorative Formen lassen sich oftmals nur in Ruhe und bei eingehender Betrachtung entschlüsseln. Ruhe und Muße allerdings wird man in bezug auf die Außenwerbung wohl nur noch in Fußgängerzonen haben. Diese Kriterien müssen daher bereits beim Entwurf berücksichtigt werden. Darüber hinaus gelten für die Anwendung an Bau oder Fahrzeug weitere Grundsätze: Jeder Schriftträger verkörpert einen eigenen Stil; Fassaden können historisch gebunden oder sachlich modern sein; am Fahrzeug entscheiden Karosserieform und – wie auch an der Fassade – das Thema über die Ausführung der Beschriftung. Jede einzelne Aufgabe wird also besondere fachspezifische Anforderungen an den Schriftzeichner stellen. In seiner Arbeit wird auch eine unterschiedliche Typographie (Anordnung der Buchstaben, Wörter und Sätze) zum Ausdruck kommen müssen, um dem Werbeinhalt gerecht zu werden. Denn erst eine gute Typographie ermöglicht gute Lesbarkeit und somit schnelles Erfassen einer Werbeaussage an Bau oder Fahrzeug. Jedoch kann die beste Typographie z. B. zu dichten (fachmännisch: unterschnittenen) Satz, wie er zu oft durch den Computersatz entsteht, nicht wettmachen: Gutes Ausgleichen des Textes oder des Einzelwortes ist die wichtigste Voraussetzung guter Typographie und somit optimaler Lesbarkeit.

Außenwerbung am Bau

Fassadenwerbung ist Langzeitwerbung. Sie unterliegt daher strengeren Gesetzen als die kurzlebigen Fahrzeugbeschriftungen und Schilder. Einige Grundregeln sollten daher beachtet werden, wenn die Werbewirksamkeit über einen längeren Zeitraum Bestand haben soll.

1. Der Baustil des Gebäudes muß berücksichtigt werden, dies setzt die Kenntnis der Stilmerkmale der Architektur und der Schriftgeschichte voraus (s. Band 2, S. 62/63 Schrift und Baustil).
2. Die Schrift muß Bestandteil der Fassade sein; sie darf sie weder zerstören noch beherrschen. Das bedeutet sowohl farbliche als auch materialmäßige Abstimmung auf die Architektur (Jan Tschichold).
3. Die Größenverhältnisse müssen der Fassade entsprechen und auch den örtlichen Gegebenheiten angepaßt sein. Es wäre überzogene Verschwendung an Raum und Material, für eine maximale Sichtweite von 50 Metern eine Schrifthöhe von 1,5 Meter zu wählen. Die Schrift muß also proportional auf die Fassade abgestimmt sein. Eine einfache Formel leistet dabei hilfreiche Dienste.

   $$\text{Schrifthöhe in m} = \frac{\text{Entfernung in m}}{250,\ 350,\ 450}$$

   Das bedeutet, daß der Divisor 450 für sehr klare, besonders gut lesbare Schriftformen gilt. Der Divisor 350 ist ein Mittelwert für durchschnittlich gut lesbare Schriften; die 250 gilt nur für schwer lesbare und ungewöhnliche Schriftformen.
4. Am Bau sollten nur Schriftformen verwendet werden, die auch der Statik der Architektur ent-

sprechen. Kursivschriften an der Fassade sind immer dann falsch, wenn sie nicht in klar abgegrenzte Flächen »gebunden« sind (z.B. im Schaufenster, im Transparent, im Schild). Direkt mit Neon belegte Schreibschriften dürfen keinen Platz an der Fassade haben, weil diese lebendigen Schriften nicht durch starres Material ausgedrückt werden können.

5. Die Schrift braucht Lebensraum! Sie sollte also nicht in schmale Bänder oder Friese hineingezwängt werden. Sie darf auch nicht auf der Dachkante stehen, wo sie gegen den Himmel nur schwach zum Ausdruck kommt oder je nach Farbton im schlimmsten Falle überhaupt keine Wirkung haben kann. Lediglich als Leuchtschrift bei Nacht ist sie akzeptabel.
6. In Fußgängerzonen sollten sich Schriften im Sichtbereich des Fußgängers befinden. »Chinesische Schrift« (so bezeichnet man senkrecht untereinander angeordnete Buchstaben) wird hier schlecht gesehen und auch schlecht gelesen. Wenn senkrecht gestellte Schriftzeilen nicht zu umgehen sind, so sollte man das Wort in seinem normalen Wortbild von unten beginnend an der Fassade nach oben laufen lassen. Schrift auf Vordächern ist oft nicht einmal von der gegenüberliegenden Straßenseite aus zu sehen bzw. zu erkennen (Verkehrsmittel, Baumbestand usw.). Als Schriftträger sollte in diesem Bereich weitgehend das obere Drittel der vielfach zu hohen Schaufenster verwendet werden, oder man sollte die heute üblichen Markisen als zusätzlichen Schriftträger einbeziehen.
7. Schrift muß materialgerecht eingesetzt werden, dies gilt auch für Schild und Transparent. Eine Antiqua wird beispielsweise durch die Belegung mit Neonröhren ebenso zerstört wie eine Schreibschrift, während eine Egyptienne oder Groteskform eine solche Direktbelegung besser verträgt. Allerdings sollte man dabei von einer Mindestschrifthöhe von 30 cm ausgehen und ruhige und klare Farben verwenden, welche die Wirkung und die Lesbarkeit fördern.

Bei Berücksichtigung aller dieser Grundsätze müßte es gelingen, der mitunter bedrückenden Stillosigkeit und dem Wirrwarr in der Schriftanwendung Einhalt zu gebieten, ohne der freien Entfaltung einer differenzierten Außenwerbung Zwang anzutun.

Fahrzeugbeschriftung

Anders liegen die Verhältnisse bei der Gestaltung von Fahrzeugen, da es sich hierbei um rollende Werbung handelt; es sei denn, das Fahrzeug wird gezielt als stehende Werbung (Sportplatz, Veranstaltung u.a.) eingesetzt.

1. Unter dem Gesichtspunkt der Gestaltung bzw. des werblichen Einsatzes müssen wir das Fahrzeug in drei Zonen einteilen: a) die Werbezone (der gesamte Mittelbereich), b) die Dachzone und c) die Schmutzzone.
   Die Werbezone muß als rundumlaufende Fläche betrachtet werden; d.h. sie bildet sowohl stilistisch und farblich als auch gestalterisch zusammen mit Bug- und Heckpartie eine Einheit. Hier bestimmt die Form der Karosserie die Gestaltung. Die Dachzone spielt in Städten eine wichtige Rolle; dieser Raum sollte um keinen Preis verschenkt, sondern beidseitig genutzt werden. Dies bedeutet, daß auf dem Dach angebrachte Schrift von beiden Straßenseiten gut gelesen werden kann.
   Die Schmutzzone, etwa bis zur Höhe der Radkästen, ist für jegliche Form der Beschriftung ungeeignet. Sie liegt nicht nur zu tief, um im Verkehrsfluß überhaupt gesehen oder gelesen zu werden, sie wird auch am schnellsten verschmutzt.
2. Am Fahrzeug verwendete Schrift muß klar und offen sein, um auch einer optischen Verkürzung durch spitze Blickwinkel – das gilt für die Fassade ebenso – standzuhalten. Texte müssen kurz sein; längere Wortfolgen oder gar ganze Sätze sind kaum erfaßbar. Der Typographie muß hier besonderes Augenmerk geschenkt werden. Zusammengehörendes muß zusammenbleiben. Zu sehr auseinanderfallende Einzelwörter verlieren den inhaltlichen Zusammenhang. Vorsichtige Verwendung von Farbe bei der Schrift! Sie büßt in grellen Farben ihre Lesbarkeit durch Überblendung oder den noch schlimmeren Flimmereffekt ein.
3. Die Beschriftung sollte schwerpunktmäßig eingesetzt werden; sie muß sich an horizontalen und vertikalen Konstanten der Karosserie orientieren, das sind z.B. die Höhe der Fenster, der Fahrerkabine, die Sicken, Radkästen, wobei die asymmetrische Anordnung der Schrift sehr reizvoll ist und die Fläche dynamisch gliedert.

Schild – Ausleger – Transparent

Nicht grundlegend anders als an Fassade oder Fahrzeug sind die Bedingungen und gestalterischen Voraussetzungen bei der Verwendung von Schrift auf Schildern und Transparenten. Auch hier gilt, daß die Schrift Lebensraum braucht, da sie eingezwängt oder zu weit auseinandergerissen in jedem Falle an Lesbarkeit und inhaltlicher Erfaßbarkeit verliert. Ich wiederhole daher, daß inhaltlich

Zusammengehörendes auch zusammenbleiben muß.
Asymmetrie gliedert die Flächen spannungsreicher als Mittelsatz, ist jedoch auch schwieriger anzuwenden. Im Zweifelsfall kann man mit Hilfe des »Goldenen Schnitts« leicht die Gestaltungsschwerpunkte auf einer Fläche festlegen. Auszeichnungen (Farbe, andere Schriftgröße, anderer Schriftcharakter, mager oder fett) sollten nur maßvoll verwendet werden. Es wäre verfehlt, bei einem Text von nur drei Wörtern jedes Wort in einer anderen Größe und in einer unterschiedlichen Farbe darzustellen. Das verwirrt den Betrachter, geht zu Lasten der Erfaßbarkeit und kann (natürlich keine Regel ohne Ausnahme!) sogar zur Negativwerbung führen.

1. Versaliensatz ist nur für kurze Begriffe sinnvoll, da er im allgemeinen schlechter lesbar ist als gemischter Satz.
2. Bei der Flächengestaltung und -gliederung sollte typographisch besonders auf den Schwerpunkt geachtet werden, der in der Regel in der oberen Hälfte liegen muß. Dies verdeutlichen die Beispiele auf der Bildseite »Typographische Grundregeln«.
3. Texte oder Bildelemente dürfen nicht aus dem Format herausfallen, d.h. Bewegung oder Blickrichtung einer Darstellung – z.B. ein Gesicht, ein Fahrzeug – müssen immer in das Format hineingerichtet sein, da Blickrichtung und Bewegungsabläufe das Auge des Betrachters leiten.
4. Die Perspektive, aus welcher der Betrachter das Schild oder das Transparent am Bau sieht, muß bereits beim Entwurf berücksichtigt werden. Durch spitze Blickwinkel (Anbringungshöhe!) verändern sich alle Dimensionen: die Innenformen der Schrift ebenso wie die Abstände der Buchstaben zueinander und die Proportionen der Buchstaben selbst. Im Zweifelsfall sollte man den Text etwas sperren oder eine offenere Schriftform wählen. Fette Schriften sind in perspektivischer Verzerrung schlechter lesbar als magere (siehe Formel für Schriftgrößen).
5. Dem weniger geübten Maler, Schildermaler, Lackierer oder Dekorateur gebe ich den Rat, nur Schriften zu verwenden, deren Formen er sowohl zeichnerisch als auch technisch beherrscht. Das mag unter Umständen zwar dem Baustil oder Textinhalt nicht voll entsprechen; aber eine gekonnte Grotesk an einer Jugendstilfassade ist in jedem Falle besser als eine unverstandene und unbewältigte Jugendstilschrift.
6. Bei historischen Schildern oder Auslegern (Wirtshausschilder) sollte man sich in jedem Falle mit einem Fachmann für Denkmalpflege beraten, dem auch die einschlägige Literatur bekannt sein müßte (z.B. »Schilder vor dem Himmel« von Eberhard Hölscher). Die Industrie bietet für diese Sparte kaum Verwendbares an. Gerade bei der Herstellung derartiger Schilder muß es sich um individuelle und themenbezogene Anfertigungen oder Gestaltungen handeln, und man tut gut daran, sich der Mitarbeit eines qualifizierten Kunstschmiedes oder -schlossers zu versichern.

Falsch: Die Bewegung muß in's Bild hineinlaufen!

Richtig: Die Bewegung läuft in's Bild hinein!

Wie in allen Künsten liegt auch bei der Schriftgestaltung und -anwendung die Meisterschaft in der Beschränkung. Fast immer führt die einfachste und klarste Lösung zum besten Erfolg. Aber gerade diese Beschränkung ist es, welche ein hohes Maß an Können und vor allem Selbstkritik voraussetzt.

Schrift und Architektur müssen eine Einheit bilden, stilistisch, technisch und farblich. Die Gestaltung muß sich der Fassade unterordnen, sie sollte mit den Angrenzern abgestimmt sein, um einen Wirrwar zu vermeiden: Auch die Größen der Schriften sollten der Fassade und der gegebenen Sichtweite entsprechen. In Fußgängerzonen weitgehend die Schaufenster als Schriftträger benutzen.

Bei einer Reihe von Schaufenstern alle gleich beschriften: Wiederholung wirkt und wirbt! Akzente setzen, damit Spannung entsteht. Vordächer beachten: Nur in gestalterisch vertretbaren Fällen Schrift auf's Vordach.

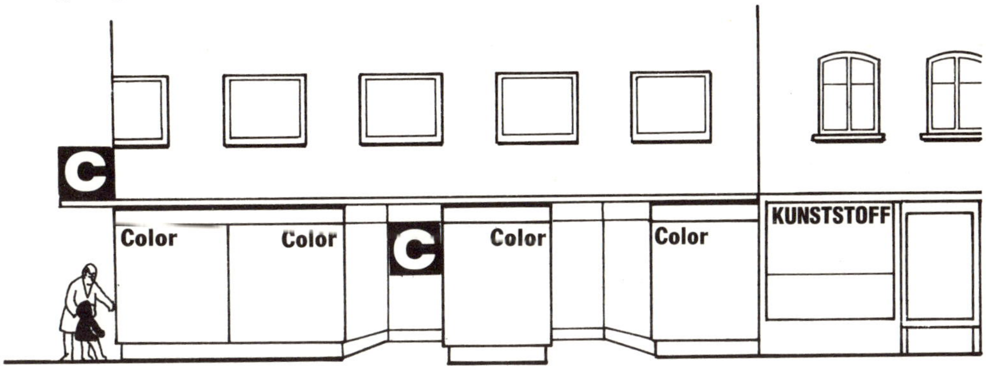

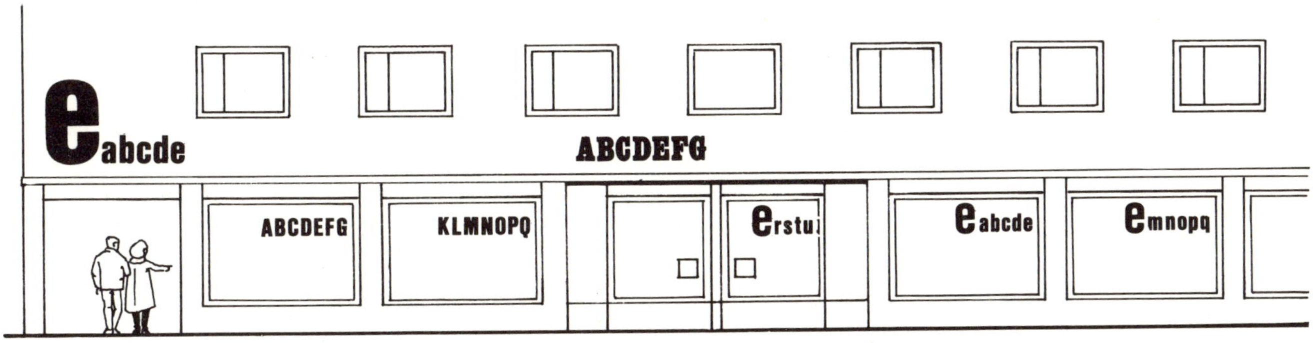

Die Eingangspartien wohl markieren, aber nicht unnötig stark. Wenn zwischen Oberkante Ladengeschoß und Fensterreihe des ersten Obergeschosses nur wenig Freiraum vorhanden ist, dann nur kleine Schriftgrößen verwenden: Schrift braucht Lebensraum um zu wirken. Schrift darf die Fassade nicht erdrücken, von der Architektur aber auch nicht erdrückt werden.

Großzügige und klare, asymmetrische Typografie, die sich im oberen Kofferbereich befindet, dadurch frei von Sichtbehinderungen durch rollenden Verkehr und Verschmutzungen. Klar orientiert am Goldenen Schnitt.

Extrem hohe, asymmetrische Textanordnung, die sich an Bezugspunkten des Fahrzeugs orientiert: Hinterer Radstand (Wortbeginn ›Extra‹) und Regenrinne Fahrerkabine.

Schwerpunktmäßige Gestaltung: Knapper Text (schnelle Erfaßbarkeit) in der idealen Werbezone oberhalb der Gürtellinie und Schmutzzone. Die Typografie ist dynamisch, aber gut ausbalanciert. Trotz großer Buchstaben wirkt die Fläche offen und übersichtlich.

Typographische Übungen mit Variationen des Grundalphabets

Das System meines Schriftunterrichts wird am besten aus diesen acht Arbeiten ersichtlich. Sie entstanden in einer Klasse mit Werbetechnikern des dritten Lehrjahres. Das Mutteralphabet ist in mehreren Formen verändert worden; jeweils zwei Schüler erarbeiteten so ein neues Alphabet – einer zeichnete die Gemeinen, der andere die Versalien. Dabei hatte sich das größte Augenmerk auf die Gleichheit der Rundungen und die Formdetails der Buchstaben zu richten, wodurch die Einheitlichkeit eines Alphabets erst entstehen kann. Die Buchstaben des gegebenen Textes wurden in 8 bis 15 cm Größe aus Karton geschnitten, gelegt und mit Montagekleber festgeklebt. Die Arbeiten sind im Format DIN A2 in den Farben Schwarz und Zinnoberrot angefertigt. Für die Gestaltung der Blätter wurden etwa sechs Unterrichtsstunden benötigt; das Zeichnen der Alphabet-Variationen nahm etwa zehn Stunden in Anspruch.

Schriftanwendungen

Isometrie-Übung: Ton-in-Ton-Abstufung und isometrische Schrift/Signet-Gestaltung. Normale schmalhalbfette Grotesk. Größe 50×50 cm.

Dekorative Schriftanwendung 60×60 cm, dunkelbraun-hellbraun. Das Wort Baer erscheint einmal spiegelbildlich.

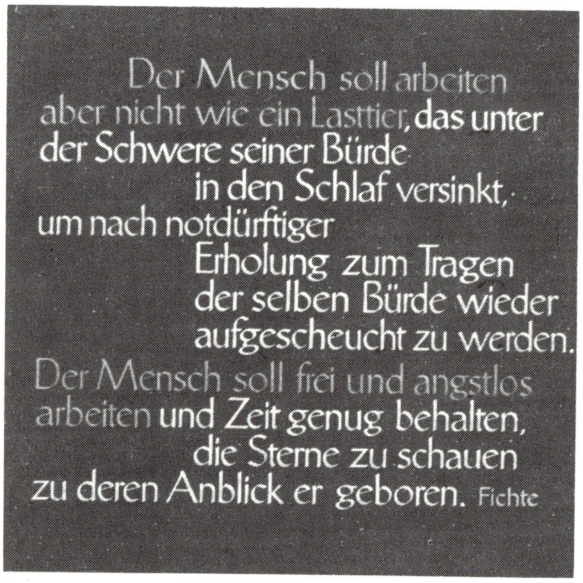

Schriftplatte. Mit dem Pinsel geschriebene Antiqua, zweifarbiger Text auf dunklem Grund (Dispersion). Format 1×1 m.

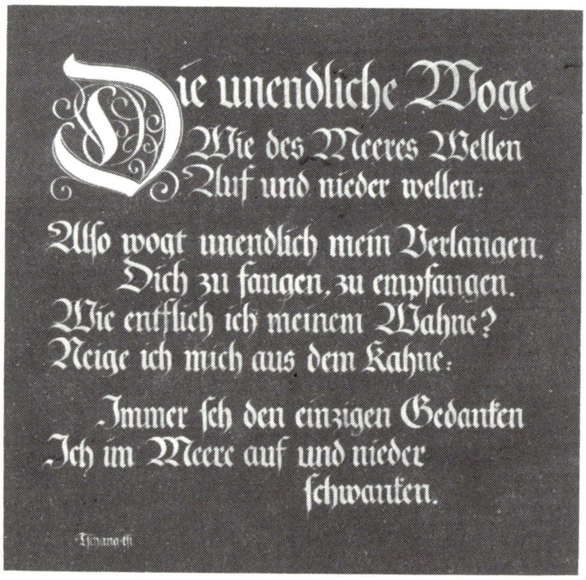

Mit dem Pinsel auf Rauhfasertapete geschriebener Text. Frakturschrift, Größe ca. 5 cm und 7 cm, Initial etwa 20 cm groß. Format 1×1 m.

Kombiwagen-Gestaltung. Anwendung der schmalfetten Egyptienne, dreifarbig: auf rotem Grund orange-gelborange-gelb mit weißer Schrift.

Betonmischer. Trommel in Rot-Abstufungen spiralförmig gestaltet, Text im Mittelband zweiseitig lesbar. Verwendung einer Eurostile. Entwurf ca. 50 cm breit.

Bauschild 60×60 cm. Wortsignet als Blickfang. Dreifarbig, die Rufnummer füllt den Leerraum des L.

Bauschild 60×60 cm. Buchstaben-Signet aus variiertem B und P. Olivfarbiger Untergrund, Zeichen orange-helloliv, Text weiß.

Bauschild 60×60 cm. Buchstaben-Kombination mehrfarbig.

Bauschild 70×70 cm. Buchstaben-Kombination dreifarbig: Grund orange, O und Rodenstein in Dunkelbraun, r und Fernruf in Weiß.

Idealer Einsatz der Italienne sowohl in bezug zum Thema als auch in Größe, Proportion und Anordnung.

Richtiger und falscher Einsatz der schmalen Grotesk: Mit Zarge macht unleserlich! Nur Nachtwirkung. Die untere Schrift lebt von der Platzausleuchtung. Freiburg i. Br. am Karlsbau.

Einführung zu Teil 2

Die Grundformen unserer Buchstaben des lateinischen Alphabets haben sich bisher nicht gewandelt und werden dies auch in Zukunft nicht tun. Früher wurde Schrift geschrieben, gemeißelt, geschnitten oder gedruckt. Heute wird sie weitgehend fabriziert, das heißt mit Maschinen hergestellt. Insofern unterliegt auch sie einem Wandel, und das Zauberwort heißt: Schriftcomputer.
Er arbeitet präzise und unvorstellbar schnell, kann aber weder das Wissen um das Wesen der Schrift noch Kreativität und Phantasie des Ausführenden ersetzen. Zudem entstehen aufgrund seines optisch-technischen Systems unvermeidbare Fehler bei der Variation der Buchstaben, die den Schriftcharakter entstellen. Bestimmte Abwandlungen der Buchstaben sind nur zeichnerisch befriedigend zu lösen. Dazu möge dieser Teil 2 von Nutzen sein.
Eine wachstumsstarke Industrie nimmt sich in zunehmendem Maße der Herstellung von Schriften an, um marktkonform stets Neues und »Modernes« anzubieten. Oft muß man hier allerdings von einer »Diktatur der Mittelmäßigkeit« sprechen, denn der Praktiker kann dieses Angebot weder überblicken noch seinen Aufgaben entsprechend einsetzen. Deshalb können wir auch heute nicht auf die gezeichneten oder geschriebenen Schriftformen verzichten. Da die Schrift trotz Computer und Lichtsatz, trotz Bildschirmtext und Videokassette ein Kommunikationsmittel erster Ordnung ist und bleibt, müssen wir den Nachwuchs des schriftverarbeitenden Handwerks noch qualifizierter ausbilden, um ihm die Fähigkeiten zur Schrifterkennung zu vermitteln. Sonst fallen wir bei dem heutigen Überangebot in ein Chaos der Schriftverwilderung, gegen das der historistische Wirrwarr des vorigen Jahrhunderts als geschmackliches Kabinettstück anzusehen ist.
Die Reproduzierbarkeit der Schrift ist vielfältig geworden. Es wird rücksichtslos plagiiert; dazu noch schlecht, weil vielfach eine gute Schriftausbildung fehlt, die eigenes kreatives Arbeiten ermöglicht.
Wenn in Teil 1 des »Schriftatlas« Grundlagenwissen des Schriftschreibens, -zeichnens und -anwendens sowie eine kurze Schriftgeschichte vermittelt wird, so wendet sich dieser Teil 2 komplizierteren Formen der Historie und der Gegenwart zu. Dadurch werden weitere Anwendungsbereiche erschlossen und diffizilere Variationen ermöglicht, die eben kein Computer, auch nicht der teuerste, herstellen kann. Ohne Fleiß ist dies allerdings nicht möglich, denn die Anforderungen sind gerade durch den Einsatz industrieller Hilfsmittel noch höher, da die Ansprüche der Kunden ständig steigen.
Schreiben und Zeichnen einer Schrift bleibt also nach wie vor die beste Grundlage, ihr Wesen zu erkennen und zu verstehen. Nur durch die eigene Formenbildung des Buchstabens wird dieses Verständnis wachsen und Blick und Empfinden schulen für die Anwendung des sich stets verändernden Schriftmaterials. Nur so wird erlernt, das Gute vom Schlechten zu unterscheiden. Hier weiß ich mich in voller Übereinstimmung mit anderen Schriftlehrern und Schriftschaffenden.

Gliederung und Arbeitsanleitung

Im Teil 1 des »Schriftatlas« werden Grundlagen der Historie, der Variation und der Anwendung einfacher Formen dargestellt, der vorliegende Teil 2 behandelt weiterführende Schriftformen und Themen. Teil 1 enthält also das knapp gefaßte Rüstzeug für den Anfänger in Unterricht und Beruf, der dieser Materie noch fremd gegenübersteht. Er findet darin die Zusammenhänge aufgezeigt, die zu unseren heutigen Schriftformen führen, ferner die gezeichneten Grundformen einer serifenlosen und einer serifenbetonten Linearantiqua, die mit den von mir dargestellten Variationsmöglichkeiten bereits ein breites Spektrum neuzeitlicher Schrifttypen ergeben. Dieses reicht für Maler, Lackierer und Schauwerbegestalter ohne weiteres bis zu Meisterprüfungen hin aus, während der Werbetechniker, Schildermaler oder Messebauer neben dem Grundsätzlichen noch zahlreiche Schriftformen der Vergangenheit und der Gegenwart findet, die in der Tradition der geschriebenen Schriften begründet sind, so z. B. Formen des Früh- und Spätmittelalters wie der Gotik, Rotunda und Fraktur neben einer geschriebenen Antiqua im klassischen Stil. Dadurch findet also auch der angehende Meister in Teil 1 vielfach Anregungen zur Gestaltung und Anwendung der Schriften zur Vorbereitung auf die Prüfungen. Aber die heutigen Anforderungen an alle Schriftschaffenden sind – wie schon erwähnt – beachtlich gestiegen, so daß dieses Rüstzeug allein nicht mehr ausreicht. In Teil 2 werden deshalb die Antiquaschriften von ihrer Entwicklung bis in die Gegenwart schwerpunktmäßig behandelt: Beginnend mit der Capitalis romana und ihren späteren Formen, der Unziale und der Karolingischen Minuskel, führt er weiter über die Renaissance-, Ba-rock- und Klassizistische Antiqua zur serifenbetonten Linearantiqua (Egyptienne und Italienne) und schließlich zur modernen serifenlosen Linearantiqua, der sogenannten Grotesk. Darüber hinaus enthält dieser Band die Schreibanleitung für eine Antiqua-Kursive in geschriebener und gezeichneter Form, einer ausgesprochen schönen Schrift, die gleichzeitig die Basis für viele andere Schreibschriften bildet.

Alle genannten Schriften werden im folgenden Kapitel behandelt, ihre Entwicklungsgeschichte, die Namen ihrer Schöpfer sowie die Möglichkeiten der Variation und vor allem der Mischung mit anderen Schriften. Gerade hier liegen die häufigsten Fehlerquellen in der Anwendung dieser Typen. Oft werden sie mit falschen Auszeichnungsschriften gemischt auf Fassaden gesetzt, deren Baustil denen des Schriftstils nicht entspricht. Allen in den Betrieben Tätigen und in der Ausbildung in den Schulen Lehrenden muß daran gelegen sein, diese Fehleinschätzungen und Falschbeurteilungen zu verhindern. Glücklicherweise beginnt da und dort das Bewußtsein für die historischen Gegebenheiten hinsichtlich der werblichen Gestaltung unserer Kernstädte zu wachsen, wenn auch nur langsam. Denn nichts kann gut restaurierte Fassaden nachhaltiger verschandeln als falsch ausgewählte, unschön gestaltete und darüber hinaus auch noch schlecht plazierte Schriften aus unpassenden Materialien. In diesen Fällen kann selbst gutgemeinte Denkmalpflege nichts bewirken, um guten, historischen Baubestand für die Nachwelt zu erhalten. In Teil 2 werden auch historisch typische Gebäude und Stilelemente der einzelnen Epochen den entsprechenden Schriftformen gegenübergestellt, um etwas Orientierungshilfe zu leisten.

Auch der Schriftgestaltung an Fassade und Fahrzeug, im Plakat und im Messebau fällt eine nicht zu unterschätzende Aufgabe im ästhetischen Bereich zu, die helfen kann, Werte einer gewachsenen Schriftkultur zu erhalten. Jede Schriftgestaltung am Bau ist auch Langzeitwerbung, die über Jahre hinweg wirksam bleibt und sowohl positiv als auch negativ beeinflussen kann.

Die Praxis lehrt, daß es im nachhinein oft nicht mehr möglich ist, Änderungen für derartige Verunstaltungen zu erwirken.

Aus den genannten Gründen werden in meinen Lehrwerken nur Schriftformen verwendet, die dem, der sie anwendet, auch die Gewähr bieten, den fachlichen Kriterien und der öffentlichen Kritik standzuhalten. Schriften also, die in der Praxis erprobt sind und die keine Eintagsfliegen des industriellen Angebots sind, mit deren Formen man keinen Nachwuchs ausbilden sollte. Ich will in keiner Weise der Fortentwicklung der Schrift im Sinne der »Moderne« entgegenwirken, aber es muß die Aufgabe einer guten Ausbildung sein, durch qualifizierte Schulung die Voraussetzungen zur Weiterentwicklung zu schaffen.

Es werden also, wie bereits erwähnt, den Schriftblättern einige Textseiten vorangestellt, die Wesentliches zu Geschichte und Anwendbarkeit der einzelnen Formen enthalten. Auf diese Weise werden Zusammenhänge deutlich, die auch Schrifterkennung und leichtere Herstellung der Einzelform begreifbar werden lassen. Besonderer Wert wird dabei auf das Zeichnen und Variieren und somit auf die Erzielung einer breiteren Anwendungsbasis gelegt. Nur die sichere Beherrschung der Form und ihrer vertretbaren Veränderungen bietet dem Fachmann die Chance, alle in einer Schrift gegebenen Möglichkeiten auszuschöpfen, um auch einen Computer einsetzen und ausnützen zu können.

Für das Zeichnen der Schriften gilt grundsätzlich das bereits in Teil 1 Gesagte: Rationelles Arbeiten (Meßzettel) muß beim Herstellen von Pausen, Originalen usw. gewährleistet sein. Buchstabenweises Zusammensetzen der Wörter ist dilettantisch und schult weder Hand noch Auge; das Empfinden für die Rhythmik des Schriftbildes wird nicht gefördert.

Ein wesentlicher Faktor guter Schriftanwendung ist die Erkennung richtiger Abstände, wodurch die bessere Lesbarkeit auch auf größere Entfernungen gewährleistet wird. Mit Hilfe des Meßstreifens sollten also gleiche Maße von einem Maß abgenommen werden, damit Differenzen vermieden werden. Nicht zu weiches Bleistiftmaterial benutzen, um verschmierte Radierungen zu verhindern. Für die Verwendung des Teils 2 im Unterricht ist es sinnvoll, auch mit rhythmischem Schreiben der Antiqua zu beginnen. Ohne diese Schreibübungen kann man den flüssigen Ablauf eines Textes nicht verstehen und nachvollziehen. Heute werden häufig grobe Fehler in Anzeigen, an Fassaden und selbst in der Tagespresse begangen; das Lesen wird dadurch sehr erschwert, daß zu dicht gesetzt wird (Folgen des Fotosatzes). Je komplizierter und vor allem dekorativer eine Schrift ist, desto wichtiger werden die fehlerfreie Anordnung und das Ausgleichen der Buchstaben und Wörter. Fehler potenzieren sich, und das Ergebnis muß schlecht werden. Dekorative oder stark verformte Schriften (Computer!) müssen sehr behutsam angewandt werden, sonst ist das Wort- oder Textbild unleserlich.

Die Antiquaformen mit ihren feinen Details erfordern aber nicht nur gutes Ausgleichen, sondern auch sehr sensibles Zeichnen, das auf dem Verständnis der Schrift selbst beruhen muß.

In vielen Fällen ist auch eine Mischung mit anderen Schriften nötig. Schriftmischung, ein wesentlicher Bestandteil guter Typografie und Schriftgestaltung, erfordert ebenfalls sichere Kenntnisse der historischen Zusammenhänge der Schriftentwicklung. In den geschichtlichen Textteilen wird besonders auf die richtige Schriftmischung eingegangen. Die Restaurierung unserer Städte hat erfreulicherweise zugenommen. Die Architektur der jeweiligen Epoche muß, sofern sie als Werbeträger dient, durch die historisch richtige Schrift ergänzt werden. Leugnen wir diese Grundregel der Schriftanwendung weiterhin wie bisweilen in der Vergangenheit und Gegenwart, so werden wir in wenigen Jahren ein unerträgliches Durcheinander vorfinden, das jegliches Bemühen um noch vorhandene Reste unserer Schriftkultur zunichte machen wird.

In diesem Zusammenhang muß ich erneut auf einen unserer großen Typografen und Schriftgestalter, den Schweizer Jan Tschichold, hinweisen, der nicht müde wurde, mit Nachdruck zu lehren, daß die Schrift am Bau auch Schmuck des Baues sein muß. Er hatte recht! Die Schriftverwilderung des vorigen Jahrhunderts hat gezeigt, welche verheerenden Auswirkungen sie zur Folge hatte. Es hat Jahrzehnte gedauert, um aus diesem stilistischen Chaos des Historismus wieder herauszufinden. Einerseits zeichnen wir vorbildliches Design aus, andererseits lassen wir (Hersteller und Bauämter) zu, daß unsere Städte zum Tummelplatz schlimmster Verschandelung werden. Zunehmende Technisierung hat noch nie die Qualität kunsthandwerklichen oder künstlerischen Schaffens verbessert. Bemühen wir uns daher, weiterer Verflachung im Bereich der Schrift mit Engagement entgegenzuwirken.

Die Antiquaschriften – Rom und die Folge

Um etwa 100 nach Christus hat die Capitalis romana ihre schönste Ausprägung erfahren. Durch die weite Verbreitung setzte ein Siegeszug dieser formvollendeten Schrift um die Welt ein. Sie bestand bis zum 8.–9. Jahrhundert fast ausschließlich aus Versalien (Großbuchstaben), veränderte sich jedoch seit dem 4.–5. Jahrhundert über die Quadrata und die Rustika (s. Band 1 Schriftstammbaum) zur Unziale der ersten gebundenen Bücher im 6. Jahrhundert. Auf Seite 86 ist eine Grundform dieser Unziale dargestellt, federgeschrieben, wie sie für sakrale Texte Verwendung fand. Sie ist entsprechend ihrem Namen, der sich vom lateinischen Wort uncia = Münze, Rundes, ein Gewicht, ableitet, sehr offen und rundformig mit der leicht schräggehaltenen Feder geschrieben. Man kann sie in begrenztem Umfang auch heute noch für kirchliche Texte verwenden. Leider sieht man diese Schrift auch als Werbeschrift an unseren Fassaden.

Über die Halbunziale des 7. und 8. Jahrhunderts entwickelte sich die Unziale schnell zur Karolingischen Minuskel (Seite 87), mit der die Entwicklung zur Groß- und Kleinbuchstabenschrift faktisch abgeschlossen war. Beim Schreiben dieser Schrift wird deutlich, daß es sich um eine flüssige Schrift mit ausgeprägten Rundformen und einer deutlichen Mittelhöhe (a, e, i, m usw.) handelt, deren Oberlängen (b, d, f, l usw.) und Unterlängen (g, j, p usw.) stark ausgebildet sind, was die Schrift wesentlich besser lesbar macht. Bei typografischer Verwendung muß aber beachtet werden, daß diese Minuskel große Zeilenabstände benötigt. Als Auszeichnungsform (z. B. Initialen) können sowohl die Versalien der Capitalis als auch die Unzialformen verwendet werden. Beide Schriften sind breitlaufend, die Innenräume offen. Die Versalien sollten stets niedriger sein als die Oberlängen der Gemeinen.

Bei der Karolingischen Minuskel (Kaiser Karl der Große, 800 n. Ch., setzte diese Schriftform zur Rationalisierung in seinem Reich durch) beginnt die Verwendung des langen S (ſ), das von nun an bis in die Gegenwart bei den gebrochenen Schriften und den Antiquakursiven verwendet wird. Der Schriftfachmann sollte sich aber hierzu merken, daß beispielsweise an Wort- und Silbenanfang die langen S-Formen stehen, während das Kurz- (oder Schluß-)S ausschließlich an das Ende der Silben oder Wörter gehört. Zunehmend wird heute jedoch aus Unkenntnis auf die Verwendung des langen S – besonders bei unseren gebrochenen Schriften – verzichtet, was die Lesbarkeit beeinträchtigt und das Wort entstellt.

Gasthaus	Gaſthaus
falsch	richtig

Der Goldene Schnitt bildete bei der Entstehung der Antiqua eine wesentliche Grundlage zur Findung der Proportionen. Er zieht sich wie ein roter Faden durch die weitere Entwicklung dieser Schrift. Die Abbildung zeigt in vereinfachter Form das Verhältnis der einzelnen Buchstaben zueinander. Hierin liegt das Geheimnis der Klarheit und Lesbarkeit dieser Schrift, auch aus größeren Entfernungen. Somit wurde die Capitalis auch zum Mutteralphabet aller später folgenden Varianten, die sich jedoch meist nur technischen Zwängen (wie Schreibgerät und -material, Untergründe) unterordneten, aber die Proportionen veränderten sich kaum. In einer kleinen Darstellung wird sichtbar gemacht, wie sich die Schrägstellung des Pinsels beim Schreiben aus der Proportion des Goldenen Schnittes ergibt (nach Walter Kaech †). Das leicht gedrehte Koordinatenkreuz zeigt auch, warum

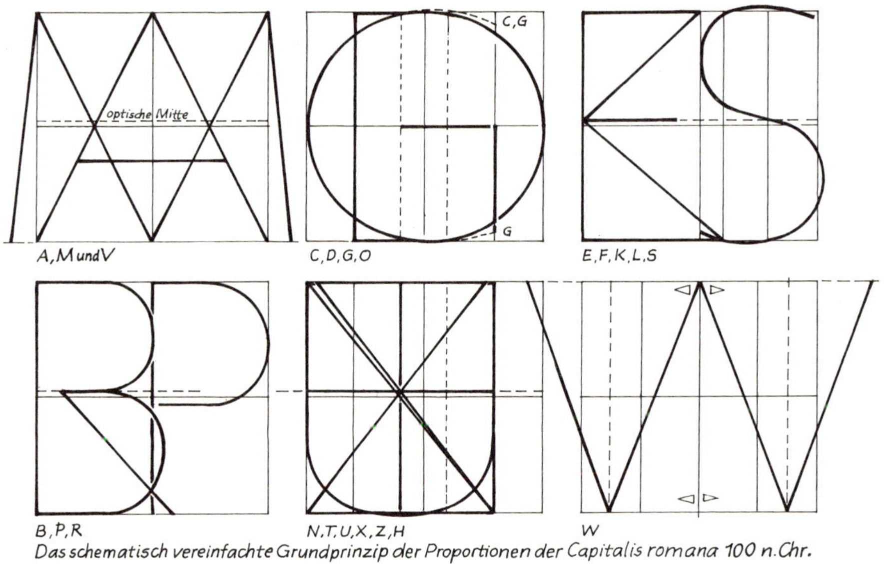

Das schematisch vereinfachte Grundprinzip der Proportionen der Capitalis romana 100 n. Chr.

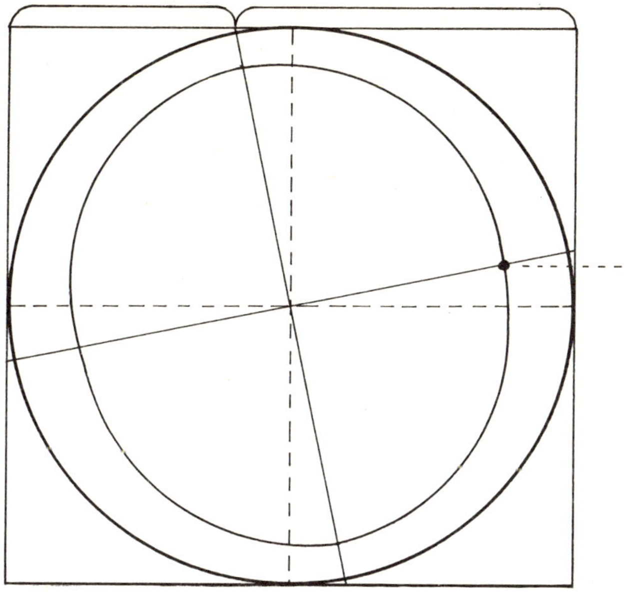

Alle Seiten sind in der Proportion des Goldenen Schnittes geteilt. Daraus ergibt sich die Neigung der Hauptachsen: dünnste Balkenstärken sind somit aus der Mitte gerückt, Binnen O geneigt

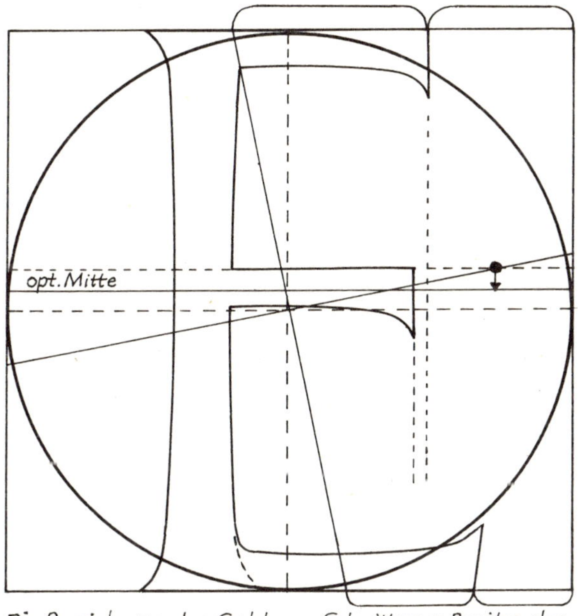

Die Beziehung des Goldenen Schnitts zur Breite der Buchstaben E, F und L sowie der optischen Mitte

die Innenrundungen bei allen späteren Formen der Renaissance schräg liegen müssen. In den Schaftformen spürt man deutlich den Duktus des Pinsels, mit dem die Buchstaben auf den Stein geschrieben wurden, bevor sie der Steinmetz ausschlagen konnte. Durch die präzise Ausarbeitung der Ecken entstanden die feinen Serifen, die ihr den unvergleichlichen Charakter geben. Eine Capitalis monumentalis darf niemals mit Winkel und Zirkel konstruiert werden, weil dadurch der Charme dieser Schrift verlorengeht. Auch als halbfette Variante (Seite 85), die wir in ähnlicher Form als Satzschrift von Hermann Zapf unter dem Namen »Sistina« kennen, sollte diese Schrift durchgezeichnet werden. Gerade die Stilfassaden der Renaissance und der Spätgotik eignen sich besonders gut für den Einsatz dieser schönen Schrift. Aber auch an modernen und repräsentativen Fassaden läßt sie sich gut verwenden.

Heute kommen wir ohne Kleinbuchstaben nicht mehr aus, weshalb hier die sogenannten »Gemeinen« beigefügt werden. Auch sie sind anspruchsvoll in den Details und zählen wie das gesamte Alphabet zur »Hohen Schule« der Schrift. Mischbar ist die Capitalis mit der Fraktur oder einer guten Antiqua-Kursive.

Freie, fette Antiqua-Variante

Eine freie Variante der »Antiqua classica« in fetter Form bietet weitere Anwendungsmöglichkeiten an der Fassade und auch im Bereich der Innenraumgestaltung: Wände, Türblätter, auch Ladenräume oder Schaufenster-Beschriftungen bei geeigneter Thematik, Schranktüren und Stirnflächen, Messegestaltung. Während sie auf der Fassade genügend Raum um sich herum benötigt (informative Wirkung), kann sie bei der Innenraumgestaltung dicht und eng gesetzt werden, um die *dekorative* Wirkung zu steigern. Bis auf die nur angedeuteten Serifen hat sie alle Merkmale der klassischen Antiqua, was sich auch im Proportions-Kanon ausdrückt. Allerdings verträgt diese Schrift keine weitere Variation, es sei denn, sie wird magerer gezeichnet.

Mischbar ist sie in erster Linie mit sich selbst. Auszeichnungen sollten entweder durch Farbe oder Größenveränderung erfolgen.

Die Renaissance-Antiqua

Den Textur- und Rotundaformen der Spätgotik schließt sich weiterführend die Antiqua zu Zeiten Kaiser Maximilians, Dürers, Luthers, des Humanismus, Kolumbus und der Bauernkriege an. Allerdings unterscheiden wir hier noch die venezianischen und die französischen Formen der »Bembo« und »De Tournes«, deren Ideen jedoch in idealer Zusammenfassung in der Garamont (und Garamond) die Zeiten überlebten. Diese Schrift war als erste verwendbare Antiquaform für den Buchdruck (Gutenberg, Mainz 1456) geeignet und erfüllt auch heute noch alle Anforderungen an eine leicht und schnell lesbare Buchschrift, auch wenn inzwischen modernere Formen sie vielfach ablösten. Kräftige, kantige Serifen bestimmen ihr Erscheinungsbild und lassen bei dieser Schrift an den freien Charakter des Humanismus denken. Diese Serifen mußten so kräftig sein, um dem Druck der Presse standzuhalten. Sie birgt noch viel vom Proportions-Rhythmus der Capitalis in sich und hat auch in ihren Variationen fett, kursiv usw. einen unnachahmlichen Reiz. An der Stilfassade hat sie ihren festen Platz, weil sich ihre Zeitlosigkeit unserem heutigen Empfinden ausgezeichnet anpaßt. Als moderne Satzvariante der Renaissance-Antiqua wird in Teil 1 die Trump-Mediäval vorgestellt. Beide Schriften sind gediegen und so eigenständig formschön, daß sie sich mit keiner anderen Antiquaform mischen lassen, es sei denn mit ihrer Kursive bzw. diese mit der Capitalis; in der Normalform mit den gebrochenen Schriften der Gotik und der Renaissance. Beim Zeichnen können Winkel und Lineal gute Dienste leisten, auch wenn der Pinselduktus beachtet werden muß. In der Abbildung unten erscheinen ihre typischen Erkennungsmerkmale, die Serifenformen, an erster Stelle, und es ist deutlich zu erkennen, wie sich diese im Laufe der Jahrhunderte allmählich veränderten. Bei der »Älteren Antiqua« (dieser Renaissance-Form) sind die Anstriche der Gemeinen noch stark geneigt (Federhaltung!), verflachen sich jedoch auffällig bis zur Klassizistischen Antiqua. Bereits bei der Barock-Antiqua (Seite 95) setzen die Serifen wieder organisch-rund am Schaft an und laufen in ihrer Endform zu feinen Spitzen aus. Die Anstriche beim i und anderen Gemeinen sind noch ziemlich steil im Gegensatz zur nun folgenden Antiqua des Klassizismus. Hier sind die Anstriche flach und wie die Serifen der Versalien zu Haarstrichen geworden. Dies darf als Folge der fortgeschrittenen Technik des Stempelschneidens und natürlich auch der damaligen Mode angesehen werden.

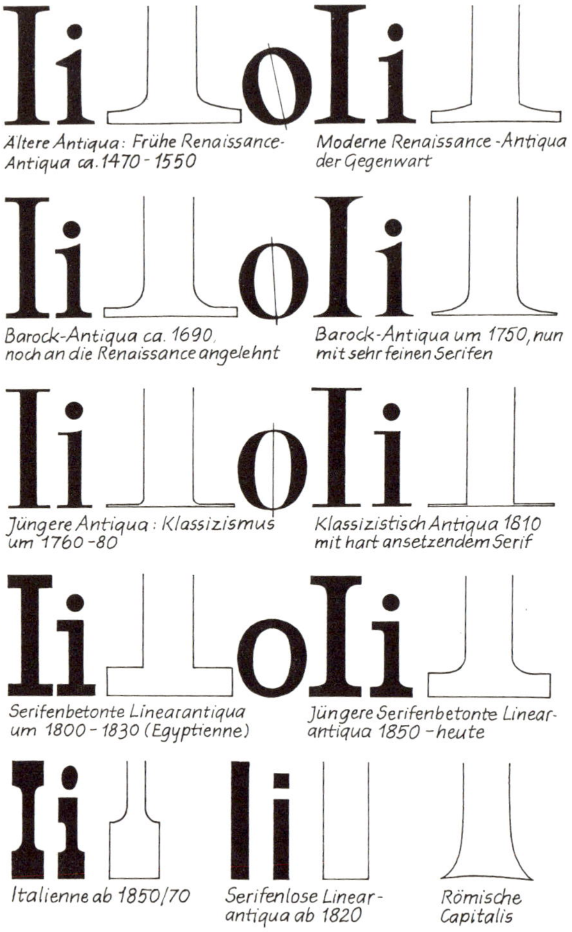

Kurz nach Beginn des industriellen Zeitalters, dem Wechsel vom 18. zum 19. Jahrhundert, veränderten sich die Serifen bei einigen Formen, die Vergleiche mit Fundamenten der ersten Maschinen zulassen; es entstanden sogar völlig neue Schriften. Einen vollkommenen Bruch mit der Tradition zeigt erst die serifenlose »Grotesk« (für die damalige Zeit durchaus »grotesk« anmutend), bei der die Serifen restlos verschwunden sind und auch der Wechselstrich einem scheinbaren Gleichstrich Platz macht. Alle in dieser Darstellung gezeigten Formen haben bis in unsere Gegenwart ihre Bedeutung und Gültigkeit für alle Druckerzeugnisse und die Werbung insgesamt behalten. Selbst die um die Mitte des vorigen Jahrhunderts auftauchende »Italienne« – ursprünglich nur als Werbeschrift gedacht – hat überlebt und wird heute mehr denn je verwendet. Sie orientierte sich offenbar an der altrömischen »Rustika«, die ihr wohl auch den Namen gab.

Die Antiqua-Kursive

Die Schreibschriften entwickelten sich über die Jahrhunderte hinweg parallel zu den Normalformen. Im römischen Reich noch mit dem Griffel in Wachs geritzt, später mit der Bambus-, Kiel- oder Rohrfeder geschrieben, bildeten sie eigenständige Formen. Diese führten über die Zwischenstufen der frühchristlichen Unzialformen zur Karolingischen Minuskel, später zur Kursive der Renaissance, noch später zu den schwungvollen, flüssigen Schreibschriften des Barocks und der Englischen Schreibschrift des Klassizismus. Gerade diese bildet mit ihrer vollendeten Form den künstlerischen Abschluß dieser Entwicklung, und sie ist in vereinfachter Form noch heute Grundlage der Schulschriften in vielen Ländern der Welt (s. Teil 1).
Hand in Hand damit ging die Entwicklung der Feder. Verwendete man bis zur Zeit des Rokokos noch die fein geschnittene und zugeschliffene Truthahn- oder Gänsekielfeder, so wurde in der beginnenden industriellen Epoche mehr und mehr die Stahlfeder einge-

setzt, die das Schreiben wesentlich erleichterte und zudem noch neue Möglichkeiten zuließ. Gleichbleibend präzise zogen diese feinen Stahlfedern ihre Linien auf das besser gewordene Papier und ermöglichten sogar dem Kanzleischreiber phantasievolle Buchstabenformen, die jedoch recht bald zu übertrieben verzierten und dadurch verkitschten, persönlich geprägten Schnörkelformen führten. Durch sie wurden viele Generationen von Schülern negativ beeinflußt und somit verbildet. Noch heute leben diese Kanzleischriften im Herzen vieler Schriftprofis, ganz besonders, wenn es sich um die gebrochenen Schriften handelt. Auch hier muß wieder Jan Tschichold zitiert werden, der die Beschäftigung mit der Schrift als eine »der strengsten Disziplinen« im gestalterischen Bereich nannte, die »ein oft unerträgliches Maß an Selbstverleugnung« vom Schriftzeichner erfordert.
Jeder Antiqua wird hier innerhalb der Variationen die Kursive in der gezeichneten Form hinzugefügt. Bei ihnen ändern sich nicht alle Buchstaben grundlegend; lediglich bei den Gemeinen sind deutliche Abweichungen zu erkennen, auf die am Buchstaben selbst hingewiesen wird.
Bei der geschriebenen Antiqua-Kursive (Seite 78) wurde eine Standardform gewählt, die relativ leicht zu schreiben ist und die sich in vielfältiger Weise variieren läßt. Jedoch sollte sie stets in den Einzelformen schmal – besonders bei den Gemeinen – geschrieben werden. Sie bildet, wie schon erwähnt, die Grundlage aller Kursivformen, die mit Pinsel, Spatel oder Feder geschrieben sind.
Eine Vorübung für diese Schrift ist die mit dem Filzstift oder der Rhedisfeder geschriebene Grundform auf Seite 77, die dem Schreiber zum richtigen Rhythmus verhelfen soll. Erst wenn diese Grundform sicher geschrieben wird, sollte der Übende auf die Flach- oder Breitfeder oder den Pinsel überwechseln. Es ist empfehlenswert, bei den ersten Blättern Hilfslinien zu zeichnen, welche die Neigung der Schrift (8 – 12 Grad) markieren. Dadurch erleichtert man Auge und Hand die Einhaltung der Schräglage.
Eine dieser geschriebenen Kursive entsprechende Form ist die auf den Seiten 92 bis 94 dargestellte gezeichnete Kursive. Hier sind die Details deutlich schematisch durchgezeichnet und sollen dem sicheren Schreiber als Anhaltspunkt dienen.
Sie darf trotz gewisser Schmuckelemente innerhalb eines geschriebenen (oder auch gezeichneten und geschnittenen) Textes ihren vergleichsweise strengen Duktus nicht verlieren, da sie sonst leicht zum Kitsch hin abrutscht. Einsetzbar ist diese Kursive wie die Renaissance-Antiqua nur für seriöse Aufgaben: Antiquariate, Buchhandlungen, Kunsthandel, Galerien usw., deren Charakter dem Geist des Humanismus entspricht. Variierbar ist sie durch die Ausschmückung der Versalien, wobei jedoch äußerst einfühlsam vorgegangen werden muß. Sie kann mit der Capitalis ebenso gemischt werden wie mit der Renaissance-Antiqua; niemals jedoch mit einer barocken oder klassizistischen Form, da diese beiden Schriften ihr wesensfremd sind. In der farblichen Abstimmung (Fassade usw.) sollte man sehr zurückhaltend sein, um dem Schriftcharakter der Antiqua-Kursive zu entsprechen.
Sie kann aber auch durch weichere Federführung an den Anstrichen und Serifen oder den unteren Bögen bei a, d, g, p und q sowie den oberen bei den Buchstaben b, m, n, o und s leicht zu einer fast barocken Kursive umgeformt werden. Hierbei allerdings muß die Federführung flacher sein, weil die Buchstabenform in sich offener und runder ist.

Nahezu barocke Variation der Antiquakurſiv

Die gleiche Grundform soll auch dem Schreiben mit dem Rundpinsel dienen, wobei dann oftmals recht eigenwillige Schriften entstehen, die für freiere Aufgaben Anwendung finden können. Besonders in der Schaufenster-Dekoration, im Groß- und Einzelhandel ist die Beherrschung einer solchen Schriftform von großem Nutzen.
Ein besonderes Kürzel innerhalb der Antiqua-Familie ist das »&«-Zeichen. Es bedeutet »und« und wurde vom lateinischen »et« abgeleitet. Früher bestand man noch darauf, es nur in Firmenbezeichnungen zu verwenden; heute ist es jedoch längst zu einem »grafi-

Mit dem Spitzpinsel im Sinne der Antiqua-Kursiv geschrieben

schen Element« geworden, das als Dekoration vielfach angewendet wird. In den verschiedenen Stilepochen haben sich allerdings sehr unterschiedliche Formen gebildet, von denen hier nur die innerhalb der einzelnen Alphabete gebräuchlichsten verwendet werden.

Die Barock-Antiqua

Der Übergang von der Mediäval zu den Barockformen vollzog sich im 18. Jahrhundert. Wir zählen diese bereits zu den »jüngeren« Antiquaschriften. Wie oben erwähnt, erkennen wir sie zuerst an den weich in die Schäfte einlaufenden Serifen. Hier habe ich als Prototype die »Baskerville« aus dem Jahr 1768 gewählt, weil bei ihr alle typischen Merkmale dieser schönen Schrift deutlich ausgeprägt sind. So laufen auch die Binnenformen weich in die extrem starken Senkrechten hinein, während die Querbalken zu Haarstrichen werden. Dieser harte Kontrast der Balken zueinander bestimmt den zerbrechlichen Charakter dieser Schrift ebenso wie den der ihr folgenden Klassizistischen Antiqua. Zur Barock-Antiqua gehören auch noch die »Caslon« und die »Janson«. Mit keiner der letztgenannten Formen jedoch darf die »Baskerville« gemischt werden, lediglich mit ihrer eigenen Kursive sowie den fetteren Formen und der barocken Fraktur. Die Schrägneigung der Innenrundungen steht bei dieser Antiqua noch nicht ganz senkrecht, woran man sie von der klassizistischen Antiqua gut unterscheiden kann.

Die klassizistische Antiqua

Bei ihr sind die Serifen endgültig zu feinsten Haarstrichen »degeneriert«, das heißt, sie setzen an den Hauptbalken rechtwinklig an, während sie in die Haarstriche der Quer- und Schrägbalken mit leichten, runden Ansätzen übergehen. Bodoni allerdings hat in seinem Originalschnitt auch die Serifen an den Haarstrichen ohne runde Übergänge ineinanderlaufen lassen, was erst später geändert wurde, um die Lesbarkeit zu verbessern, denn die Schnittpunkte verschwanden oft beim Druck, sie »fielen durch«. Auch wir müssen bei technischen Umsetzungen (Dekupieren, plastische Schrift usw.) diese Haarstrich-Verbindungen durch Rundungen verstärken, weil sie sonst auch an der Fassade optisch verschwinden würden.
Wie aus dem historischen Abriß in Teil 1 bereits hervorgeht, sind zwei weitere Namen im auslaufenden Rokoko (um 1760 bis 1780) und im beginnenden Klassizismus von großer Bedeutung für die Schriftgestaltung: Didot und der Deutsche Walbaum. Nur Bodoni setzte sich mit seiner Form bis heute durch. Seine klassizistische Antiqua ging in der Umsetzung der Serifen, Schräg- und Querbalken am weitesten, und die Kontraste wurden dadurch bis zum Äußersten gesteigert.
Mischbar ist diese Schrift wie jede der anderen Antiquaformen auh mit ihrer eigenen Kursive, den halbfetten und fetten Varianten, der Englischen Schreibschrift (Seite 24) und der Serifenlosen (Grotesk), da sie alle der gleichen Stilepoche angehören. Der Charakter der »jüngeren Antiqua« ist kühl, präzise und elegant, und sie eignet sich für gediegene Formen der Werbung mit modischem Akzent. Sie darf niemals mit anderen Antiquaschriften gemischt werden, da diese Stile einander völlig fremd sind.
In Abbildung 3 ist ferner zu erkennen, daß die Binnenformen in den Rundungen bei dieser letzten, stilgebundenen Antiqua absolut senkrecht ausgerichtet sind, die dünnsten Stellen liegen also direkt untereinander. Zeichnerisch macht diese Antiquaform weniger Schwierigkeiten als alle anderen, weil sie eine von Grund auf gezeichnete Schrift ist, deren Formen niemals mit der Feder geschrieben werden können. Daher ist sie auch sehr gut bis in extreme Formen variierbar.

Die serifenbetonte Linearantiqua (Egyptienne)

Die Neuzeit und das technische Zeitalter, dessen Beginn wir schon in das Ende des 18. Jahrhunderts legen müssen, bringt nach dem kurzlebigen Klassizismus eine grundlegende Wandlung mit sich: Nicht nur die gesellschaftlichen Verhältnisse sind es, die sich seit der Französischen Revolution im Jahre 1789 veränderten, sondern vor allem auch die stilistischen Ausdrucksformen. Man sagt zu Recht, daß Barock und Rokoko mit dem Paukenschlag der Französischen Revolution und damit unter dem Fallbeil der Guillotine endeten. Damit war auch zunächst das Ende der schwungvollen Verzierungen, Ausschmükkungen und Schnörkel des Barocks gekommen. Im Klassizismus herrschten die klaren Formen einer nachempfundenen Antike im Sinne Griechenlands und Roms. Dies fällt zusammen mit den bedeutenden Ausgrabungen, den Kriegsbeuten Napoleons, die dieser aus Ägypten und anderen Ländern der klassischen Antike mit nach Paris brachte. Es war der Stolz aller europäischen Hauptstädte, wenigstens einen der gewaltigen, bewunderten Obeliske Ägyptens zu besitzen. Dadurch wurden Architektur (Brandenburger Tor in Berlin, Königsplatz in München, Arc de Triomphe in Paris) und Kunst maßgeblich beeinflußt und damit auch die Schriftformen. Die Technik ermöglichte nicht nur die präzisen Formen der Bodoni- oder Walbaum-Antiqua, sondern sie inspirierte auch die Schriftgestalter zu neuen Formen: die »Egyptienne«, die wir heute »Serifenbetonte Linearantiqua« nennen und deren berühmteste Vertreterinnen in unserer Zeit die »Clarendon« (1856, Teil 1), die »Aachen bold« oder die »Candida« sind. Es gibt noch andere Schnitte und Typen, wie die »Schadow-Antiqua«, oder die »Memphis«, deren Namen schon an die Entstehungszeit dieser Formen erinnern. In diesem Lehrwerk ist nur eine Form, die an die »Clarendon« angelehnt ist, vereinfacht dargestellt, während in Teil 1 eine Variante der »Fetten Egyptienne« didaktisch aufbereitet wurde.

Die Clarendon ist aus dem heutigen Schriftschaffen nicht mehr fortzudenken, da sie sich aufgrund ihrer Formdetails als besonders gut lesbare Schrift bewährt hat, worauf es ja gerade in unserer Zeit der Überflutung mit Lesbarem ankommt. Ergänzt man die Grundform durch schlankere, breitere oder fettere Varianten, so erhält man eine reichhaltige Palette vielfältigster Schriften, die jedem Anwendungszweck gerecht wird. In breit-fetter Form eignet sie sich z.B. für phantasievolle Schmuckformen, wie wir sie aus dem vorigen Jahrhundert kennen. Jedoch sollte man sich gerade bei den Zierformen zunächst die besten Beispiele der Romantik ansehen, ehe man eigene Variationen erprobt. Wie immer muß eine Vervollkommnung der Grundlagenkenntnis vorausgehen, um die Möglichkeiten und Grenzen des eigenen Tuns zu erkennen.

Diese Schriftfamilie eignet sich aufgrund ihres technischen Charakters, der jedoch ausgeprägte Antiquazüge trägt, für fast alle Aufgaben der Außenwerbung: für Fassade und Fahrzeug gleichermaßen wie für Plakat und Prospekt. Allerdings versteht es sich von selbst, daß die Egyptienne an einem Barockgiebel fehl am Platze ist, da sie eben nichts mehr von der Sensibilität des Barocks hat. Es sei denn, man arbeitet sie um zu »barockisierenden« Zierformen, dies setzt jedoch gründliches Studium barocker Möglichkeiten voraus. Die Beispiele (s. auch Variationen der Egyptienne) mögen Anregungen geben. Mischbar sind alle Egyptienneformen mit der Englischen Schreibschrift und den entsprechenden Groteskformen, sofern sie entsprechende Kontraste bieten, welche die Schriften deutlich voneinander trennen.

Italienne

Eine weitere Abwandlung der Serifenbetonten Linearantiqua, die ihrem Namen ganz besondere Ehre macht, ist die »Italienne«, eine sehr eigenwillige Abart der Egyptienne. Dies liegt an der Umkehr der Massenverhältnisse innerhalb der Buchstaben: Die Serifen sind die weitaus stärksten Elemente des Buchstabens, während die Senkrechten die dünnsten sind. Dadurch geht, ebenso wie durch ihre schmale Höhe, sehr viel an Lesbarkeit verloren; der Aufmerksamkeitswert jedoch wird erheblich gesteigert. Diese Schrift, in der Mitte des vorigen Jahrhunderts entstanden, wurde von den zu Tausenden Auswandernden und aus dem von Revolutionen und Arbeitslosigkeit geschüttelten Europa mit in »die Neue Welt« genommen und ein Jahrhundert später nach dem Zweiten Weltkrieg wieder als »Western-Schrift« zurückgebracht. Variiert und zum Teil verkitscht finden wir viele Formen in unserem heutigen Schriftangebot. Hier wird nur eine Grundform mit ihren Konstruktionsprinzipien dargestellt, die vielseitige Möglichkeiten zur selbstgestaltenden Abwandlung bietet. Allerdings sollte vor ihrer Anwendung in der Praxis geprüft werden, ob Fassade, Stil und Zweck der gegebenen Aufgabe diesem eigenartigen Schriftcharakter auch entsprechen: Sie ist und bleibt ein Kind der Technik und der Werbung, und man sollte sie nicht aus diesem Aufgabenkreis herausreißen.

Sie ist mischbar mit allen Groteskformen und der Englischen Schreibschrift, allerdings mit keinen, ihrem Charakter zu nahekommenden schlanken Formen (Compakta u.ä.).

Serifenlose Linearantiqua (Grotesk)

Wenn die Egyptienne auf Anhieb als Kind des technischen Zeitalters zu erkennen ist, weil ihre kräftigen Serifen sich von allen anderen Antiquaformen deutlich unterscheiden, so sind die Serifenlosen in ihrer »Nacktheit« die Endstufe der Rationalisierung. Denn damit kehrt die Antiqua an die Ursprünge ihrer Entstehung (griechische Lapidarschrift, 300 v.Ch.) zurück.

Die landläufig »Grotesk« genannten Formen, die im direkten Gefolge der Egyptienne (eigentlich neben dieser) entstanden, stellen eine Endform der Schriftentwicklung dar, die als »absolut« bezeichnet werden kann: Sie benötigen zur Differenzierung keine Serifen mehr – sie opfern dadurch allerdings auch viel von der guten Lesbarkeit – und sind somit nur noch reines Funktionsmittel: Buchstaben schlechthin.

Die Grotesk entstand in den Jahren 1800 bis 1840 in England, wurde jedoch bald von der ersten französischen Form abgelöst. Ihr Prinzip ist der optisch gleichstarke Balkenverlauf in allen Buchstaben. Sie nähert sich also in der Tat ein wenig der Antiqua Roms, bei der die Stärkenunterschiede oft sehr gering sind. Aus den Anfangsformen des 19. Jahrhunderts entstanden im Laufe der Jahrzehnte bis in die Gegenwart hinein immer neue Formen, deren bekannteste, die Helvetica der Haas'schen Schriftgießerei in der Schweiz, fast wieder der französischen Ursprungsform entspricht. Von der Grotesk gibt es ganze Familien, deren Namen Weltberühmtheit erlangten, wie »Futura«, »Gill«, »Akzidenz-Grotesk«, »Folio« und »Univers«, und deren Gestalter berühmte Schrift-Designer waren und noch sind.

Das Anwendungsgebiet dieser Grotesk ist nahezu unbegrenzt, ihre Variationsfähigkeit unerschöpflich. Wenn im Teil 1 lediglich eine schmalfette Form dargestellt wird, deren Variationen jedoch schon in die Nähe der hier durchgearbeiteten Formen rükken, so liegt das am Konzept der beiden Bände: einmal Anfangswissen, einmal Weiterbildung.

Die Grotesk in diesem Band stellt an den Zeichner bereits hohe Anforderungen, setzt eine sichere Hand voraus und verlangt (auch unter dem Epidiaskop) gutes Formempfinden.

Viele Lehrenden, Praktiker und Lernenden behaupten, daß das Zeichnen solcher Schriften heute nicht mehr erforderlich sei, man habe Hilfsmittel und Geräte, sogar die Schneidcomputer, die diese Arbeit erledigen. Gewiß, aber jeder Fachmann weiß aus der Praxis, daß man ohne das tiefgehende Verständnis für die Schriftformen, das erst durch Zeichnen der Buchstaben erworben wird, dem Wesen eines Alphabets nicht gerecht werden kann. Der Großteil meiner Schüler wird zwar aufatmend den Zeichenstift zugunsten des Computers fortlegen, um schneller zu arbeiten, aber sie werden sicherlich auch dankbar sein für mein stetes Zeichnen und Schreiben, das nach wie vor die Grundlage eines umfassenden Schriftverständnisses bleibt.

Mischbar ist die Serifenlose mit allen Schriftformen ihrer Zeit: Der Klassizistischen Antiqua, der Egyptienne, der Italienne, der Englischen Schreibschrift sowie den modernen Schreibschriften und allen anderen Modernismen, sofern sie nicht ausgesprochenen Antiquacharakter haben.

In keinem Fall sollten verschiedene Groteskformen zusammen angewendet werden, ebensowenig wie sich Renaissance- und Klassizistische Antiqua miteinander mischen lassen. Neben allen denkbaren Varianten wie leicht, licht, mager, halbfett, fett, extrafett und alles in Kursiv können diese Groteskschriften in nahezu jede gewünschte Formidee umgesetzt werden. Sie lassen sich in Kontur, isometrisch und perspektivisch zeichnen, mit oder ohne Schatten in jeder gewollten Richtung.

Eines aber ist wichtig: Alle diese Möglichkeiten sollten vorher gezeichnet werden, der Fachmann muß das können, um sie einerseits in der Praxis in die Fassade oder das Fahrzeug »hineindenken« oder zum anderen den Computer richtig »füttern« zu können. Nur dadurch können grobe Fehler vermieden werden.

ABCDEFGHIJK

LMNOPQRSTU

Oberlängenhöhe der Gemeinen

Versalienhöhe

VWXYZ!.,?:&-

1234567890

Diese Übungsschrift soll mit Rhedisfeder, Filzstift oder Faserschreiber, später dann mit der Flachfeder geübt werden

äbcdéfghijklmn

öpqrsſtßüvwxyz

Schreibübungen für die Antiqua-Kursive: Sie ist wegen der Schräglage schwieriger als die normale Antiqua zu schreiben. Die Vorübungen müssen dem eigentlichen Schreiben vorausgehen, um Gefühl und Hand an die ungewohnte Schräglage zu gewöhnen. - Beachte: Die Versalien sind niedriger als die Oberlängen der Kleinbuchstaben, damit sie im laufenden Text nicht zu groß wirken; wie bei Frakturen kann auch mit dem ſ geschrieben werden.

ABCDEFG

HIJKLMN

abcdefgghij

klmnopqrſtsſ

ßtuvwxyyz

OPQRSTUV

WXYZ

1234567890

Antiqua-Kursiv

Arbeit mit dem Computer – sein Gewinn, seine Tücken und Grenzen

Die Schrift-, Grafik- oder Schneidecomputer versuchen u. a. auf elektronischem Wege das herzustellen, was »Der Schriftatlas« ebenso wie sein Vorgänger, »Der große Schriftatlas«, seit vielen Jahren für die praktische Zeichenarbeit lehrt, und zwar aus einem Mutteralphabet beliebig viele Varianten abzuleiten und somit für die verschiedenen Aufgaben in der Praxis der Betriebe verwendbar und verfügbar zu machen. Wer das bisher nach meinem Lehrsystem lernte, wird auch die Möglichkeiten des Computers weit besser erkennen können als derjenige, der diese Schulung nicht durchlaufen hat und nun der Maschine auf Gedeih und Verderb ausgeliefert ist, weil er die Tücken nicht kennt, die sich schon allein aus der rein mechanisch-optischen Verzerrung der Buchstaben ergeben.

Alle Schriften entstanden unter den Gegebenheiten ihrer Zeit für bestimmte Aufgaben, so z. B. die Capitalis für die Repräsentationsbauten der Römer, die Unziale für die frühchristlichen Buchtexte, die Renaissance-Antiqua für die humanistische Gedankenwelt der Zeit nach Gutenberg und seinem Buchdruck mit beweglichen Lettern. Die Bodoni-Antiqua entstand als Folgeerscheinung des Barocks und Rokokos und die Serifenlosen als Ausdrucksform des beginnenden technischen Zeitalters und einer industriellen Revolution, deren vorläufiger Abschluß nun der Schrift-Computer ist.

Seine großen Vorteile liegen ganz eindeutig in der Präzision seiner Schneidetechnik, in den unterschiedlichsten Materialien und der faszinierenden Geschwindigkeit, in der das geschieht. Das ist ein nicht zu unterschätzender Vorteil für den Betrieb, dem das kostenintensive Schneiden von Hand abgenommen wird. Der zweite Vorteil für einen Kleinbetrieb liegt in der Einsparung vieler Schriftvorlagen, da der Computer variieren kann. Leider ist er jedoch auch in der Lage, Schriften wahllos zu verändern und ihre Charaktere grundlegend zu verfremden, was auch zu Urheberrechtsverletzungen und Stilverirrungen größten Ausmaßes führt. Hiervor kann nur die gründliche Ausbildung aller Schriftschaffenden in den Grundprinzipien der Schriftgestaltung bei der Anwendung eines Computers bewahren.

Dazu einige Beispiele: Das Wort »Wolke« – Grundform eine breitfette Grotesk. Der Computer verzerrt rein mechanisch; alle Waagerechten und Schrägen werden zu dick, und der Schriftcharakter wird völlig entstellt. Dieses typische Computer-Phänomen ist auch in den anderen Beispielen »Familie«, »Einkaufen«, »Trend« und »ESa« dargestellt. Dem computerveränderten Wort »Wolke« wurde das zeichnerisch variierte Wort gegenübergestellt, woran deutlich wird, was *echte* und somit die Grundform nicht verunstaltende Variation wirklich ist: eine Veränderung der Proportion der Buchstaben in der Höhe, nicht jedoch in den einzelnen aufeinander abgestimmten Details. Hierin also liegt der entscheidende Unterschied: Der Computer macht aus einer Schrift eine (oft) gänzlich neue, die jedoch in den wenigsten Fällen die vom Schöpfer dieser Schriftform erstrebte

Die schwarze Originalzeile zeigt deutlich die richtige, gezeichnete (unten) und die computer-verzerrte Variante der einzelnen Buchstabenformen (oben):

DIE GANZE FAMILIE!

FAMILIE! ×

Die angekreuzte 3. Zeile ist der Originalsatz, aus ihm wurde die „Modifikation" darüber mit dem Computer hergestellt:
1. Schwerwiegende Charakteränderung
2. Miserables Ausgleichen schon im Satz
3. Schlechtere Lesbarkeit

ESa

Die verzerrende Wirkung dieser Computer-Modifikationen zeigt sich in allen Details: Querbalken, Serifen, Rundungen

ESa

Die Original Clarendon-Formen und ihre Verunstaltung durch eine Pseudo-Überhöhung mit dem Computer (s. Egyptienne)

Kostenlos zum Einkaufen

Unsere Leistungen sind besser!

Typische Computer-Variationen. Eingeschränkte Lesbarkeit der „Headline", darunter ebenso typische Zwitterschrift, die aus der normalen Helvetica entstand.

Qualität erreicht. Sie wird vielleicht interessant, meist aber schlechter, wie z. B. im Text »Gulf-Plaisance«. Noch drastischer aber zeigt sich das Computer-Phänomen bei der rigorosen Verunstaltung der Trump-Mediäval im Beispiel »Trend«. Hier ist zu erkennen, daß diese hochsensible und brillant durchgestaltete Schrift keinerlei Manipulationen verträgt, weil das zu Ergebnissen führt, die kein Fachmann akzeptieren kann.

Um solche Ergebnisse bereits bei der Vorarbeit zu erkennen (erspüren!), muß sich jeder mit der Arbeit am Computer Betraute über die gestalterischen Konsequenzen im klaren sein; auch der Kunde muß vor solchen technischen »Spielereien« auf die Folgen aufmerksam gemacht werden. Ein computer-veränderter Text kann in einer Tageszeitung durchaus interessant und originell wirken, nicht jedoch an der Fassade, an der solche Experimente nichts zu suchen haben. Nicht nur die Schrift selbst wird in einem solchen Fall schlecht, sondern auch das Gesamtbild, weil die Abstände nicht mehr stimmen oder durch die Modifikation noch krassere Fehler zutage treten lassen. Schrift- und Wortbilder sind komplizierte Gebilde, die derartige Manipulationen nicht vertragen. Auch das Wort »Familie« (Abbildung oben) ist ein treffendes Beispiel. Die klotzigen Querelemente der Buchstaben sind schlecht genug; das dilettantische Ausgleichen vervollständigt die Misere.

Zusammenfassend sei gesagt, daß die Arbeit mit

Alleinvertrieb für GULF-PLAISANCE FRANKREICH

Auch hier wird das »Computer-Phänomen besonders deutlich: Die Umkehr der Balkenstärken. Die Kursiv-Variation verstärkt diese Erscheinung noch mehr. Ferner wird das Schriftbild durch die nicht mehr stimmenden Abstände nochmals erheblich gestort.

RSTU abcdef

Aus dieser Grundform entstand der obige Schriftsatz!

TREND

Eine Streckung nach oben zerstört ihr Wesen völlig!

TREND

Die Trump-Mediäval kann im äußersten Fall in der Höhe verkleinert werden; ihr Charakter ist zu ausgeprägt gut!

TREND

dem Computer vom Benutzer ein hohes Maß an Fein- und Fingerspitzengefühl im Umgang mit den Schriften erfordert. Hat er das nicht, wird er leider wesentlich zum katastrophalen Zustand unserer Außen- und Fassadenwerbung beitragen, anstatt dem Erscheinungsbild unserer Städte und Fahrzeuge, unserer Messen und Schaufenster mit Hilfe raffinierter Techniken, die in kürzester Zeit vielfache Möglichkeiten zu guter Gestaltung bieten, zu einem besseren Image zu verhelfen. Glücklicherweise läßt sich nicht jeder Schrifttyp durch den Computer derartig verfremden, weil die einzelnen Buchstabenelemente dies nicht zulassen. Ähnliche Manipulationen und Verschandelungen finden wir an vielen Autos: Das Design ist vom Werk aus, also vom eigentlichen Designer, gut bis sehr gut. Durch den Versand- und Supermarkt wird dem Fahrzeugbesitzer eine Fülle von Zusatzteilen angeboten, die Stück für Stück die ursprüngliche Gestaltung des Autos verändert – selten zum Besseren. Eine riesige Do-it-yourself-Bewegung in allen Bereichen verfälscht somit jegliche Gestaltung. Die Technisierung ist auch hier Verflachung. Ähnlich verläuft auch die Entwicklung bei der Schriftgestaltung durch den Computereinsatz. Diesem Phänomen der »Verflachung« begegnen wir seit dem Beginn der Technisierung Ende des 18. Jahrhunderts, in besonders krasser Form allerdings erst seit der Erfindung des Maschinensatzes, des Rasterdrucks und der Werbung im 19. Jahrhundert. Durch die Vermischung sämtlicher Stilarten von 1840 bis 1914 wurden die bekannten Formen der Gotik, Renaissance und des Barock im Historismus hemmungslos gekreuzt und somit ihrem eigentlichen Umfeld entrissen. Dieser Trend bemächtigte sich auch der Schriftgestaltung bei der Suche nach neuen Formen für die Werbung, wodurch die Schriftverwilderung des 19. und des beginnenden 20. Jahrhunderts geradezu groteske Formen annahm und ein bis dahin nie dagewesenes Ausmaß erreichte. Ein großer Teil dieser Formen wanderte, wie schon erwähnt, mit nach Amerika aus. Seit Jahren kommen diese Schriften nun aus Übersee zurück, werden erstaunlicherweise kurzfristig angenommen und nun computermäßig nochmals modifiziert, wodurch sich die Verflachung abermals erheblich beschleunigt. Dadurch wiederum droht das Wissen um die Grundlagen guter Schriftgestaltung immer mehr in den Hintergrund gedrängt zu werden und in Vergessenheit zu geraten. Vermutlich wird sich die Verschlechterung im Glauben an die Machbarkeit aller Dinge und durch die Suche nach ständigen Neuerungen noch beschleunigen und noch manche Kuriositäten hervorbringen.

Die Schriftausbildung sollte also gerade im Hinblick auf die Arbeit mit dem Computer intensiviert werden, weil die Schrift auch weiterhin Hauptbestandteil der internationalen Kommunikation und Schauwerbung bleiben wird, da sie nicht völlig von elektronischen Medien ersetzt werden kann.

Römische Kapitalschrift

Das A ist auch hier auf Mitte aufgebaut, lediglich der Hauptbalken ist hier durchlaufend dargestellt

Optische Mitte sowie das breitere Unterteil beachten

Auch beim C ist der obere Auslauf etwas kürzer als der untere

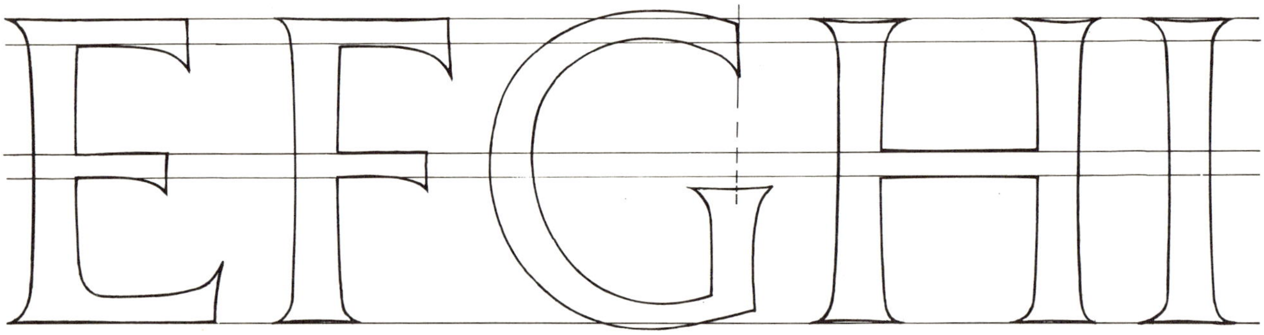

Die dynamischen Formen beachten, die der Schrift ihren Charakter geben

Bei einer Antiqua bekommt das G keinen Querbalken

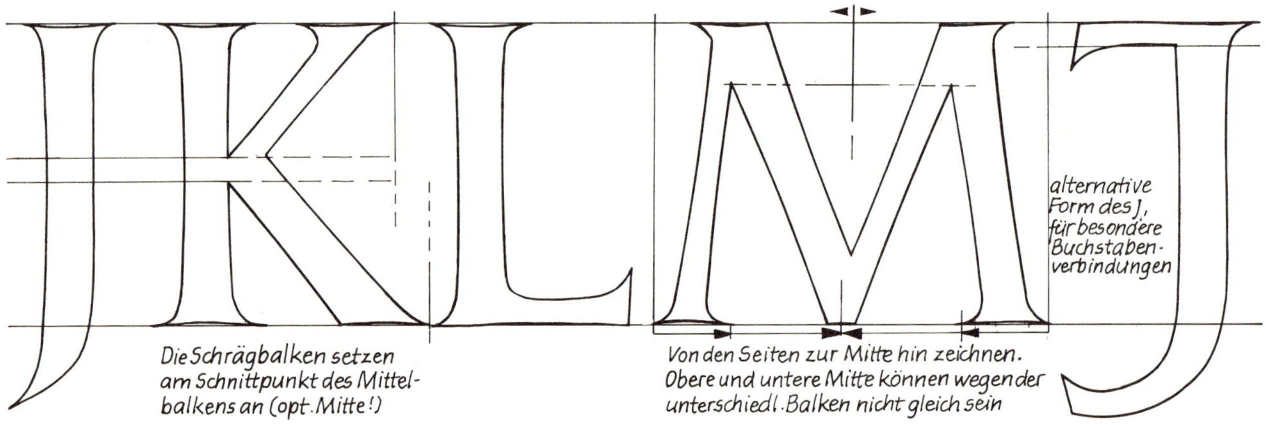

alternative Form des J, für besondere Buchstabenverbindungen

Die Schrägbalken setzen am Schnittpunkt des Mittelbalkens an (opt. Mitte!)

Von den Seiten zur Mitte hin zeichnen. Obere und untere Mitte können wegen der unterschiedl. Balken nicht gleich sein

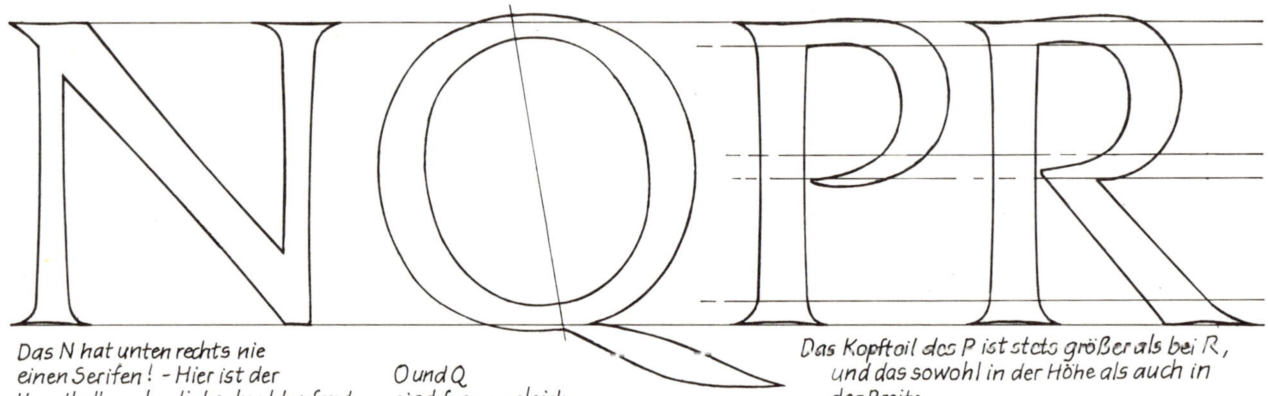

Das N hat unten rechts nie einen Serifen! - Hier ist der Hauptbalken oben links durchlaufend.

O und Q sind formengleich

Das Kopfteil des P ist stets größer als bei R, und das sowohl in der Höhe als auch in der Breite

Das T auf Mitte aufbauen

Das V auf Mitte aufbauen. Die Verdoppelung ergab früher oft das W: Garamont, Columna, Roman Capitals (A. Haab) u.a.

Das W wird wie alle Ws von den seitlichen Senkrechten aus gezeichnet

X, Y und Z werden wie bei allen gezeichneten Schriften der Antiqua-Familie von ihrer Mittelsenkrechten aus aufgebaut: Oberteil schmaler als die Basis

siehe auch T, V, X, Y, Z und A

In manchen Wörtern werden - z.B. in Namen - Umlaute durch die Schreibweise æ Æ, œ Œ oder auch ue, UE geschrieben. Normalerweise nicht zu einem Zeichen zusammengefaßt wie beispielsweise bei Mueller oder Koenig können sie in dekorativer Form eingesetzt werden.

Diese Umlaut-Variante darf aber niemals anstelle des wahren ö eingesetzt werden (oder ä und ü) sondern nur, wenn die Schreibweise es fordert!

Ein Buchstabe mit Schrägen kann aus optisch-dekorativen Gründen nach einer Seite auf ein Standbein gestellt werden, auch des Ausgleichs wegen.

Die römische Kapitalschrift kannte keine Kleinbuchstaben. Dennoch ist es notwendig, für den täglichen Gebrauch auch Gemeine zur Verfügung zu haben, um allen Anforderungen der Praxis gerecht zu werden.

Bei dieser Variation wurden den einzelnen Buchstaben jeweils innen und außen ca. 1,5 mm zugegeben. Der Schriftcharakter – jetzt halbfett – ist dadurch robuster und eignet sich auch für Acryl, Metall und Holz.

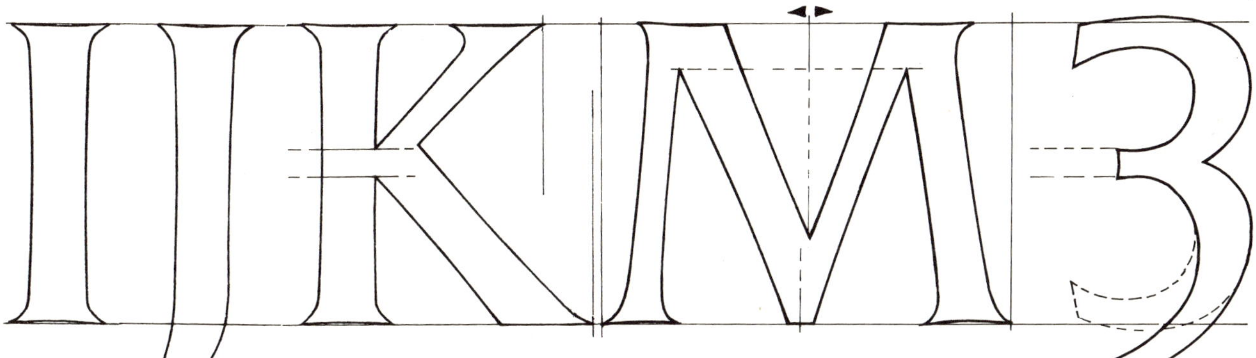

Alles für die Normalform gesagte gilt auch für diese Variante.
Die Proportionen müssen erhalten bleiben!

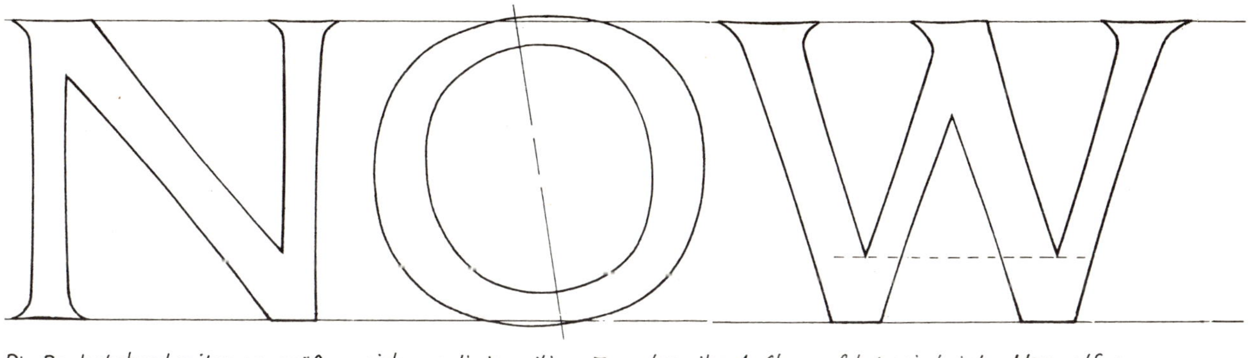

Die Buchstabenbreiten vergrößern sich um die jeweiligen Zugaben, ihr Aufbau erfolgt wie bei der Normalform.

Diese Antiqua-Form ist in besonderer Weise für Schriftgestaltungen an Stilfassaden und repräsentativen Gebäuden, da sie monumentaler wirkt als die normale Capitalis. Sie kann noch massiver variiert werden: siehe T und I.

Unziale
6./9. Jahrhundert

ABCDEF
GHIJKLM
NOPQRST
UVWXYZ
abcdefghij
klmnopqrsſ
ßſttuvwxyz
1234567890

Karolingische Minuskel
8./10. Jahrhundert

Renaissance-Antiqua (Mediäval)

Das A wird von der Mitte aus aufgebaut.

Die Rundungen werden bei allen Buchstaben ohne Hilfsmittel gezeichnet. Mit Zirkelschlägen zerstört man die dynamische Form; sie wird langweilig!

Obere und untere Hälfte einer Rundung sind ungleich: Oben voller, unten schwächer!

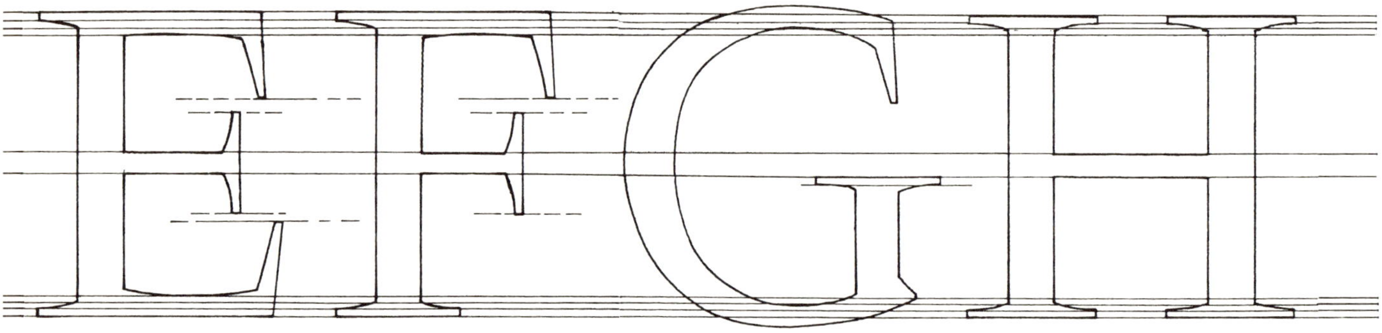

Alle Querbalken oben + unten sind dynamisch, nicht starr. Siehe auch B, D, L, P, R + Z.

Voll-Rundbuchstaben müssen genau ausbalanciert werden

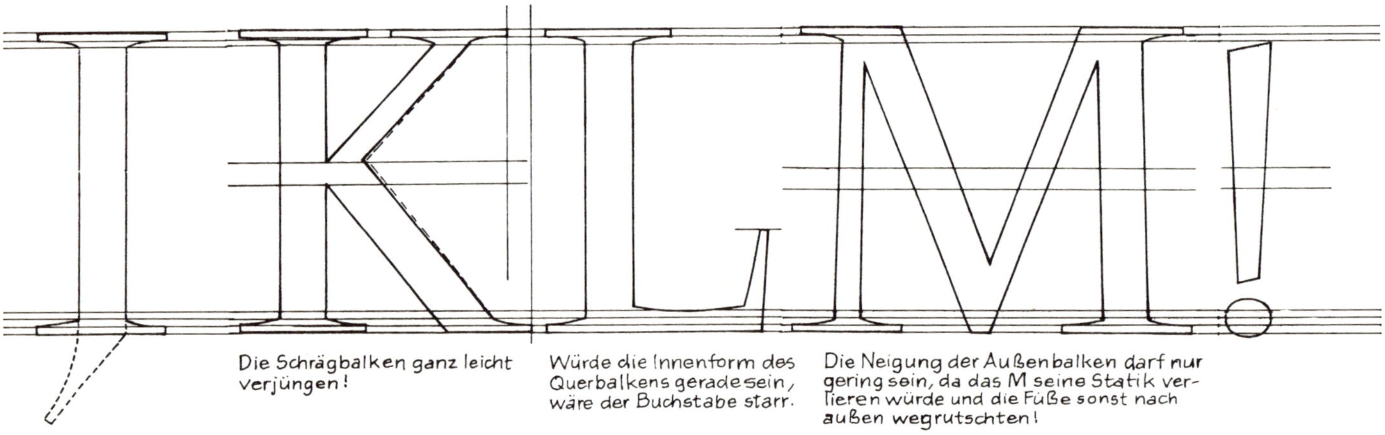

Die Schrägbalken ganz leicht verjüngen!

Würde die Innenform des Querbalkens gerade sein, wäre der Buchstabe starr.

Die Neigung der Außenbalken darf nur gering sein, da das M seine Statik verlieren würde und die Füße sonst nach außen wegrutschten!

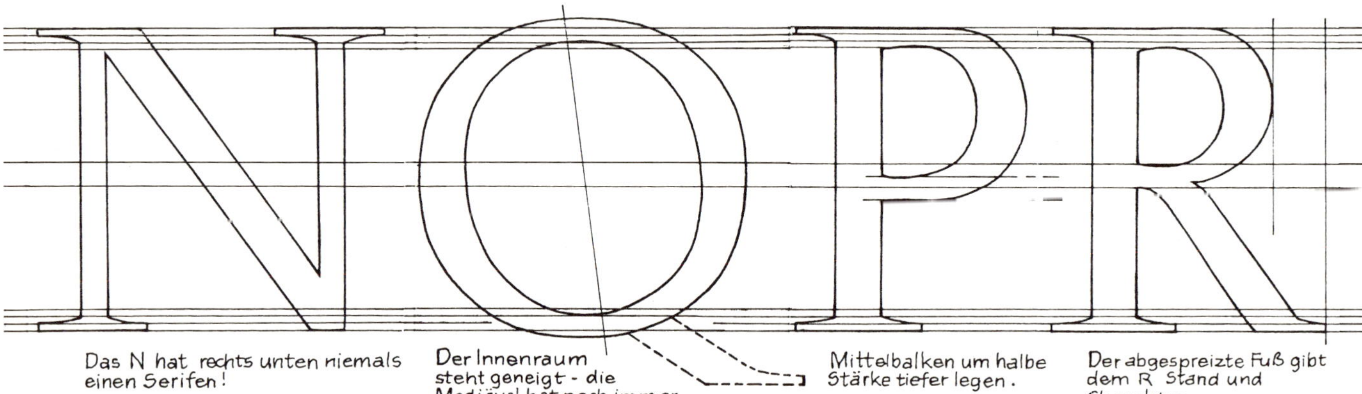

Das N hat rechts unten niemals einen Serifen!

Der Innenraum steht geneigt - die Mediäval hat noch immer Federcharakter.

Mittelbalken um halbe Stärke tiefer legen.

Der abgespreizte Fuß gibt dem R Stand und Charakter.

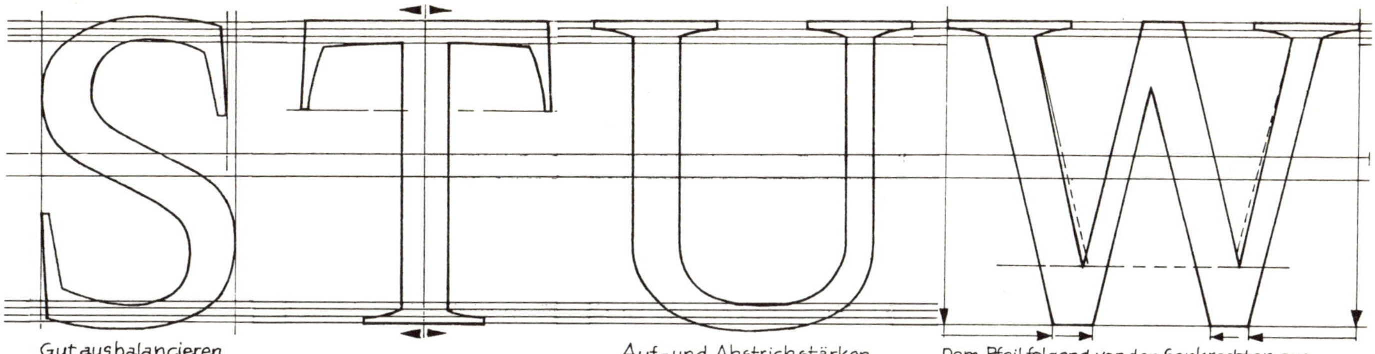

Gut ausbalancieren durch zurückgesetzten Kopf.

Auf- und Abstrichstärken beachten!

Dem Pfeil folgend von den Senkrechten aus aufbauen. Äußere Schrägbalken leicht verjüngen. Die Innenformen entsprechen einander fast völlig

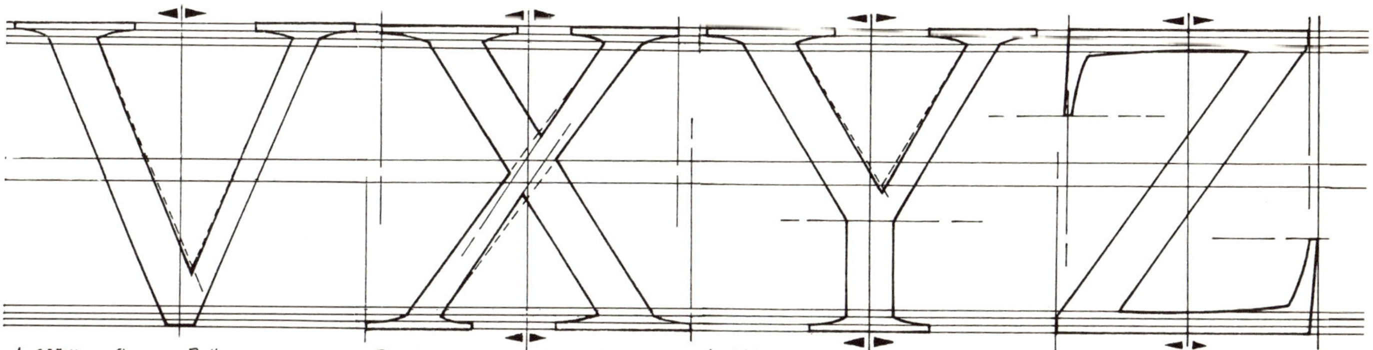

Auf Mitte aufbauen; Balken am Schnittpunkt verjüngen.

Durch die konische Innenform des dünnen Schrägbalkens entsteht eine leichte ›Versetzung‹. Oberteil ist schmaler als Fußteil

Auf Mitte aufbauen; leicht konische Balkenstärken beachten.

Oberteil schmaler als Fußteil.

Die Ziffer 1

nikolon

Auch hier ist das Oberteil schmaler.

Beide Abstrichformen sind bei der 3 + 5 möglich. Die Anwendung entscheidet!

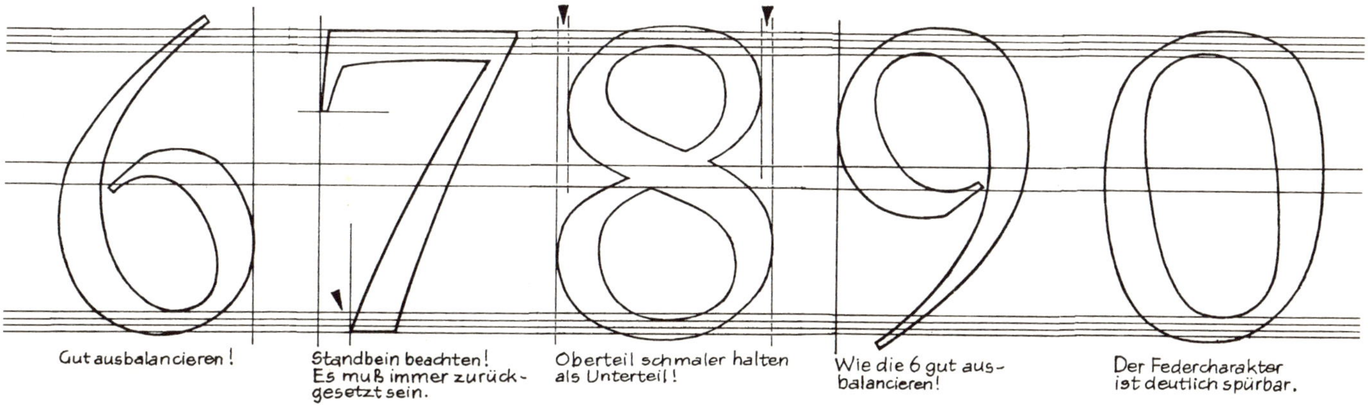

Gut ausbalancieren!

Standbein beachten! Es muß immer zurückgesetzt sein.

Oberteil schmaler halten als Unterteil!

Wie die 6 gut ausbalancieren!

Der Federcharakter ist deutlich spürbar.

Renaissance-Antiqua Gemeine

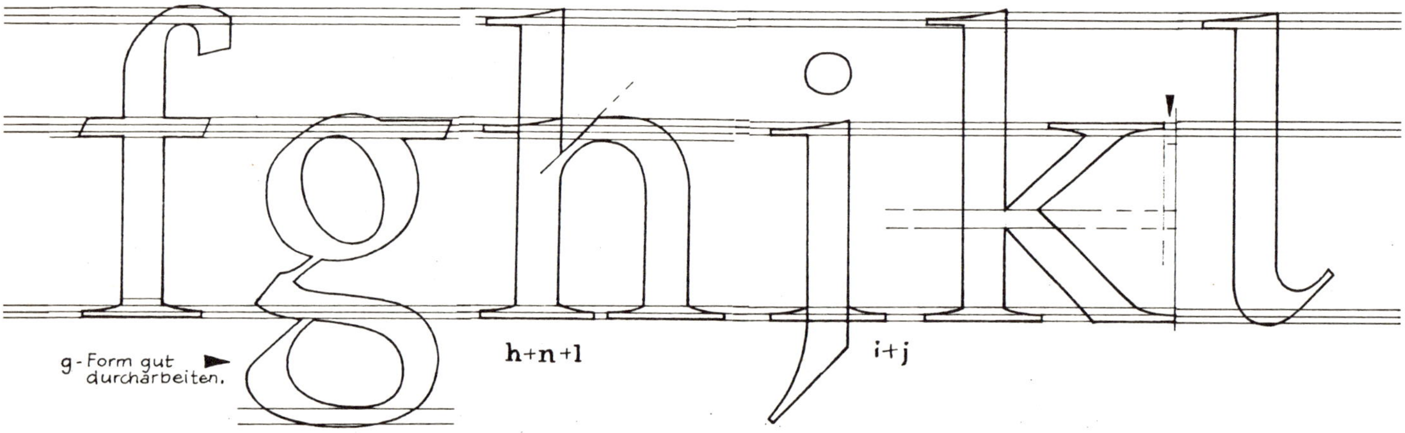

Bei den Minuskeln der Renaissance-Antiqua tritt der Feder- (Schreib
Charakter besonders deutlich in Erscheinung.

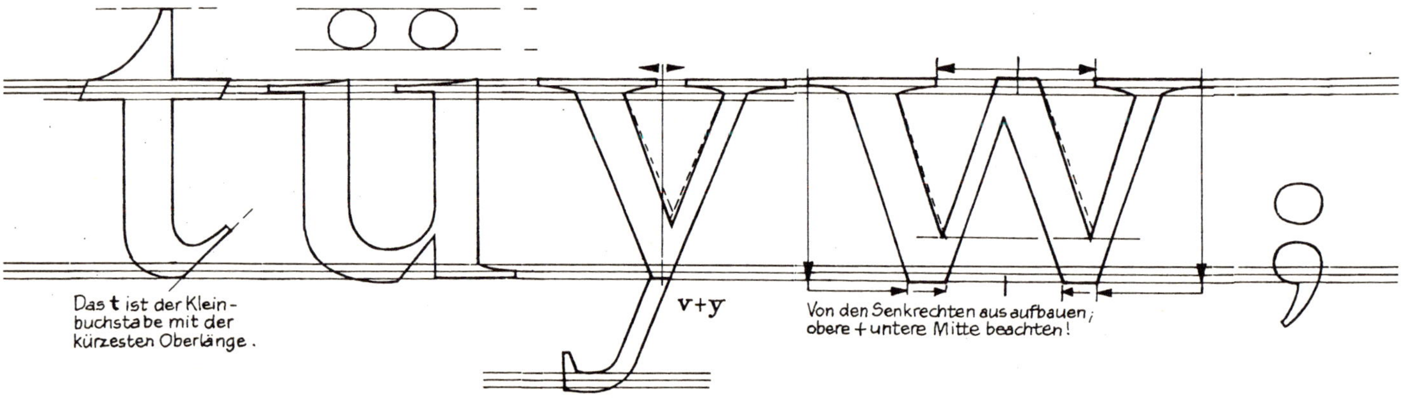

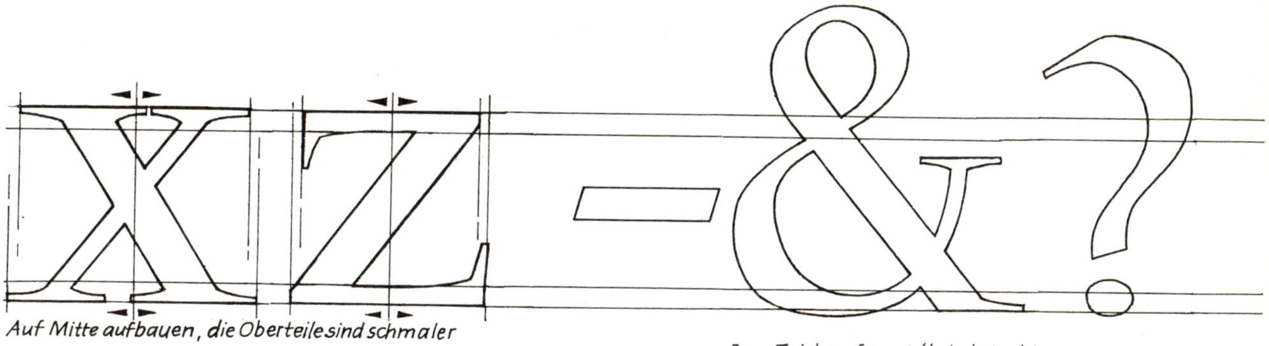

Auf Mitte aufbauen, die Oberteile sind schmaler

Das Zeichen für et (lateinisch) = und war als Kürzel gedacht

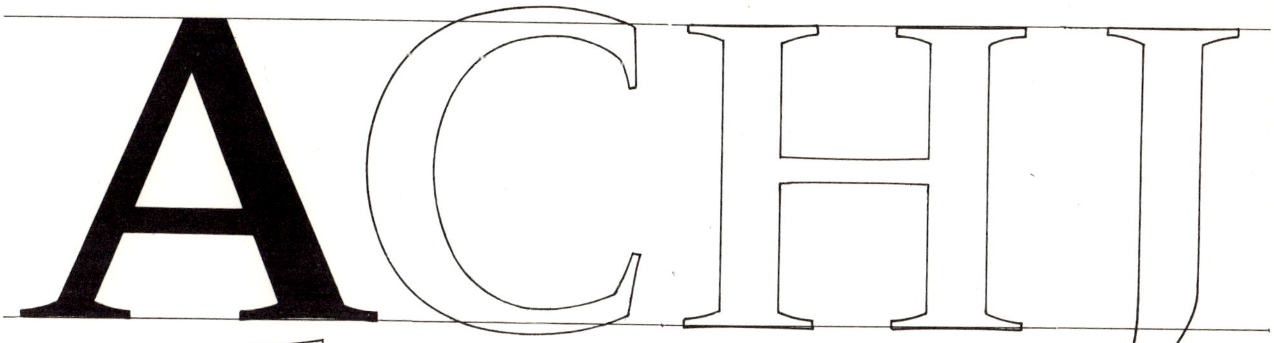

Dieser halbfetten Form wurden lediglich außen beiderseits einige Millimeter zugegeben. Sie eignet sich, so variiert, sehr gut für die Stilfassade, auch in Metall, Holz oder Acryl.

Die Kursiv-Variante kann in einfacher Form mit Normal-Versalien verwendet werden, aber auch mit Schmuckformen.

Die Neigung beträgt etwa 8°. Auch als halbfette Variation kann sie als Kursive gezeichnet werden und wirkt dann sehr dynamisch.

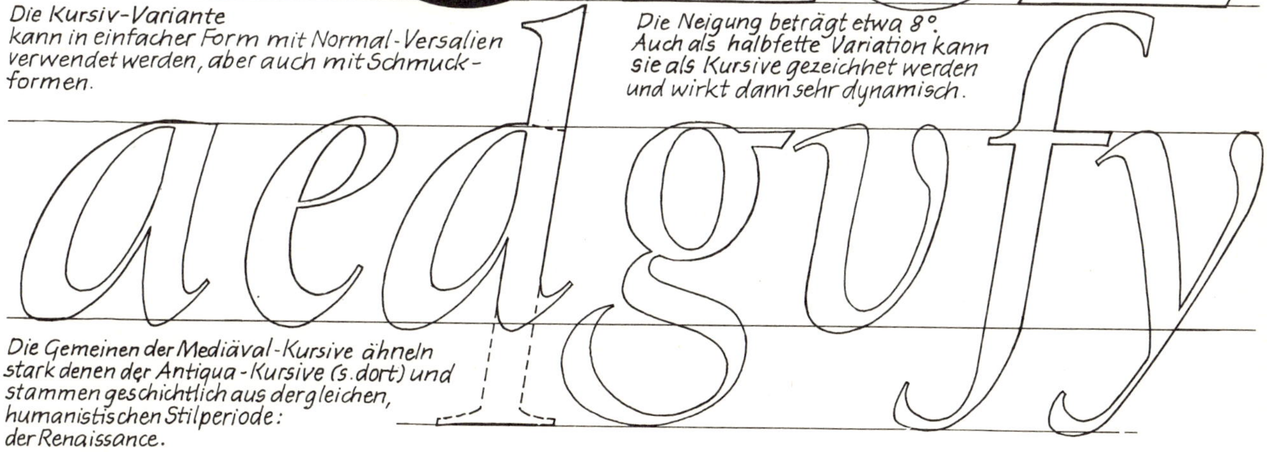

Die Gemeinen der Mediäval-Kursive ähneln stark denen der Antiqua-Kursive (s. dort) und stammen geschichtlich aus der gleichen, humanistischen Stilperiode: der Renaissance.

Antiqua-Kursiv

Alle Auſtriche, Rundungen und Bögen müſſen identiſch ſein! Hauptbalken können ſowohl wie bei D, E, F o. a. verlaufen, aber auch wie im B punktiert angedeutet, ſollten jedoch in einem Text immer in gleicher Weiſe geſchrieben werden.

Optiſch müſſen alle Buchſtaben die gleichen Schräglagen aufweiſen

An- und Abſtriche beſonders gut üben!

I und J können gleiche Köpfe haben

auch möglich

Beſonders ſchwierige Formen wie G, K, M, N, S und W, X und Z müſſen noch intenſiver geübt werden als alle anderen.

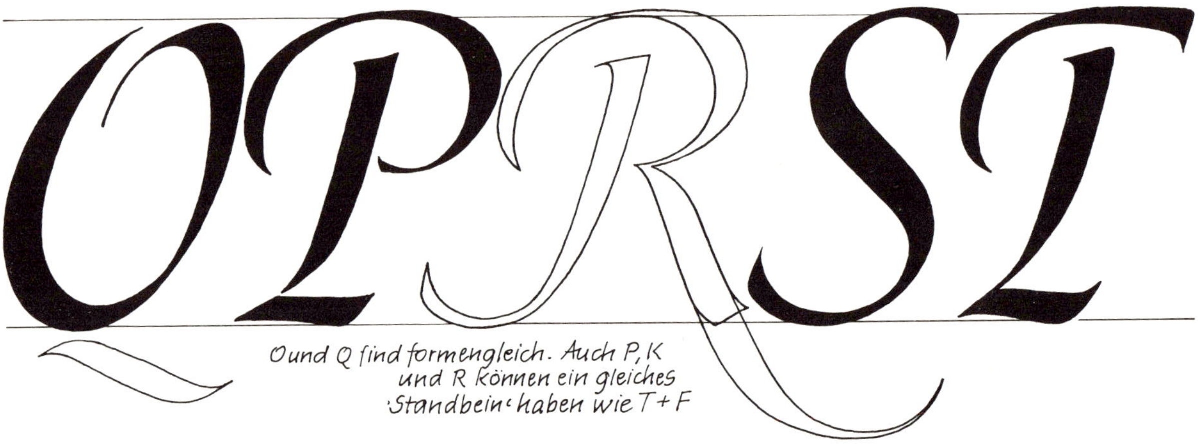

O und Q ſind formengleich. Auch P, K und R können ein gleiches ‚Standbein' haben wie T + F

ÜVWX»

Bei allen Buchſtaben von V bis Z können die gleichen ſchwungvollen Anſtriche wie bei U (s. auch A–T) verwendet werden, die hier aus Platzgründen weg-gelaſſen wurden. – Zu beachten ſind beſonders die leicht ſchwingenden Formen der An- und Hauptſtriche; niemals übertreiben!

YZ;?!&–

Immer daran denken, daß es ſich bei dieſer Schrift um eine Feder- bzw. Pinſelſchrift handelt!

Kürzel für das lateiniſche ›et‹ = ›und‹, das jedoch in erſter Linie für Firmenbezeichnungen dient.

Ziffern

123456

Die eigentliche Ziffernhöhe beachten!

Die Unterlängen beachten!

Die Ziffern ſind in ihrer Höhe niedriger als Verſalien und Gemeinen-oberlängen. 1, 2 und 0 haben nur ›Mittelhöhe‹, 6, 7, 8 und 9 Oberlänge, 4, 5 und die 9 auch Unterlänge, ebenſo die 3. Nur in typographiſch zwingenden Fällen ſollten ſie auf eine einheitliche Schrifthöhe gebracht werden; eben aus geſtalteriſchen Gründen kann es ſich als erforderlich erweiſen.

7890

Dieſe Ziffern haben ›Oberlängen‹

Antiqua-Kursiv Gemeine

ÄBCDEFG
HIJKLMNÖ
PQRSTÜV
WXYZ?!

äbcdefghijk
lmnöpqrsßt
üvwxyz&
1234567890

Barock-Antiqua

Baskerville 1768

Klassizistische Antiqua

Von der Mitte aus aufbauen! Alle Haarstriche enden in einem rund angesetzten Serifen.

Ober- und Unterteil sind verschieden groß.

Unterteil breiter: Standvermögen und Balance

Haarstriche, also auch die Querbalken, enden, wie bei A, C, E, F, G, J, K, L, M, N, S, T, U, V, W, X, Y + Z, in rund auslaufenden und angesetzten Serifen

Mittelbalken liegt tiefer, sein linker, innerer Serif ist länger als der äußere.

Serifen an senkrechten + schrägen Hauptbalken setzen stets hart und ohne Übergang an. Typisches Erkennungs-Merkmal!

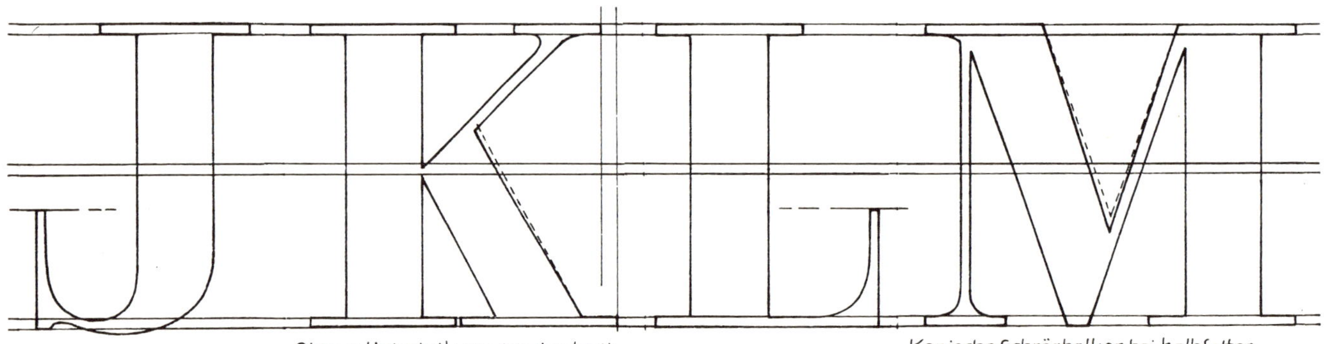

Ober- u. Unterteil verschieden breit; konischer Schrägbalken; oberer Serif setzt weich an - Haarstrich!

Konische Schrägbalken bei halbfetter und fetter Schriftform

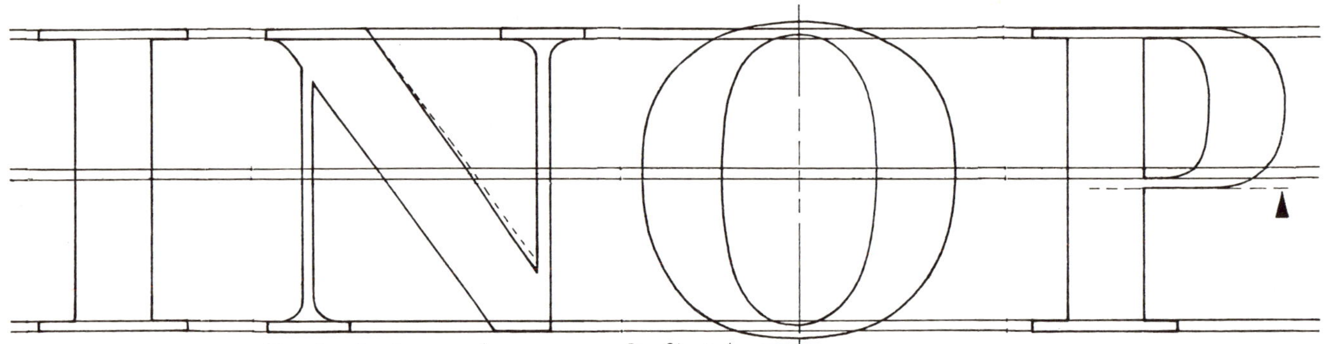

Kein Serif rechts unten! Serifen an den Haarstrichen beachten.

Das Oberteil des O + Q ist etwas ausladender als das Unterteil!

Mittelbalken unter den optisch. legen: Unterteil sonst zu leer!

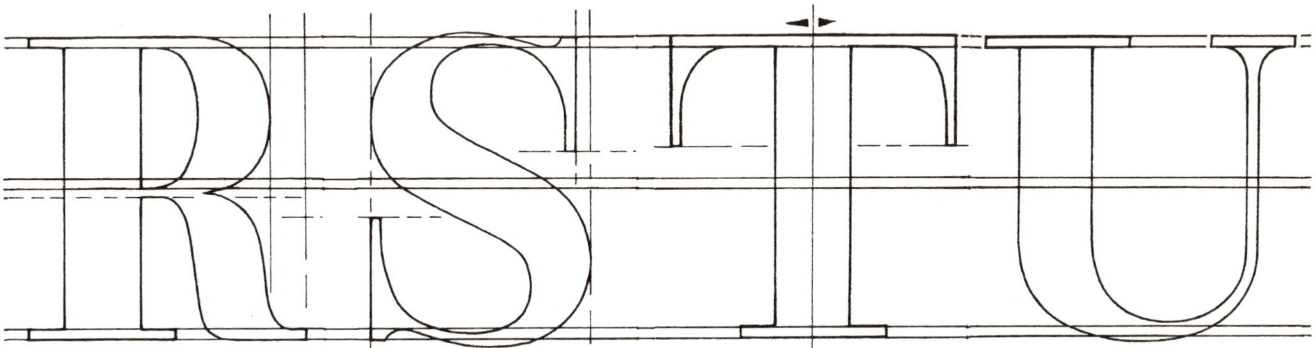

Rechte Kopfhälfte etwas zurücksetzen, sonst kippt das S nach rechts!

Von der Mitte aus aufbauen, Serifen am Querbalken rund ansetzen!

Am Haarstrich sind die Serifen stets rund angesetzt!

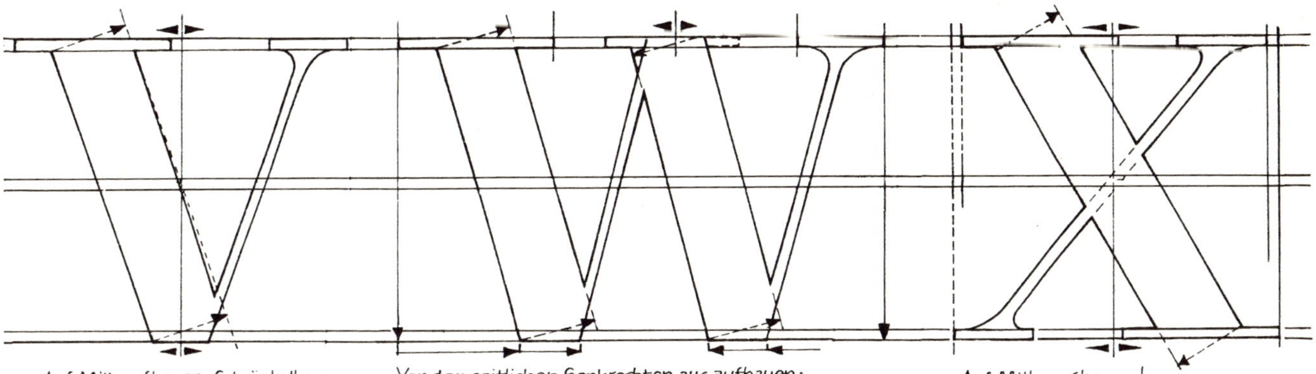

Auf Mitte aufbauen; Schrägbalken leicht konisch: Im rechten Winkel messen.

Von den seitlichen Senkrechten aus aufbauen; Pfeilrichtung! Oberer Schnittpunkt kann stumpf enden oder mit Serif(en)

Auf Mitte aufbauen!

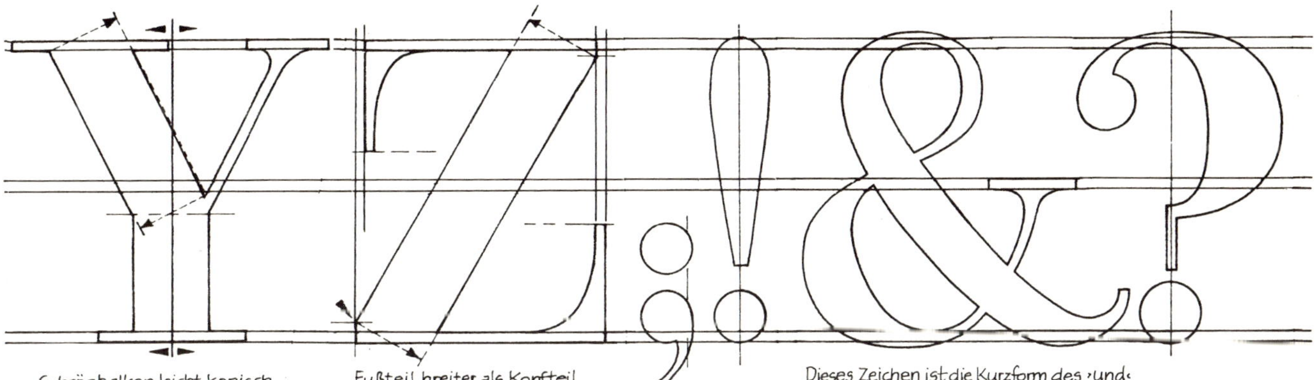

Schrägbalken leicht konisch. Serifen haben immer gleiche Breiten.

Fußteil breiter als Kopfteil

Dieses Zeichen ist die Kurzform des ›und‹ (lateinisch: et);

Fußteil breiter zeichnen! Kopf kann, wie bei 3+6, rund enden!

Der Kopf kann (wie bei 2+6) glatt oder als Rundform auslaufen.

Die Breitenverhältnisse der Ziffern sind unterschiedlich; auch bei der 5 kann – wie bei 3+9 – der untere Haar-Auslauf rund enden

Klassizistische Antiqua Ziffern und Gemeine

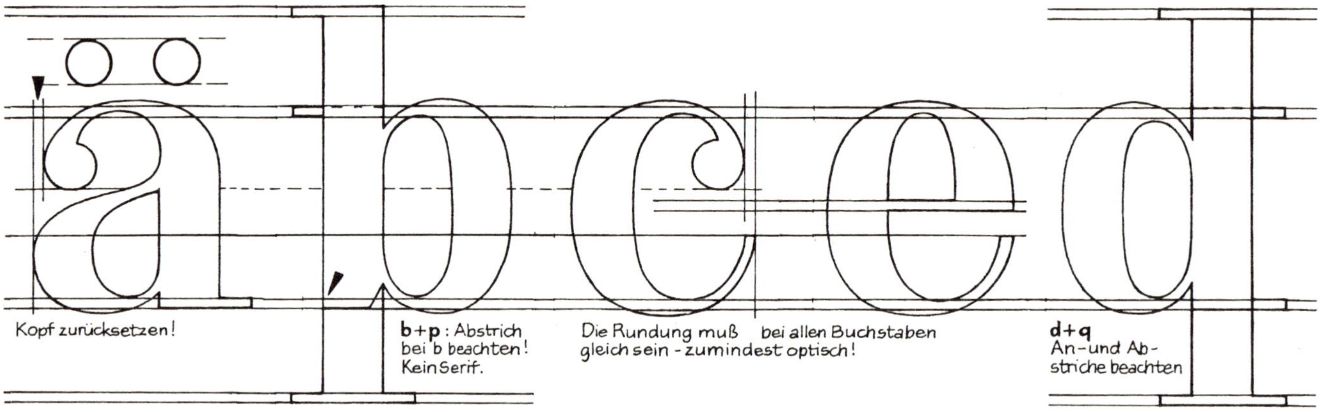

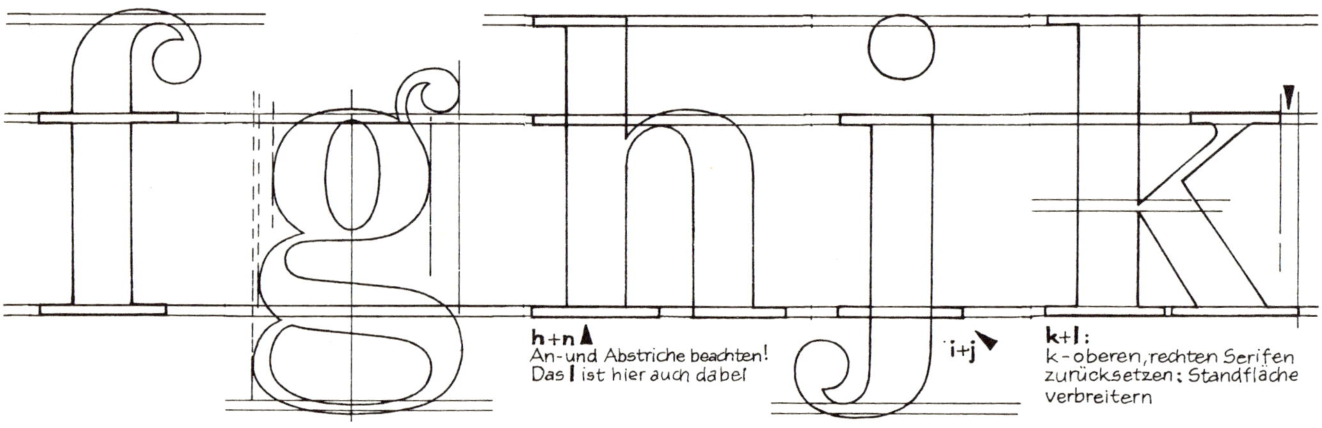

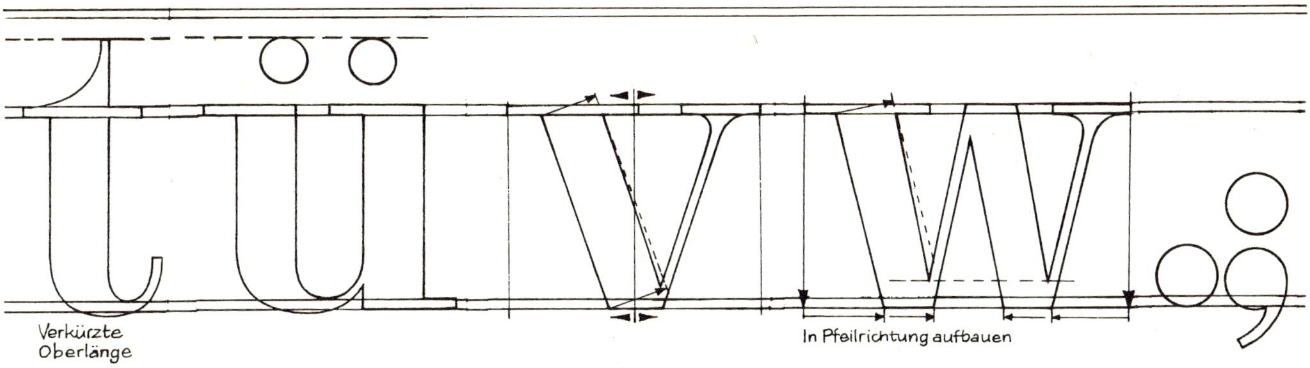

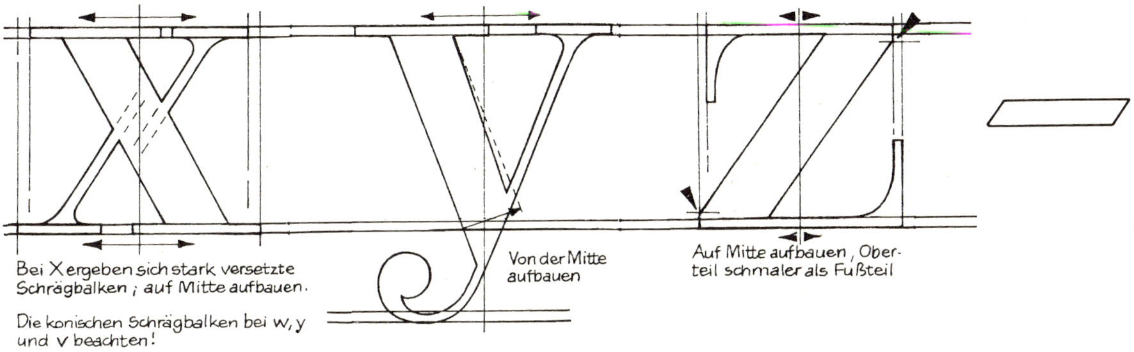

VARIATIONEN bei gleicher Breite wie Grundform

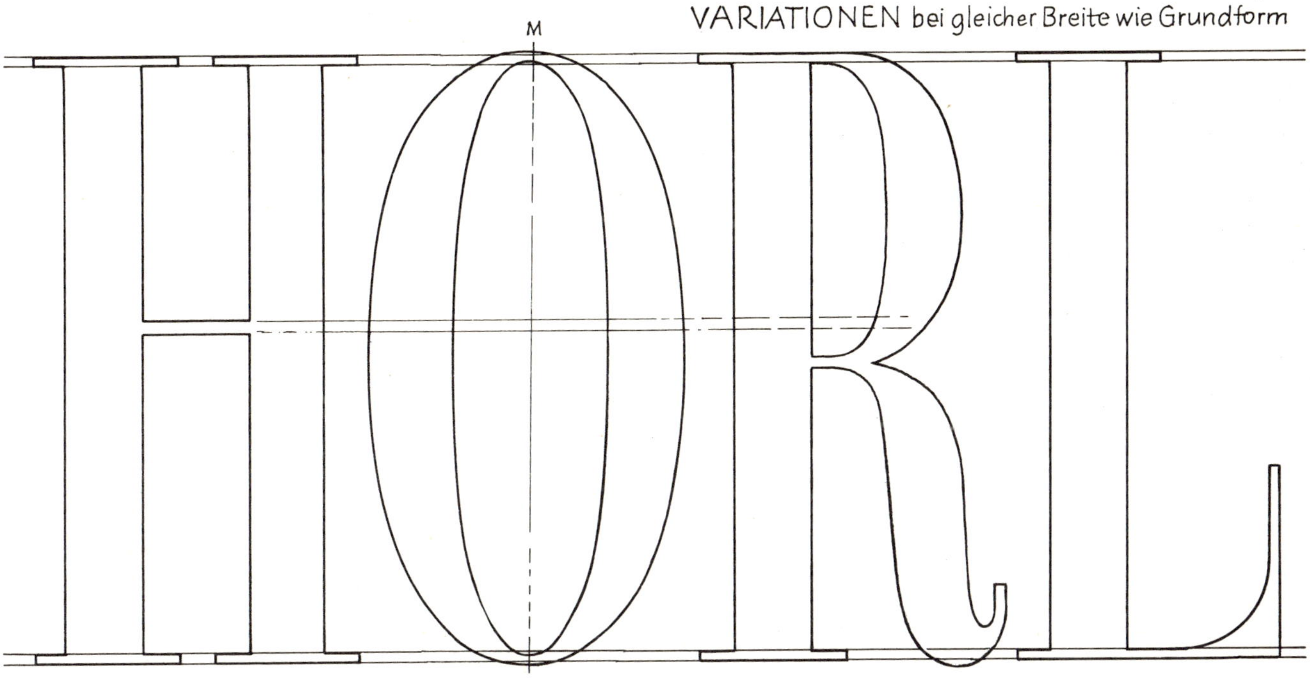

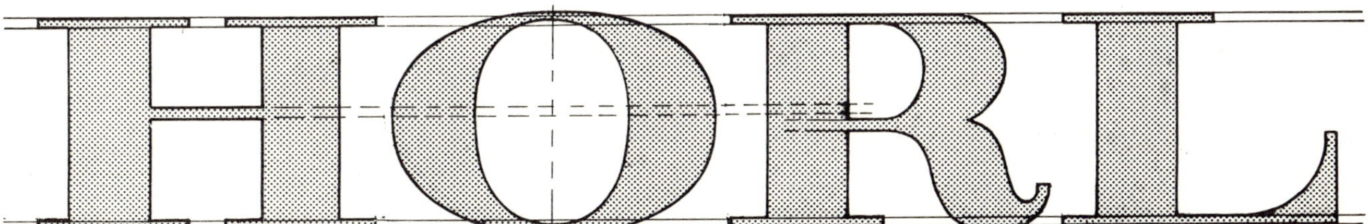

Variation in gleichen Breitenverhältnissen wie bei der Grundform: Es entstehen Schriftformen, wie sie ein Schriftcomputer nicht herstellen kann, da sie in ihren Maßverhältnissen stimmen.

! Der Computer liefert verfälschte Balkenstärken in der vertikalen Dimension (zu stark bei zunehmender Schrifthöhe).

Variationen und Schmuckformen der Klassizistischen Antiqua

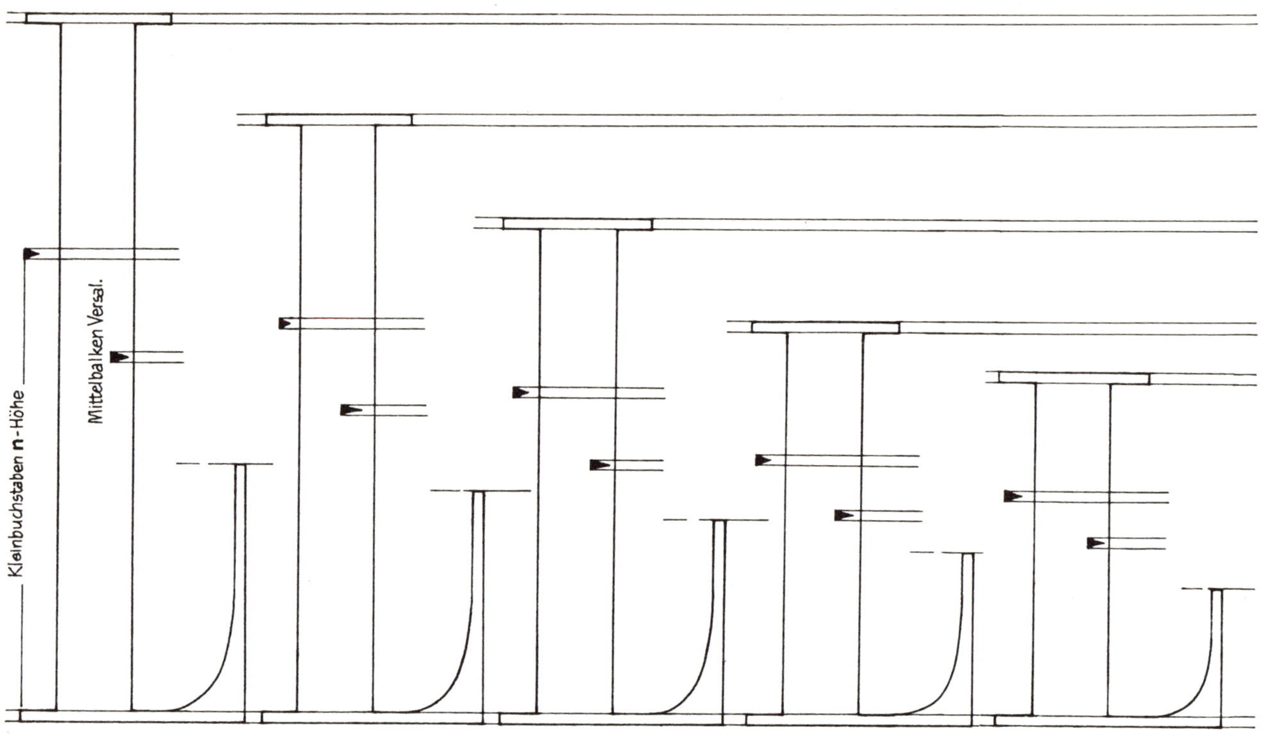

Variation der klassizistischen Antiqua in acht verschiedenen Schrifthöhen zeigt das hier zugrunde gelegte System:
Die Buchstabenbreite bleibt unverändert bei sich ändernder Höhe: aus dem Mutteralphabet entstehen neue Schriftcharaktere
Die Serifenhöhen müssen sich proportional der jeweiligen Höhe ebenso angleichen wie die Mittelbalken; sie sind markiert!
Bei höheren oder niedrigeren Schrifthöhen leidet die Lesbarkeit; nur die niedrigeren Buchstaben eignen sich zu Kursivformen!

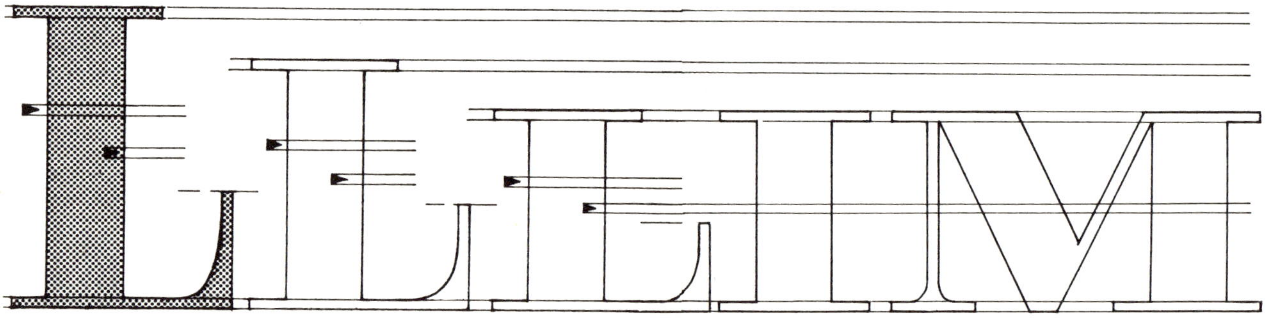

Schmuckbuchstaben zu erfinden ist echtes Kreativ-Training! Das kann kein Computer, dazu braucht man Fantasie und viel Fleiß!

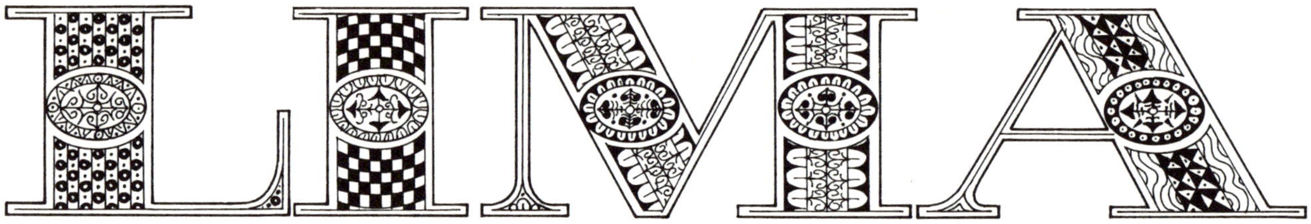

Die Neigung der Kursiv-Variation Δ beträgt nicht mehr als 12°, weil sonst die Lesbarkeit leidet

Jede Kursivform ist zeichnerisch eine Parallelverschiebung der Grundschrift. Allerdings gibt es bei einigen Buchstaben gestalterische Veränderungen!

! Merke: Vom Zeichen-Computer erstellte Kursiven sind nur ›gekippt‹ und nicht umgestaltet, das muß der Zeichner tun!

Die Gemeinen (Kleinbuchstaben) erhalten unbedingt auslaufende und zum folgenden Buchstaben überleitende Serifen!

S, W, C, K, F und V erhalten geschlossene Serifen

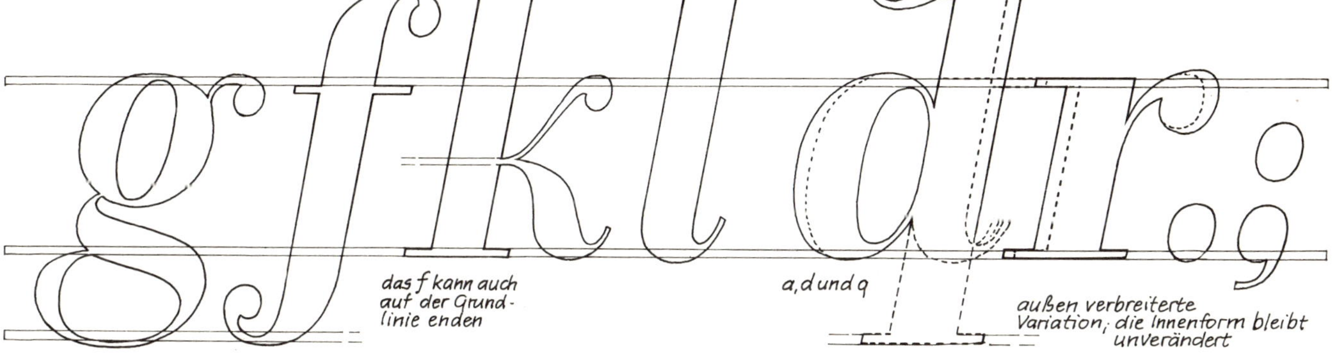

das f kann auch auf der Grundlinie enden

a, d und q

außen verbreiterte Variation, die Innenform bleibt unverändert

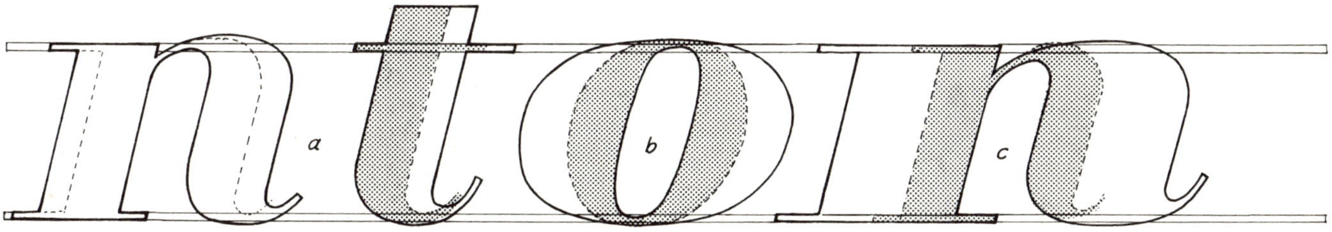

! Extreme Außen-Verbreiterungen bei unveränderten Innenräumen – eine einfache Möglichkeit, neue und interessante Variationen zu erhalten: bei a wurde eine halbe Balkenstärke zugegeben

Beim O wurden die Balkenstärken verdoppelt, während sie hier bei C um das Zweieinhalbfache fetter gezeichnet wurden. Das ergibt eine extra-fette und breite Schrift, die nun wieder in die Höhe variiert werden kann! Das ergibt dann schmal-fette Formen, die sich sehr gut ›schmücken‹ lassen.

Egyptienne Serifenbetonte Linearantiqua

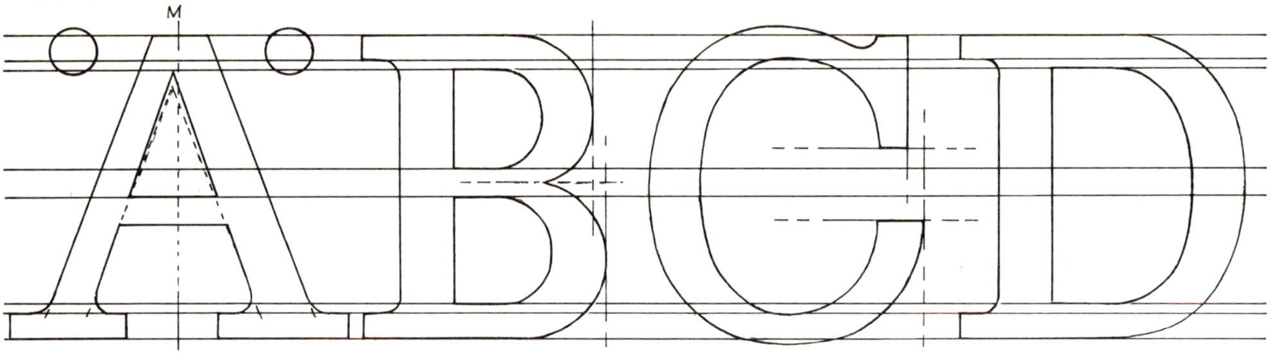

Verjüngung der Schrägbalken beachten!

Das Unterteil gibt dem Buchstaben B und dem C den festen Stand, daher muß es breiter sein als das Oberteil.

Bei vollen Rundungen ist die untere Hälfte schmaler als die obere

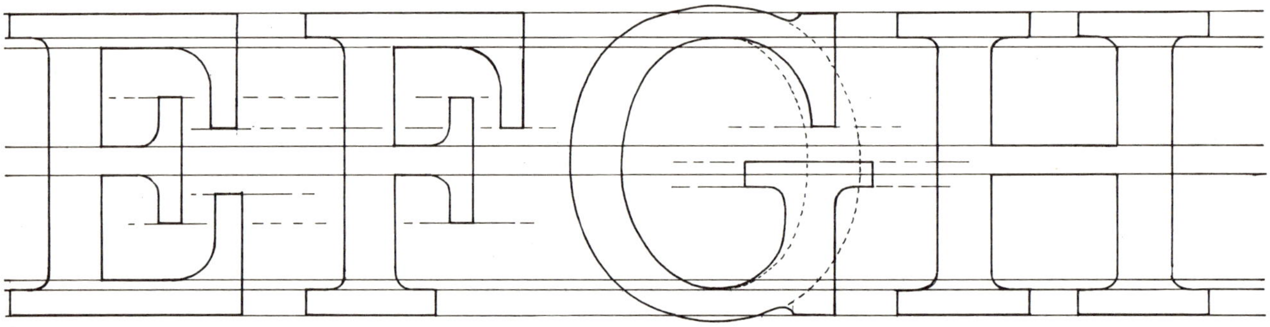

Auch die Standfläche des E ist breiter als das Kopfteil

Der Querbalken des G liegt etwas unter dem Mittelbalken, wodurch das Oberteil leichter wirkt

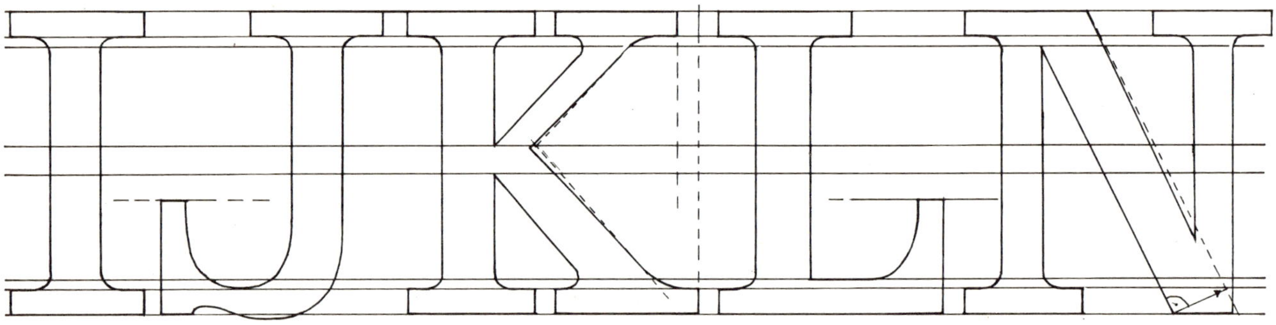

Standfläche breiter, Schrägbalken etwas zur Mitte hin verjüngen

Querbalken stärker als die Serifen!

Unten rechts kein Serif, Schrägbalken verschieden stark und leicht verjüngt zeichnen

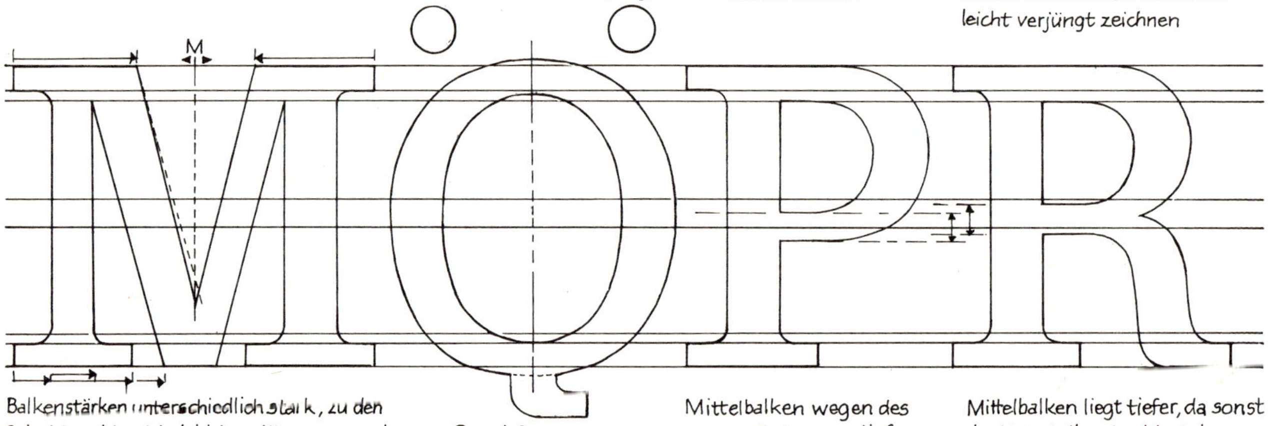

Balkenstärken unterschiedlich stark, zu den Schnittpunkten hin leicht verjüngen; von den Seiten (unten) und der Mitte (oben) aufbauen

O und Q

Mittelbalken wegen des unteren Freiraumes tiefer legen!

Mittelbalken liegt tiefer, da sonst das Unterteil zu hochbeinig wirkt!

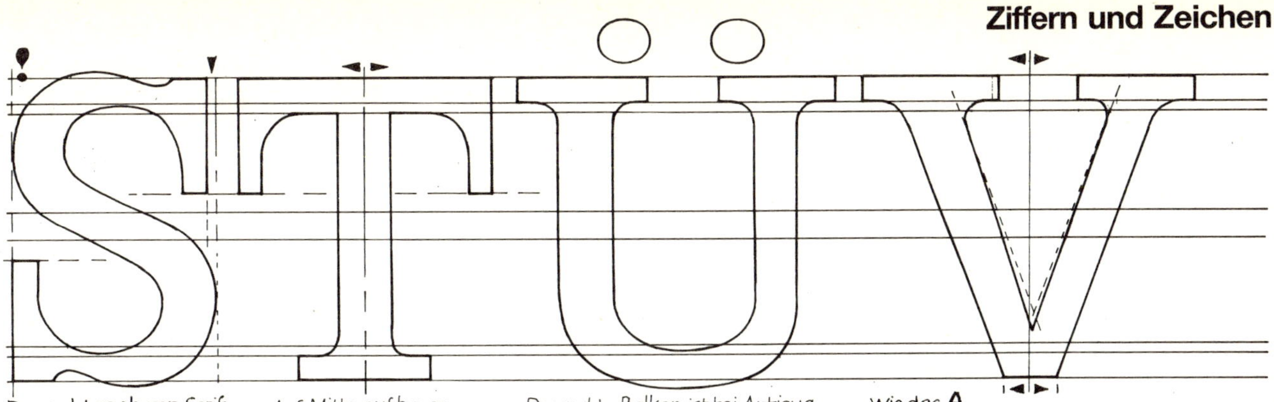

Den rechten oberen Serif zurücksetzen: Balance!

Auf Mitte aufbauen

Der rechte Balken ist bei Antiqua-Schriften immer der dünnere

Wie das A auch das V von der Mitte aus zeichnen, Balken leicht konisch

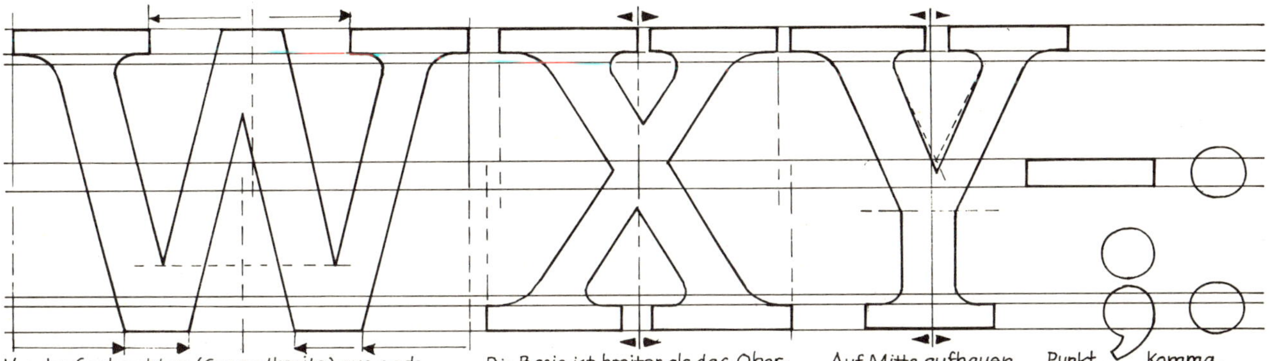

Von den Senkrechten (Gesamtbreite) aus nach innen abmessen. Obere und untere Mitte beachten, ebenso die verschiedenen Balkenstärken

Die Basis ist breiter als das Oberteil

Auf Mitte aufbauen, Balkenverlauf leicht konisch

Punkt, Komma, Semikolon, Gedankenstrich und Doppelpunkt

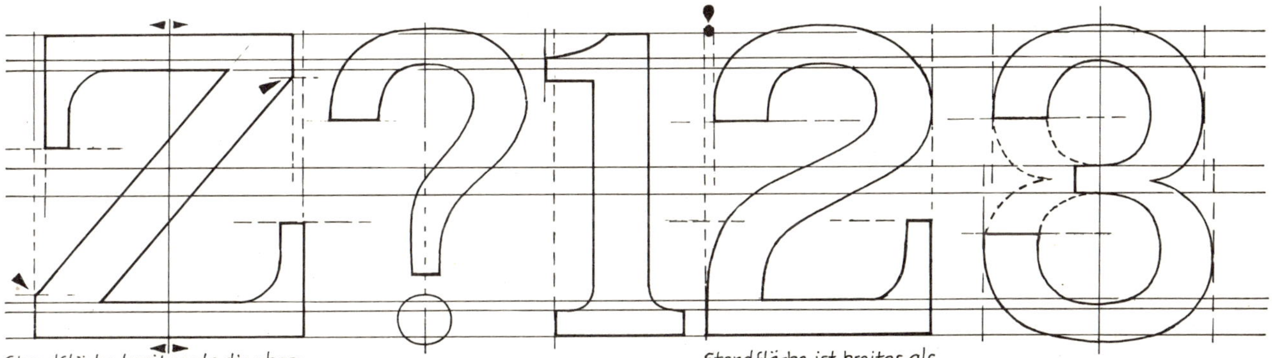

Standfläche breiter als die obere Breite, auf Mitte aufbauen

Standfläche ist breiter als das Oberteil

Ziffern 3 und 8; optische Mitte wie bei den Versalien

Beide Formen des Schrägbalkens sind möglich!

Das Ausbalancieren ist bei den Ziffern besonders schwierig. Kleinste Differenzen stören die Harmonie

Die 6 ist nicht eine auf den Kopf gestellte 9. Ein Formvergleich macht es deutlich.

Gemeine

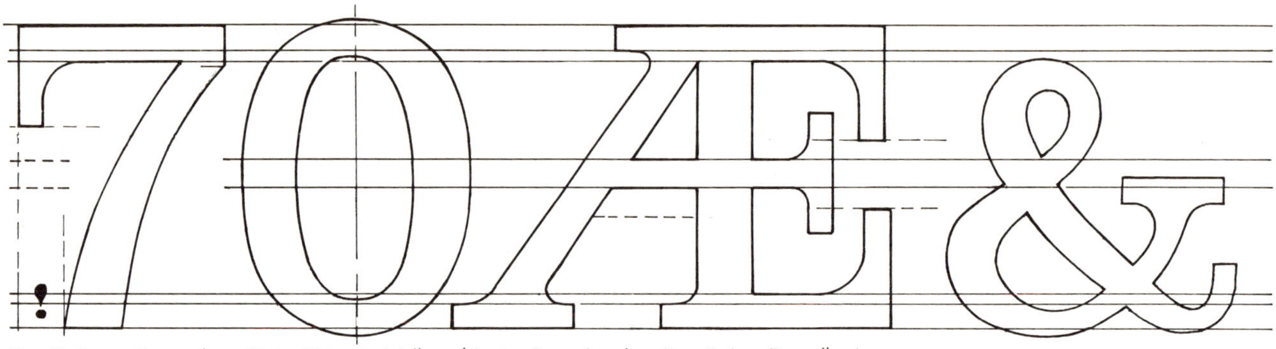

Den Fuß soweit zurück-setzen, bis die Balance stimmt

Die Null ist prinzipiell schmaler als ein O!

Ligatur-Form des skandinavischen Doppellautes – auch Œ! Nicht als deutschen Umlaut verwenden!

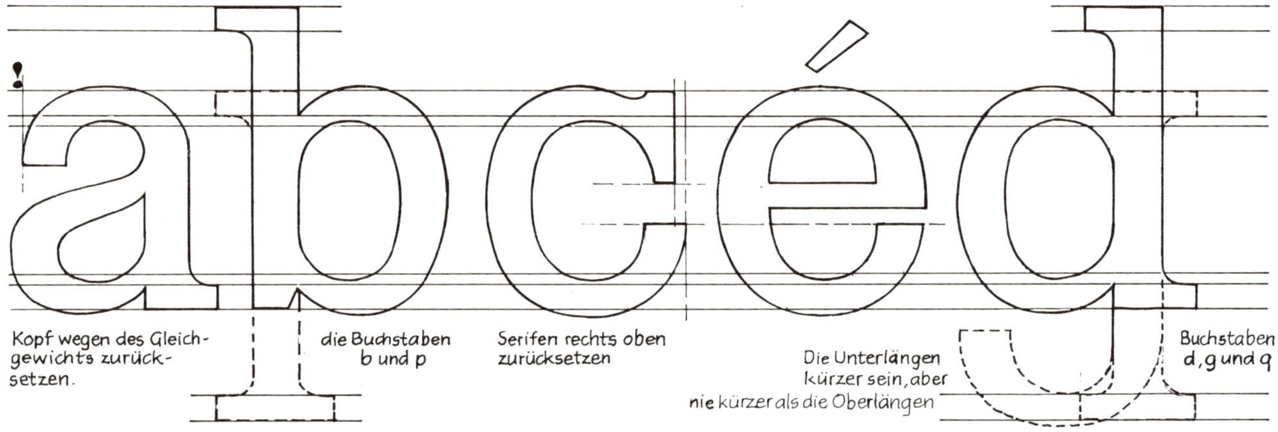

Kopf wegen des Gleich-gewichts zurück-setzen.

die Buchstaben b und p

Serifen rechts oben zurücksetzen

Die Unterlängen kürzer sein, aber nie kürzer als die Oberlängen

Buchstaben d, g und q

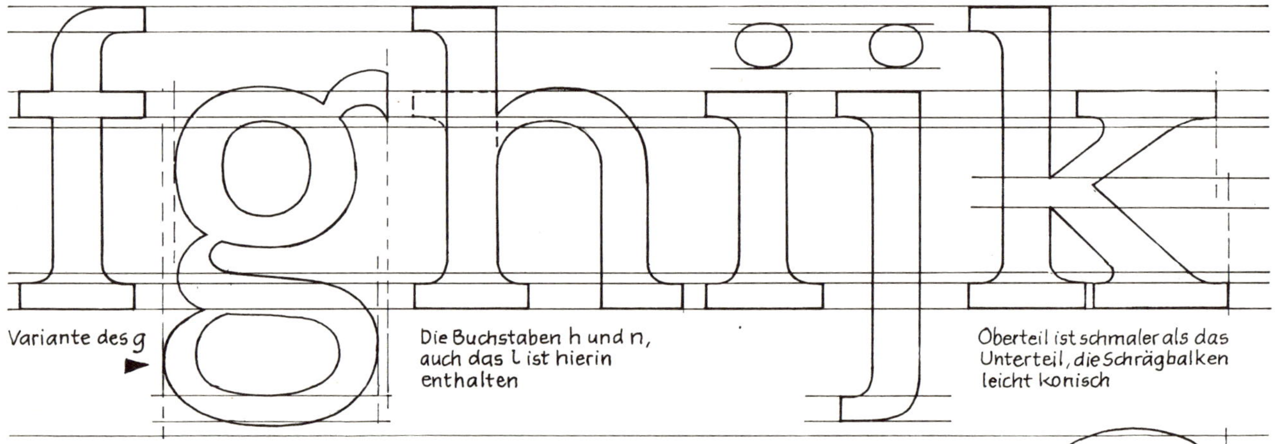

Variante des g

Die Buchstaben h und n, auch das l ist hierin enthalten

Oberteil ist schmaler als das Unterteil, die Schrägbalken leicht konisch

Gleichmässige Rundungen beachten. Ein m-Teil ist immer schmaler als ein n!

Mittelachse stets zur Formkontrolle einzeichnen

den Kopf kräftig zeichen

Serif oben rechts zurücksetzen

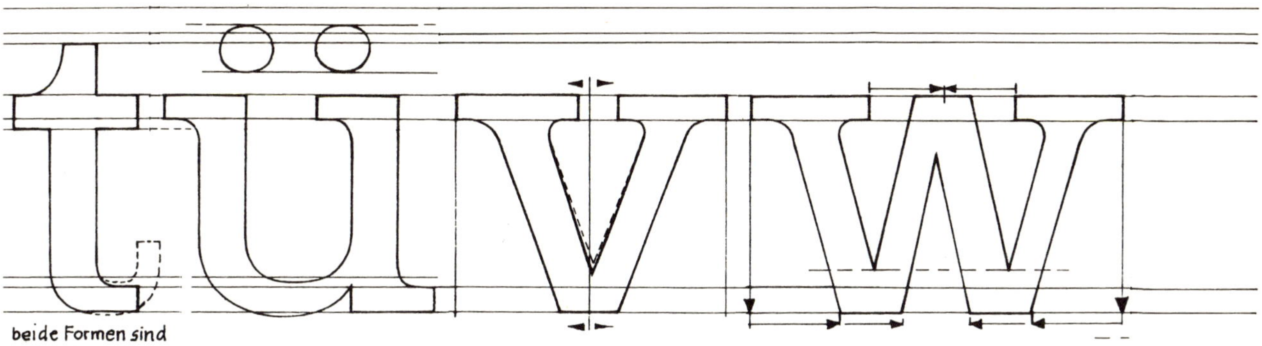

beide Formen sind möglich

Von aussen nach innen zeichnen

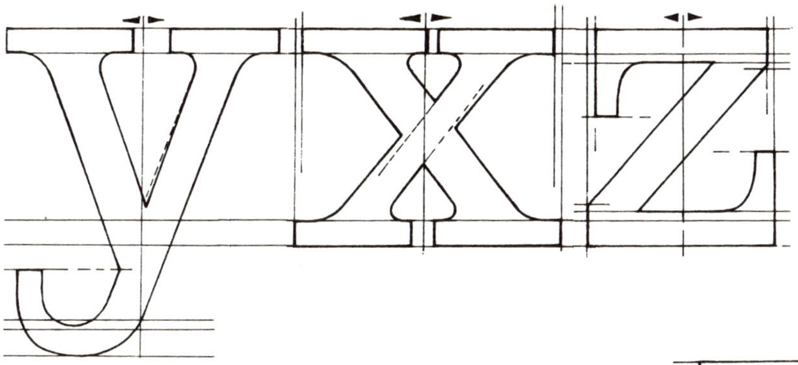

W, X, Y und Z wie bei den Versalien aufbauen. Ober- und Unterlängen können etwas differieren, je nach Anwendung. Höhere Oberlängen kommen den Versalien zugute, die dann nicht so wuchtig wirken

Prinzip der Veränderungen in der Höhe

Variation in sechs verschiedenen Schrifthöhen bei gleichbleibender Breite. Es entstehen viele neue Möglichkeiten für viele Anwendungen; auch im Kursiv-Charakter oder in fetten Formen (nächste Seite)

! Achtung bei Variationen mit dem Computer:
Durch die Technik der Optik der Computer verändern sich alle Buchstaben-Teile in der Höhe:
D.h., daß die Querbalken im Gegensatz zu den hier gezeichneten Formen von Höhe zu Höhe dicker (höher) werden.
Dadurch verliert die Schrift ihren originalen Charakter und würde im nebenstehenden Fall zu Pseudo-Italienne-Formen (Zwitter-Typen).

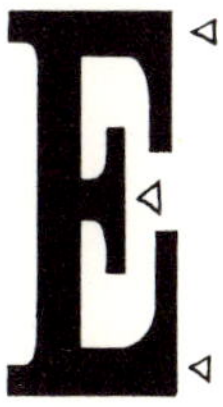

Etwa so sieht der Computer-erhöhte Buchstabe dann aus, ▷
er hat zu dicke Querbalken!

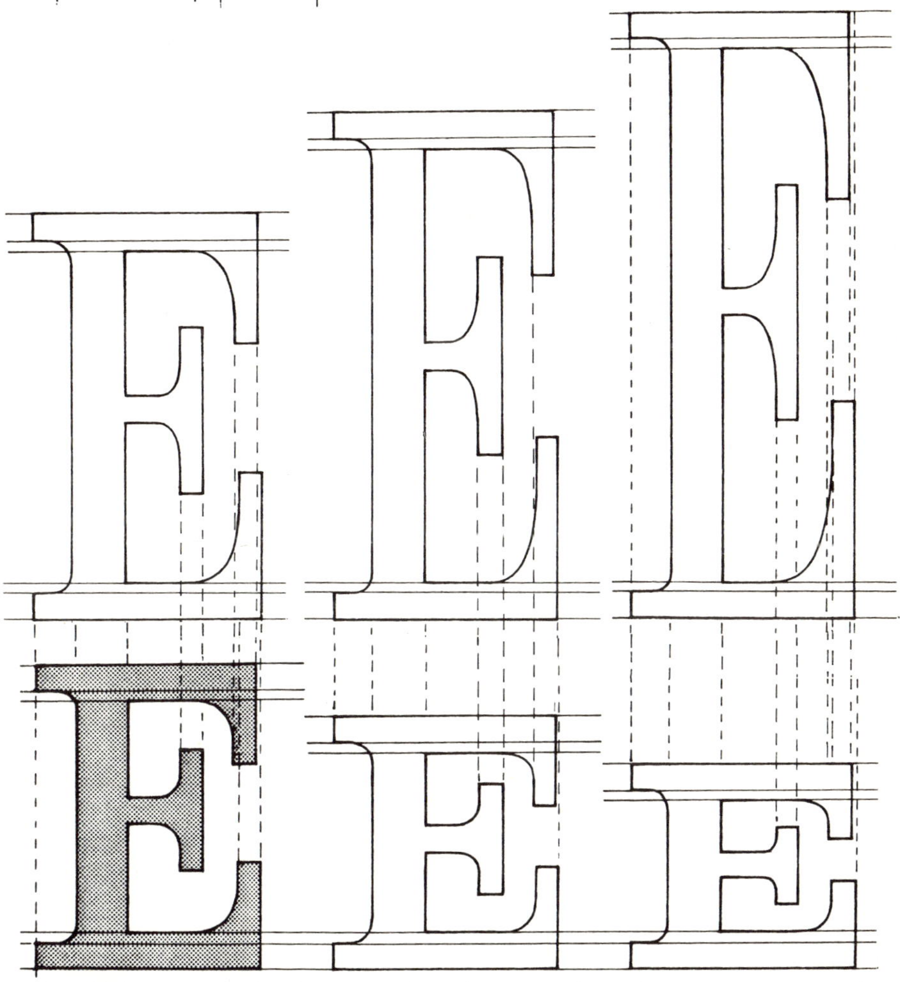

Gleichbleibende Breite bei allen Formen. Möglichst alle Buchstaben sollten durchgezeichnet werden, um das Wesen der veränderten Charaktere kennenzulernen. Das ist besonders wichtig für die gute Anwendung.

Egyptienne Variationen

Die Kursiv-Form ist eine wichtige Variante der Grundform für weite Anwendungsbereiche. Ihr Charakter ist dynamisch. Neigung (Parallelverschiebung) um ~10° - nicht mehr!

Bei den Kursivschriften müßten die Oberlängen höher sein als die Großbuchstaben, damit das Schriftbild harmonischer wird.

! Zur Vorbereitung auf die Arbeit mit dem Schrift- bzw. Grafikcomputer ist die Durcharbeitung der Variationen unbedingt erforderlich, da sie Möglichkeiten und Grenzen des Computers erst sichtbar macht.
Der Computer variiert ausschließlich technisch, niemals optisch-ästhetisch, das müssen wir tun!

Veränderte Höhe, gleichbleibende Breite: Achtung: Bei dieser Variationsform verzeichnet der Computer erheblich die gegebenen Balkenstärken-Verhältnisse im Buchstaben!

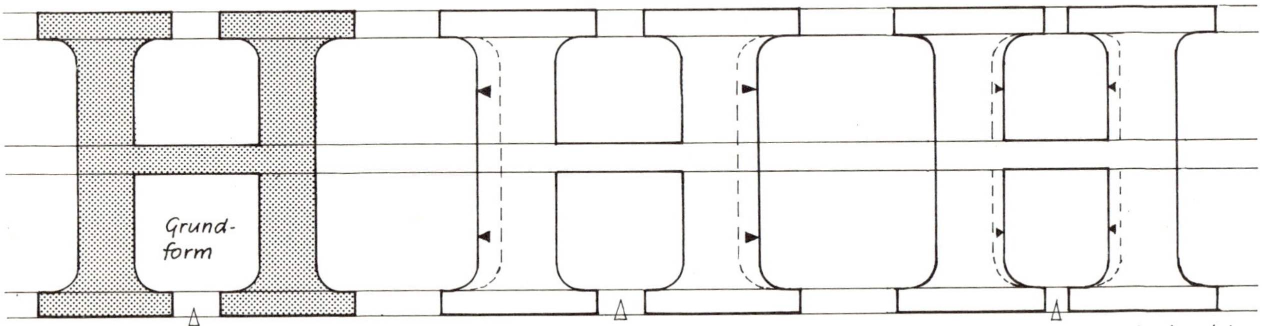

Veränderte Breite, gleiche Höhe:

Außenzugabe bei den Senkrechten

Innenzugabe an den Senkrechten

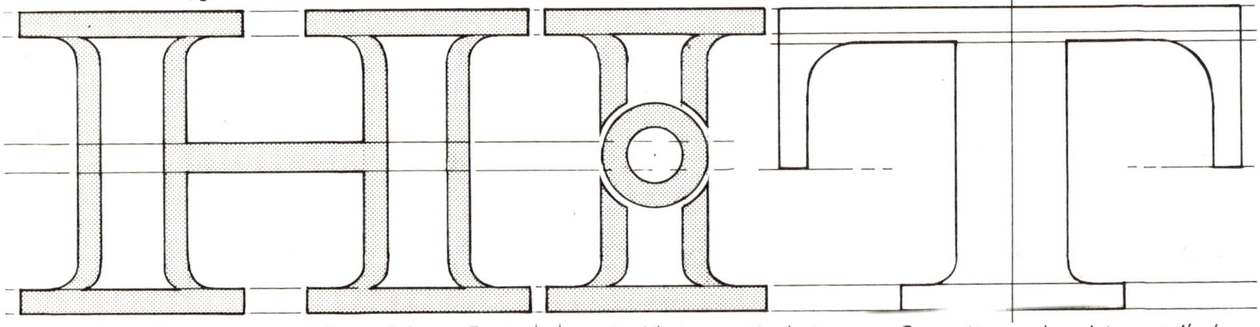

Weitere Variationen bis zur Schmuckform. Buchstaben sind bei unveränderter Schrifthöhe extrem verbreitert. Ihr Charakter verändert sich dadurch von der Egyptienneform zur ›Fast-Antiqua‹. Das kann der Computer auch!

Proportionen beachten, selbst Schmuckformen suchen!

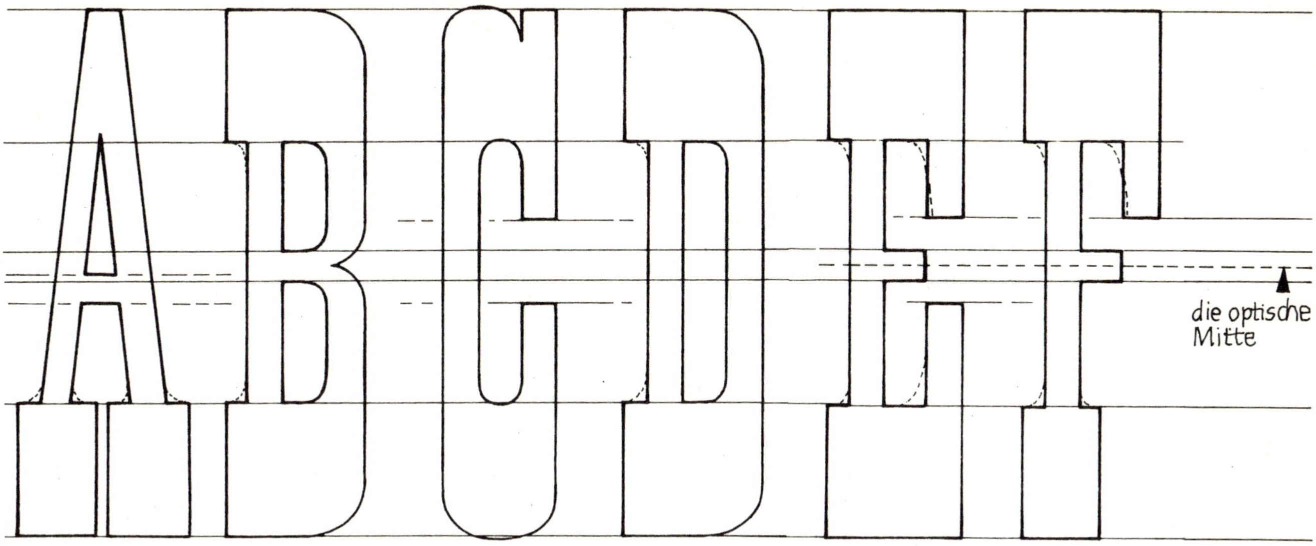

Leichte Balkenstärken-Unterschiede

Die Serifen der Italienne können auch rund angesetzt werden.

Die Innenräume müssen breiter als die Balkenstärken sein, dadurch entsteht Spannung, die der Buchstabenform zugute kommt und Ausgewogenheit und Lesbarkeit erhöht.

Fußteil breiter als Kopfteil!

Alternative Form des J bei besonders offenen Buchstaben-Verbindungen

Alle Serifen können auch weich, also rund, angesetzt werden. Dadurch wird die Italienne charmanter.

Mittelbalken beim P stets etwas unter den normalen Mittelbalken!

Italienne Ziffern und Zeichen

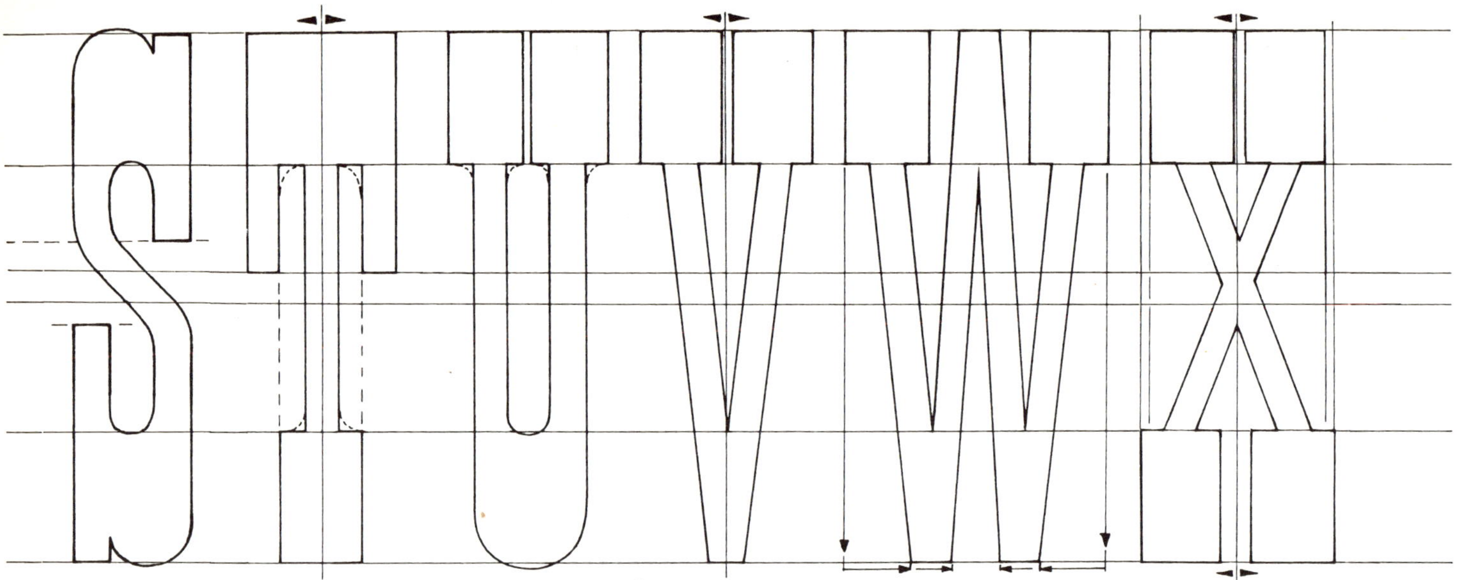

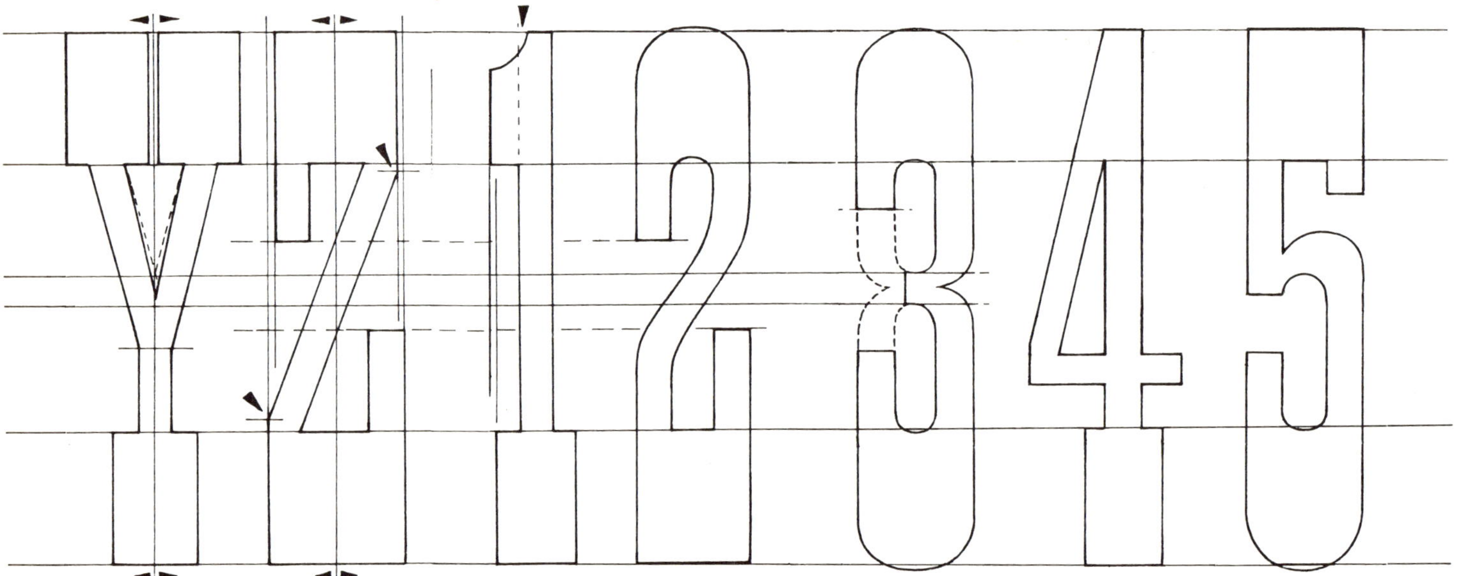

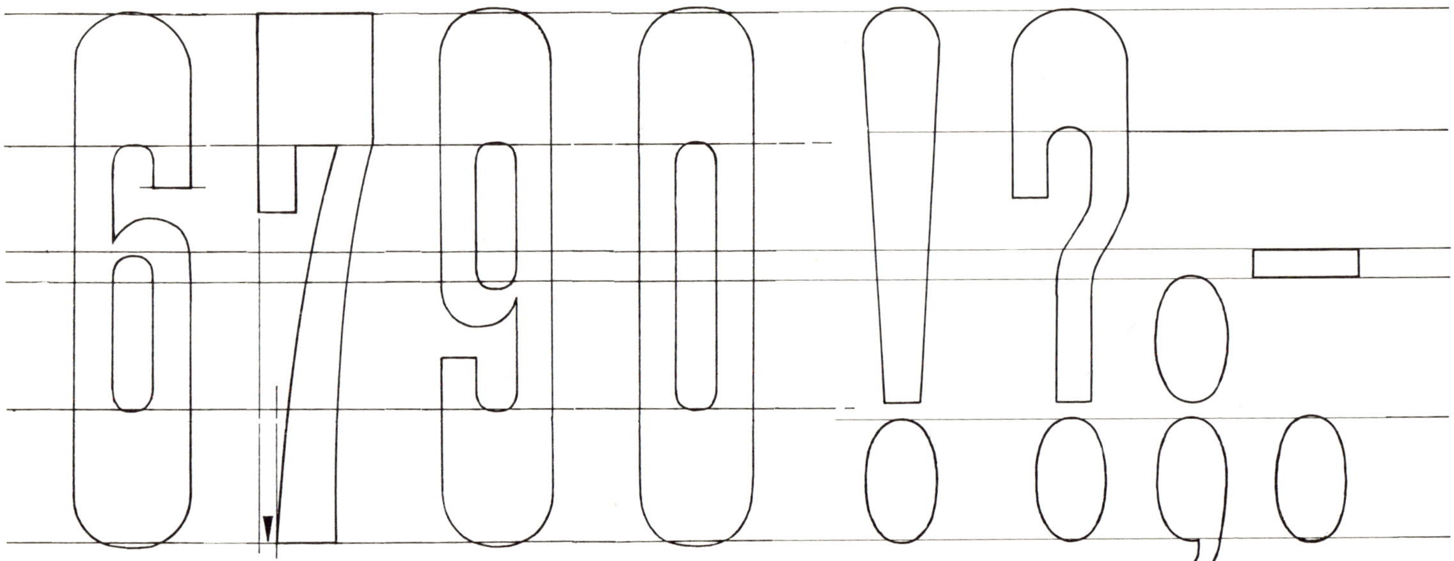

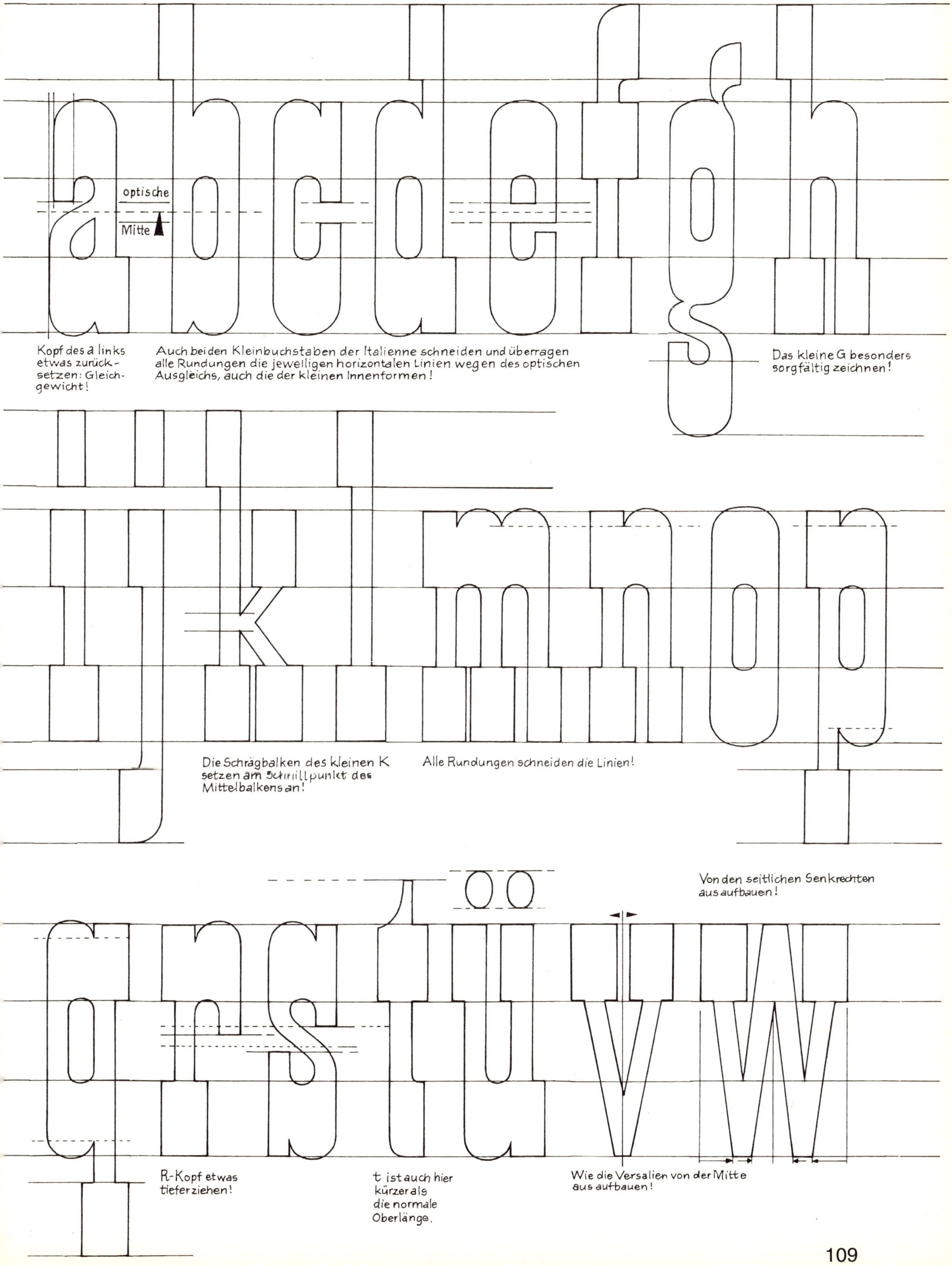
optische
Mitte
Kopf des a links etwas zurück-setzen: Gleich-gewicht!
Auch bei den Kleinbuchstaben der Italienne schneiden und überragen alle Rundungen die jeweiligen horizontalen Linien wegen des optischen Ausgleichs, auch die der kleinen Innenformen!
Das kleine G besonders sorgfältig zeichnen!
Die Schrägbalken des kleinen K setzen am Schnittpunkt des Mittelbalkens an!
Alle Rundungen schneiden die Linien!
Von den seitlichen Senkrechten aus aufbauen!
R-Kopf etwas tiefer ziehen!
t ist auch hier kürzer als die normale Oberlänge.
Wie die Versalien von der Mitte aus aufbauen!

Italienne Variationen

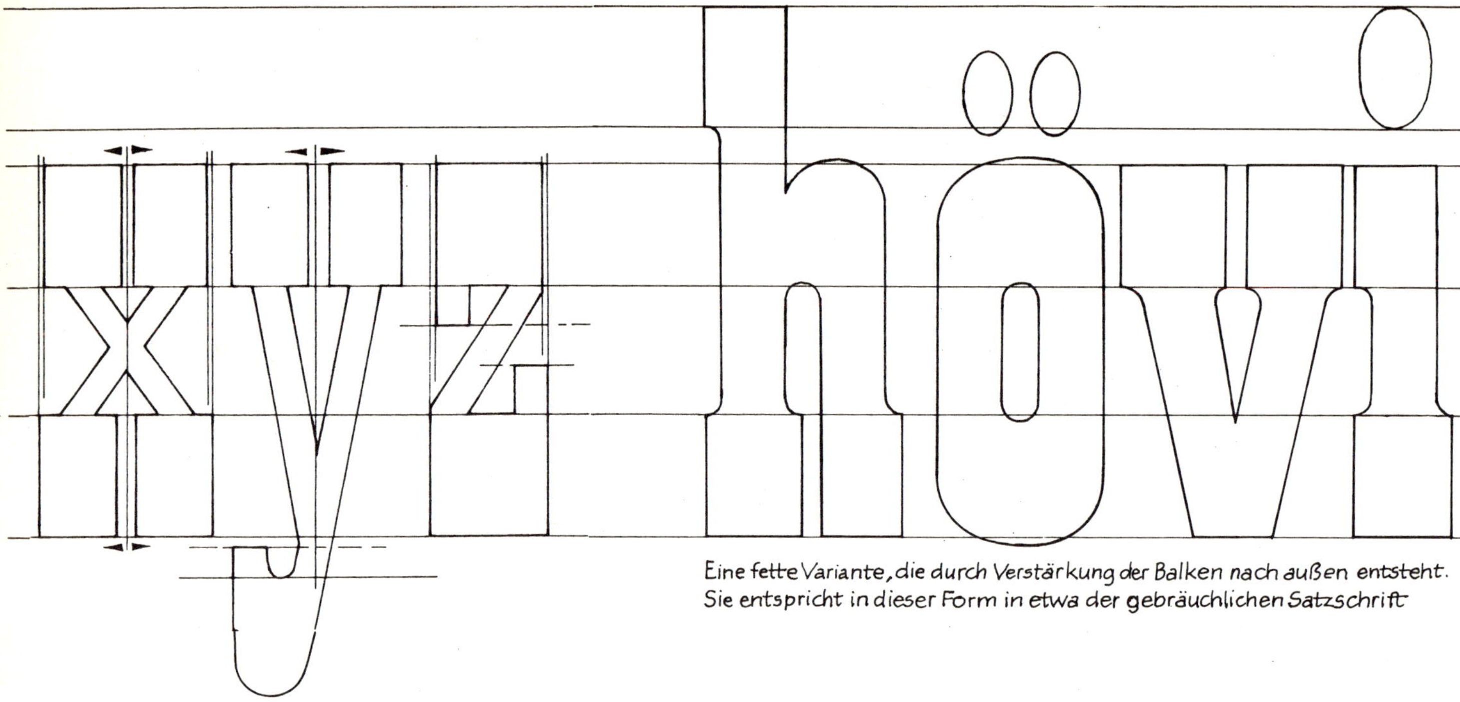

Eine fette Variante, die durch Verstärkung der Balken nach außen entsteht.
Sie entspricht in dieser Form in etwa der gebräuchlichen Satzschrift

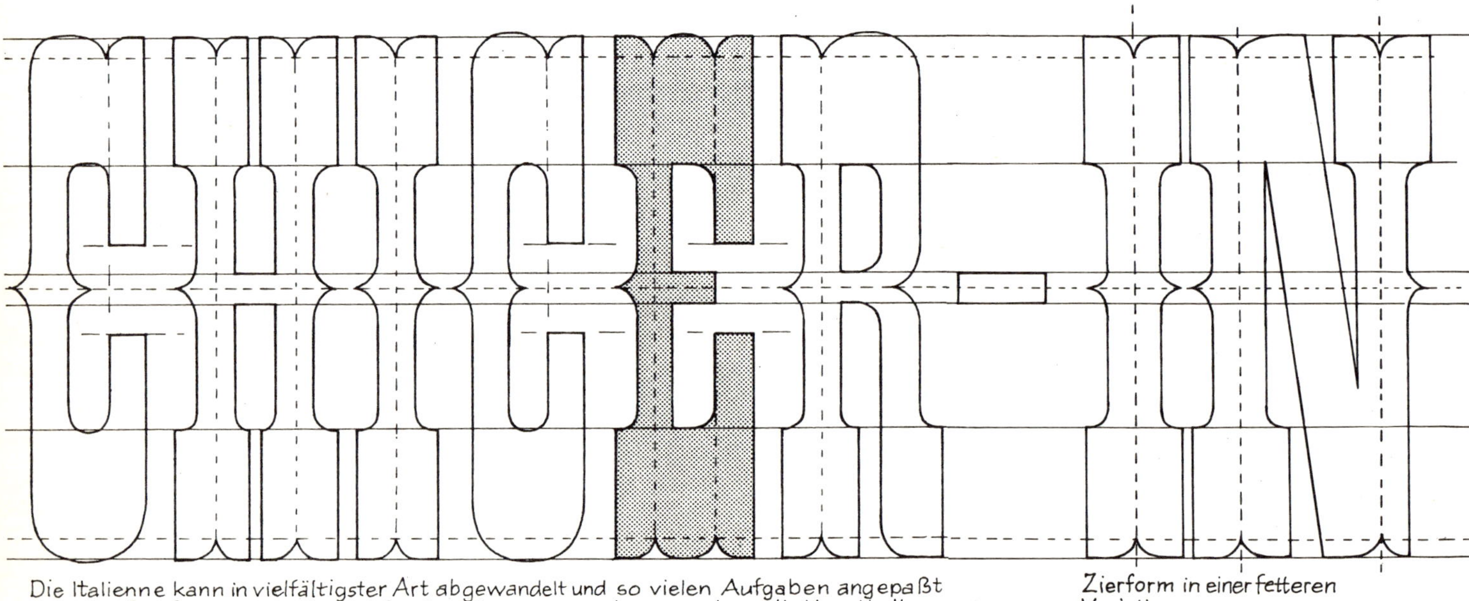

Die Italienne kann in vielfältigster Art abgewandelt und so vielen Aufgaben angepaßt werden: Serifen rund ansetzen; Serifen können ›gespalten‹ werden; die Hauptbalken erhalten in Höhe der Mittelbalken kleine Ansätze.

Zierform in einer fetteren Variation

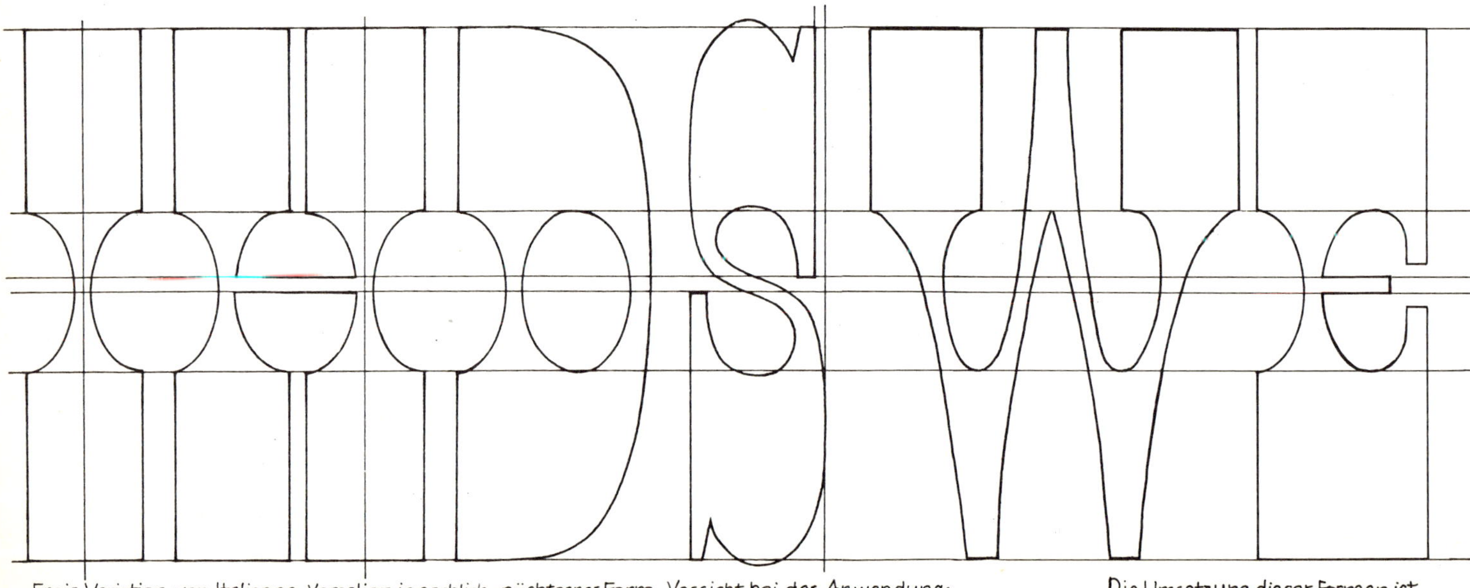

Freie Variation von Italienne-Versalien in sachlich-nüchterner Form. Vorsicht bei der Anwendung: Nur wenige Texte oder Begriffe eignen sich für so kapriziöse Schriftformen und umgekehrt!

Die Umsetzung dieser Formen ist schwierig und erfordert viel Mühe

Das A ist auf Mitte konstruiert; Schrägbalken stets im rechten Winkel messen!

Die Grotesk hat 3 verschiedene Balkenstärken: Die Senkrechten sind die stärksten; es folgen die Schrägen von rechts-oben nach links unten; am schwächsten sind alle Querbalken. Schräge von links oben nach rechts unten sind optisch so stark wie die Senkrechten.

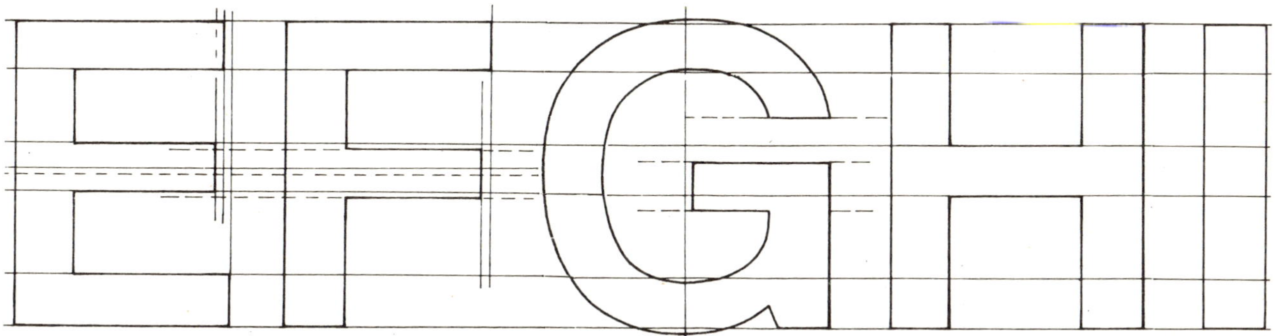

Das F ist etwas schmaler als das E, aber gleich breit wie das L.

Das G muß rechts unten ein Bein (Standbein) haben, sonst verliert es seine Statik.

Die optische Mitte liegt bei allen Schriften etwas über der geometrischen Mitte. Dadurch erhalten die Buchstaben ihre Leichtigkeit (Gewicht nach oben legen!)

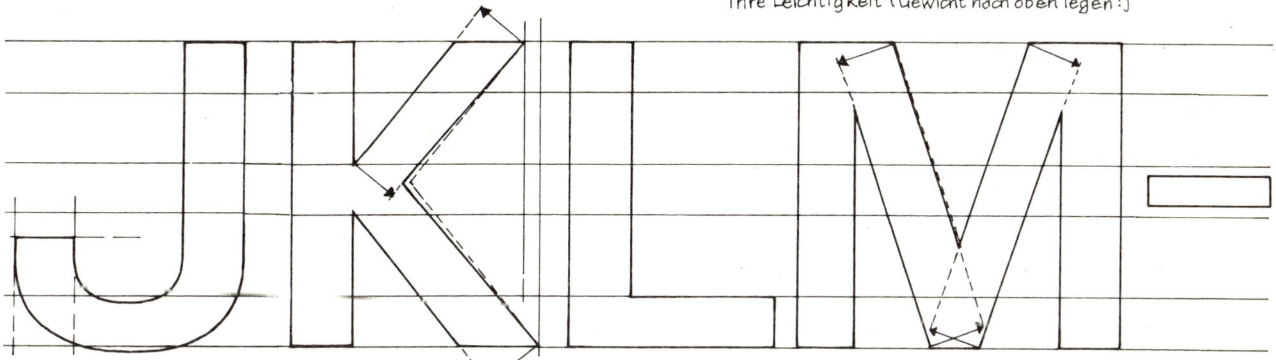

Das J hat etwa die Breite des B-Oberteils.

Verjüngung der Schrägbalken am Schnittpunkt!

Balkenstärken beachten: Von li-oben nach re-unten stark, von re-oben nach li-unten schwach!

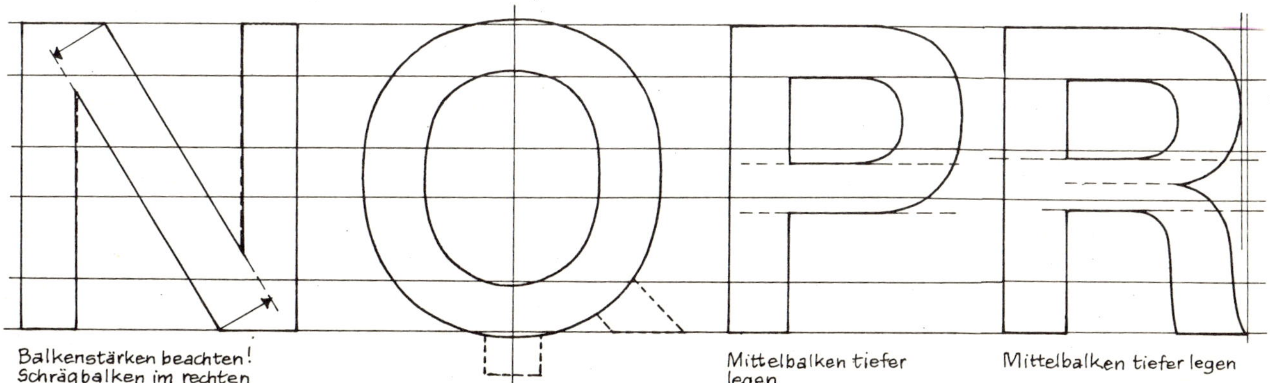

Balkenstärken beachten! Schrägbalken im rechten Winkel messen

Q-Balken je nach Anwendung

Mittelbalken tiefer legen

Mittelbalken tiefer legen

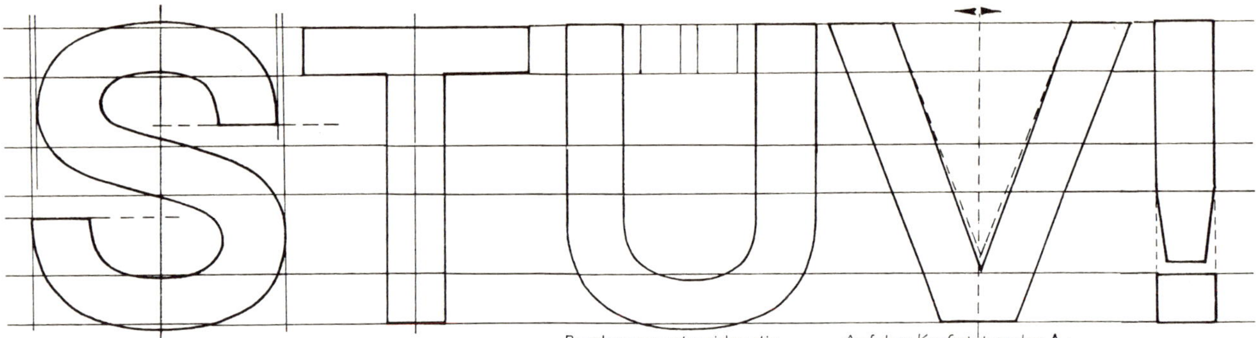

Ausbalancieren! Das Oberteil ist kleiner als das Unterteil

Rundungen schneiden die Grundlinie!

Auf dem Kopf stehendes A; die Balken sind am Schnittpunkt schwächer.

Auf Mitte aufgebaut, Schrägbalken verjüngen.

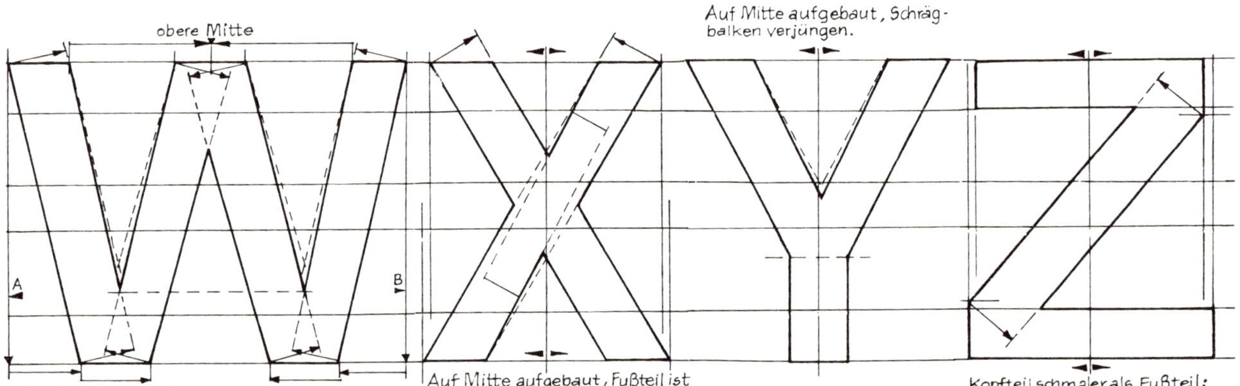

Das W wird mit Hilfe der Senkrechten A + B aufgebaut; Balkenstärken im rechten Winkel messen, Verjüngung beachten; Balkenstärkenwechsel!

Auf Mitte aufgebaut, Fußteil ist breiter als der Kopf. Verjüngungen des Balkens von rechts oben nach links unten beachten!

Kopfteil schmaler als Fußteil; Schnittpunkte des Schrägbalkens beachten!

Harmonische Übergänge der Runden in die Geraden, Rundungen schneiden die Linien. Alle Rundungen, große oder kleine, sind formgleich!

Der Kopf muß zurückliegen, da sonst Übergewicht nach links entsteht

Der Übergang der Rundung in die Senkrechte muß organisch sein

Auch kleinste Rundungen schneiden die Grundlinien

Der Mittelbalken ist aus optischen Gründen schwächer

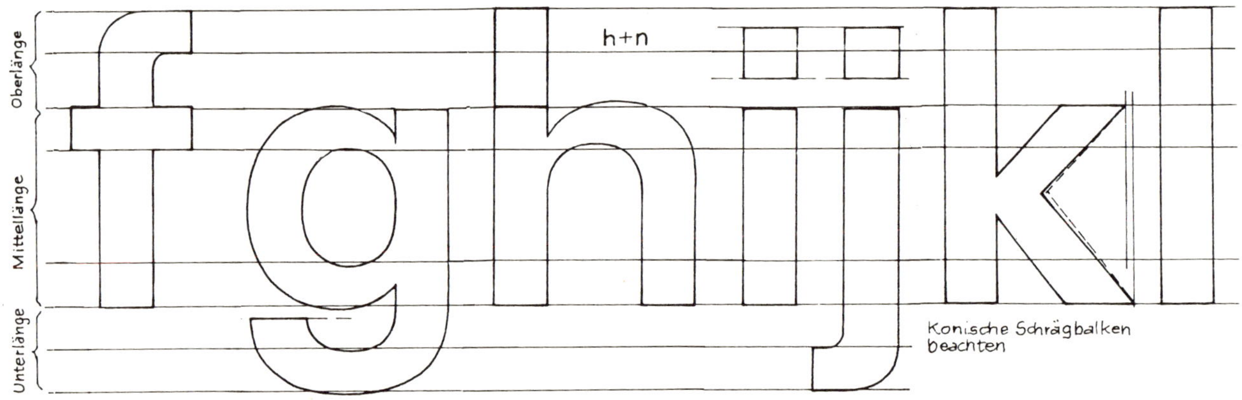

Konische Schrägbalken beachten

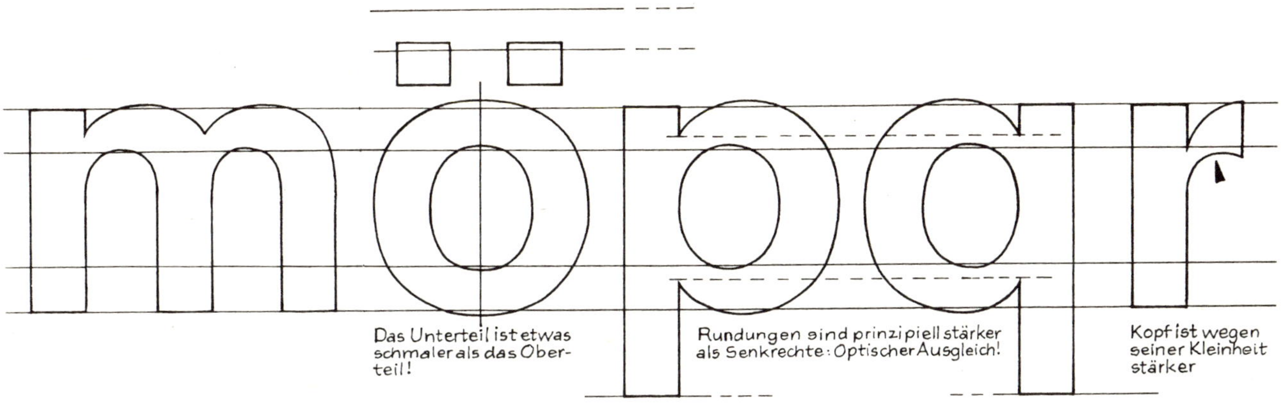
Das Unterteil ist etwas schmaler als das Oberteil!
Rundungen sind prinzipiell stärker als Senkrechte: Optischer Ausgleich!
Kopf ist wegen seiner Kleinheit stärker

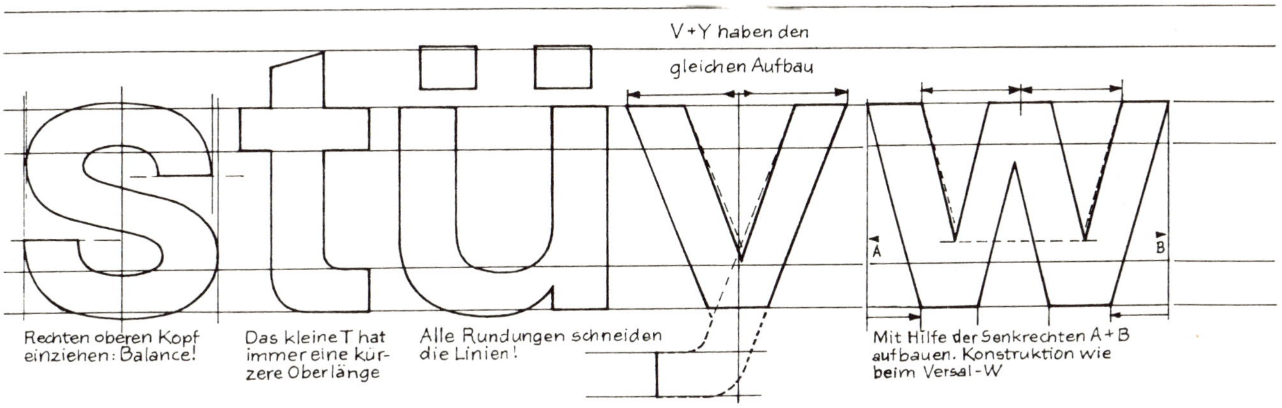
V+Y haben den gleichen Aufbau
A
B
Rechten oberen Kopf einziehen: Balance!
Das kleine T hat immer eine kürzere Oberlänge
Alle Rundungen schneiden die Linien!
Mit Hilfe der Senkrechten A+B aufbauen. Konstruktion wie beim Versal-W

Noch Maße der Gemeinen!
Wie Versal-X aufbauen. ›Versetzter‹ dünner Schragbalken
Mittelaufbau, Fußteil breiter als Kopfteil
Zwei Formen sind möglich - die Anwendung entscheidet.

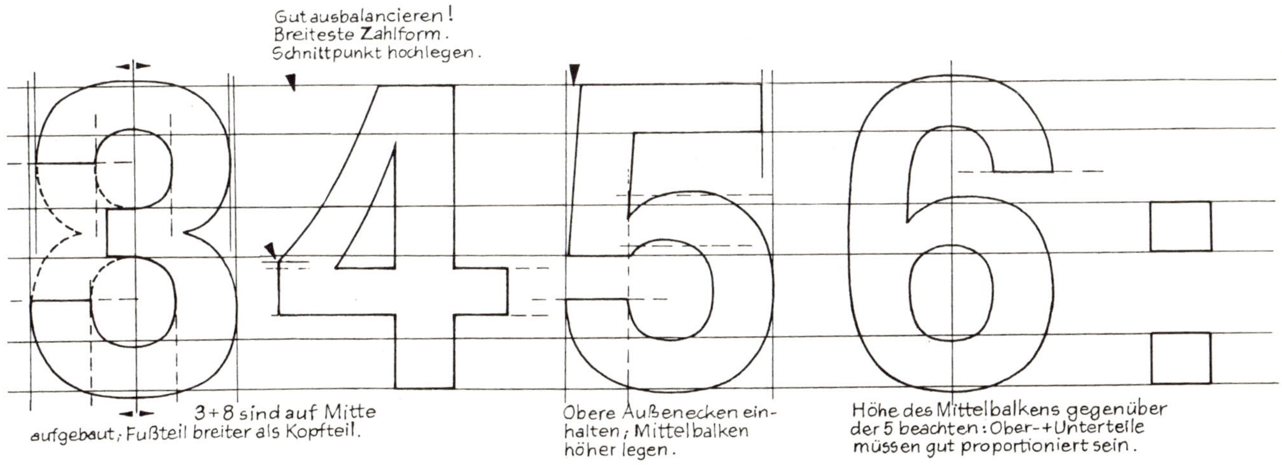
Gut ausbalancieren! Breiteste Zahlform. Schnittpunkt hochlegen.
3+8 sind auf Mitte aufgebaut; Fußteil breiter als Kopfteil.
Obere Außenecken einhalten; Mittelbalken höher legen.
Höhe des Mittelbalkens gegenüber der 5 beachten: Ober-+Unterteile müssen gut proportioniert sein.

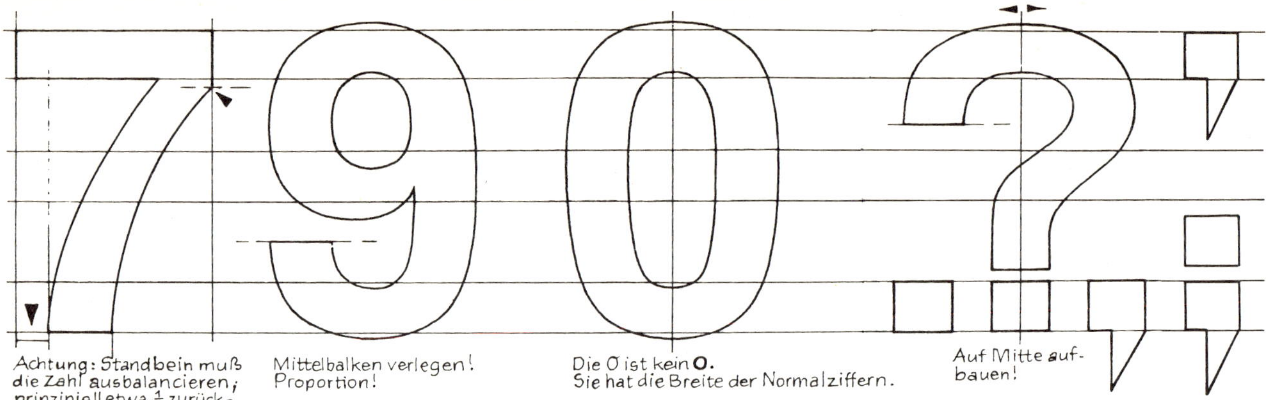

Achtung: Standbein muß die Zahl ausbalancieren; prinzipiell etwa $\frac{1}{6}$ zurücksetzen!

Mittelbalken verlegen! Proportion!

Die 0 ist kein **O**. Sie hat die Breite der Normalziffern.

Auf Mitte aufbauen!

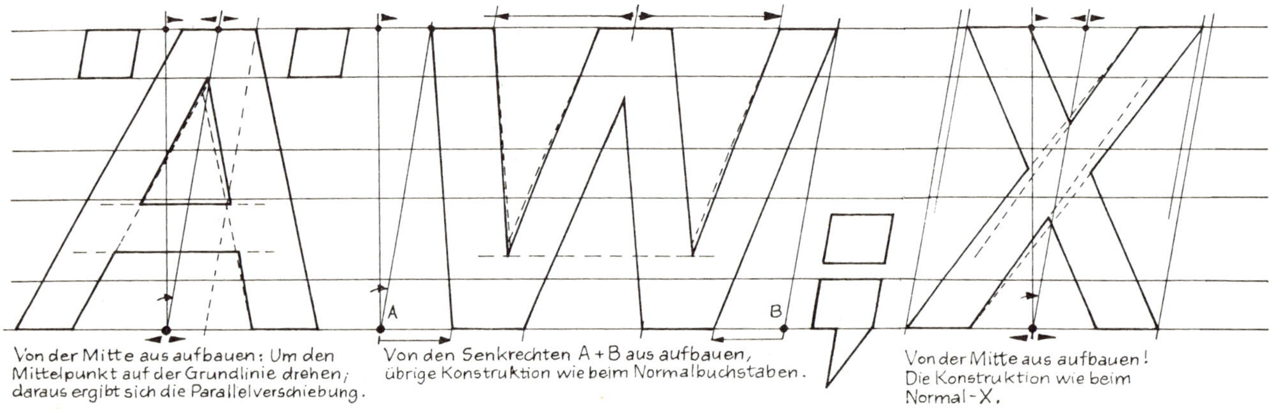

Von der Mitte aus aufbauen: Um den Mittelpunkt auf der Grundlinie drehen; daraus ergibt sich die Parallelverschiebung.

Von den Senkrechten A + B aus aufbauen, übrige Konstruktion wie beim Normalbuchstaben.

Von der Mitte aus aufbauen! Die Konstruktion wie beim Normal-X.

Die Konstruktion erfolgt bei allen übrigen Buchstaben im Sinne einer Parallel-Verschiebung der Oberlinie zur Grundlinie (Siehe Hinweise bei Grotesk 1, Variat.-Blätter 2+3 sowie bei Grotesk 2, Variat.-Blätter 2+3).

Die Drehpunkte entsprechen den normalen Markierungen auf der Grundlinie

Alternative Möglichkeit des Versal-Ü bei besonders dichtem Zeilenabstand

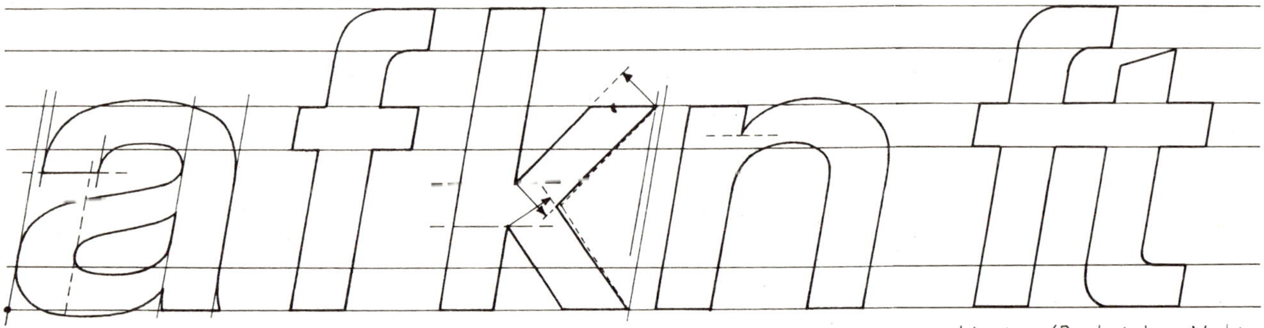

Kursivstellung unter Beachtung aller bei der Normalform vorkommenden Feinheiten bei den einzelnen Buchstaben bzw. Ziffern.

Auch die Rundungen sind ›parallel verschoben‹!

›Ligatur‹ (Buchstaben-Verbindung zweier Zeichen)

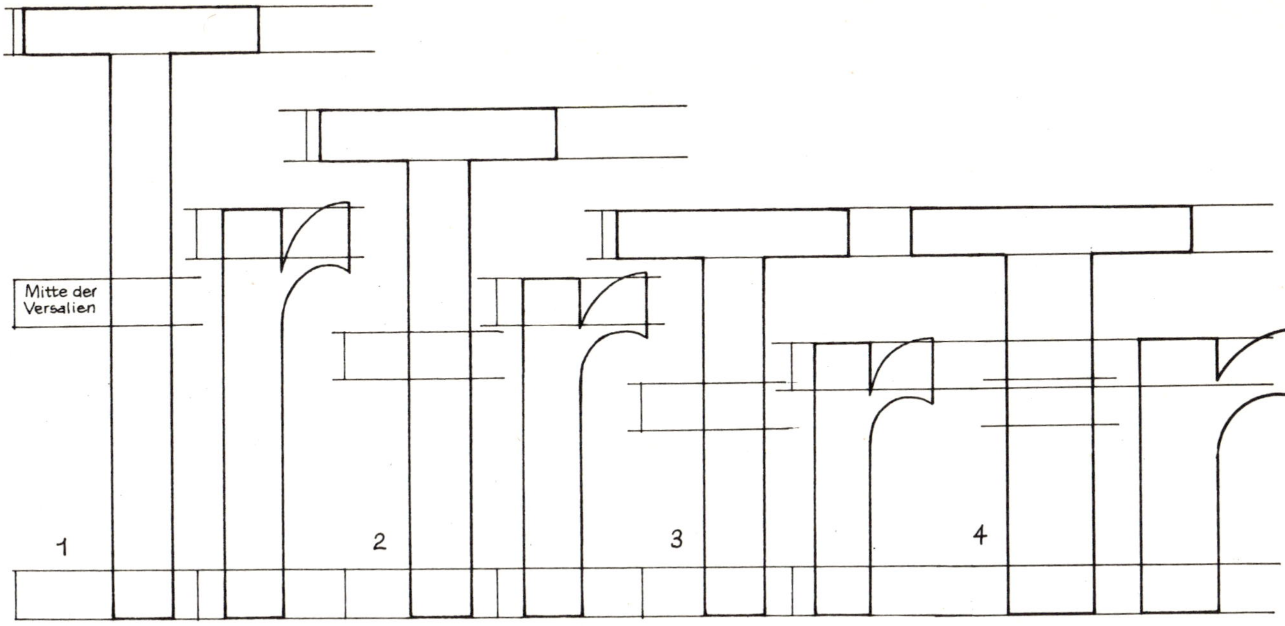

Dieses Blatt deutet die Variationsmöglichkeiten der Grotesk 3 in den Höhendifferenzen bei gleichbleibenden Balkenstärken und Buchstabenbreiten an. Daraus ergeben sich erhebliche Änderungen des Schriftcharakters von elegant-schlank über neutral zu breit-technisch. Es ergeben sich also bei dieser Schrift gleiche Formen, wie sie bei Grotesk 1+2 in einfacher Form vorhanden sind.

Bei den verschiedenen Schrifthöhen ergeben sich zwangsläufig Änderungen der Höhe der Gemeinen und der Mittelhöhen bei Versalien + Minuskeln. Da die Buchstaben-Breiten immer die der Grundform sind, ist das Umzeichnen sehr einfach und es sollte oft praktiziert werden, um die einzelnen Charaktere genau kennenzulernen.

Der Buchstabe links wurde hier um ca. 3 m/m beiderseits verbreitert, die Einzelbalken um beidseits ~1,5 m/m
Der Schriftcharakter wird massiver.
Das kann der Computer auch!

Diese Variante entspricht in etwa der Grotesk 2, nur sind die Balkenstärken magerer! Somit sind fast alle Groteskformen erfaßt!

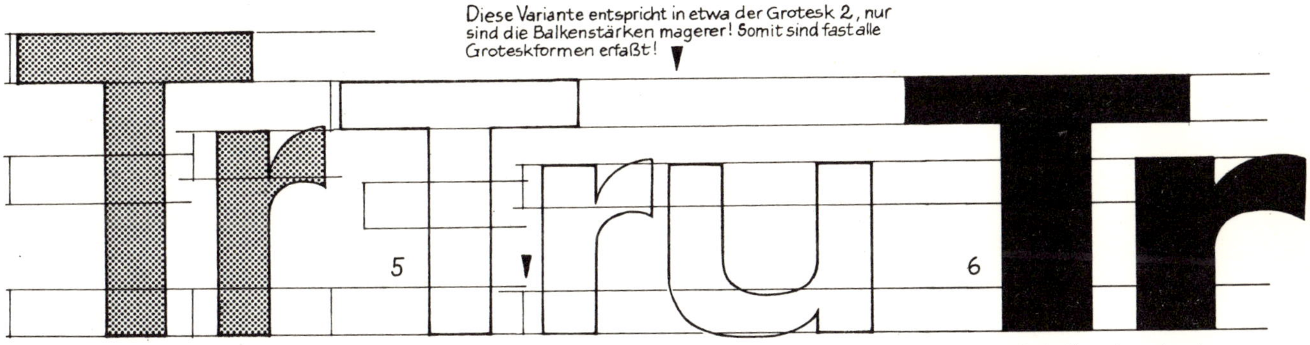

Normalform: In der Ausdrucksform - wie auch bei den anderen Schriftarten - neutral.

Bei extrem niedrigen Schrifthöhen müssen die Querbalken ebenfalls dünner werden.

Die Rundungen ändern ihre Form: je nach Schrifthöhe breit- oder hoch-elliptisch!

Wie Variation 4 verbreitert, dadurch wirkt die Schrift breitfett.

Variation der Grundform Nr. 5: Der Schriftcharakter ist breithalbfett, wodurch das Gesamtbild der Schrift kräftiger wird, weil die Balkenstärken hierbei unverändert bleiben. Das kann ein Computer nur begrenzt! Durch ihn werden nämlich alle Querbalken dünner.

Diese Variante eignet sich ganz besonders für Fassaden- und Fahrzeugbeschriftungen, weil sie auch spitze Blickwinkel verträgt, ohne daß sie ihre gute Lesbarkeit verliert. Sie ähnelt bereits der breitfetten Grotesk, ist jedoch runder als diese. Noch breiter werden ihre Rundungen schwerer zu zeichnen als die der Eurostyle-ähnlichen.

Breitfette Grotesk Serifenlose Linearantiqua

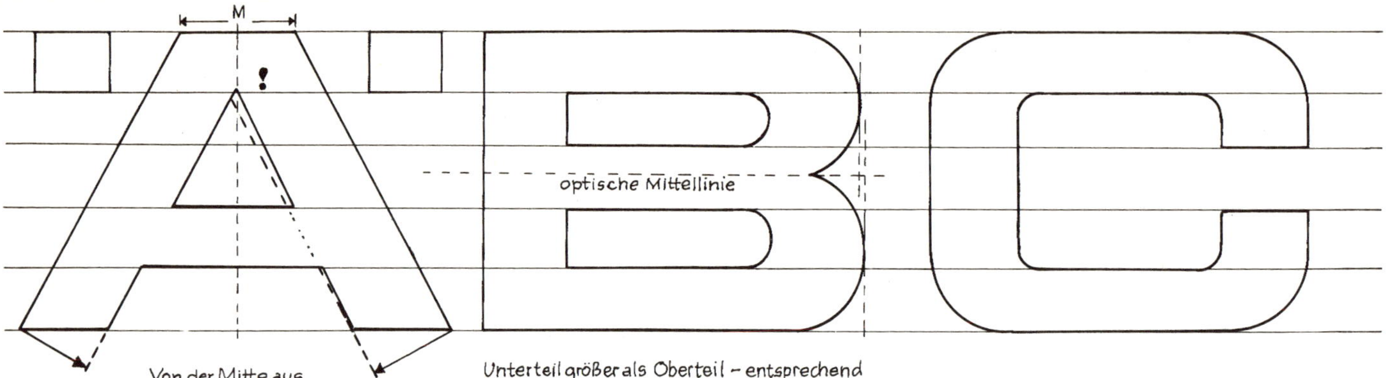

Von der Mitte aus nach beiden Seiten aufbauen, unterschiedliche Balkenstärken beachten. Auf den Kopf gestellt wird das V daraus

Unterteil größer als Oberteil – entsprechend der optischen Mittellinie

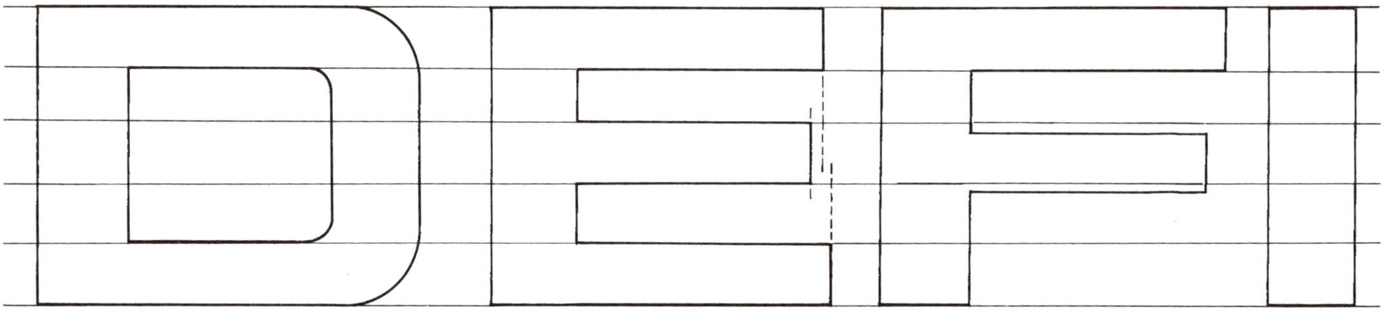

Das E ist einer schmalen Buchstaben. Die Querbalken sind unterschiedlich lang und ergeben deshalb einen organischen Übergang zum nachfolgenden Buchstaben. – Der Mittelbalken liegt tiefer und füllt den Fußraum

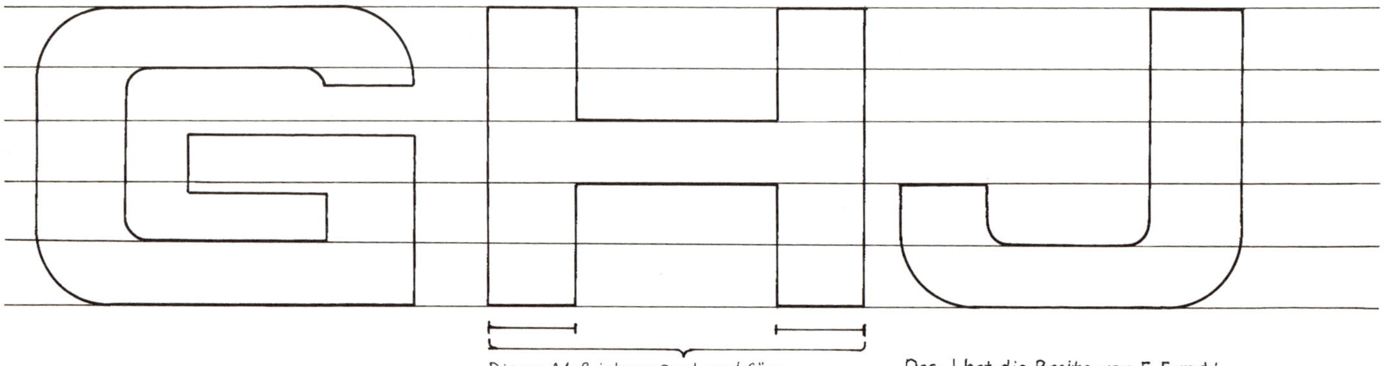

Dieses Maß ist maßgebend für: B, C, D, G, H, O, Q, R, S, T und U

Das J hat die Breite von E, F und L

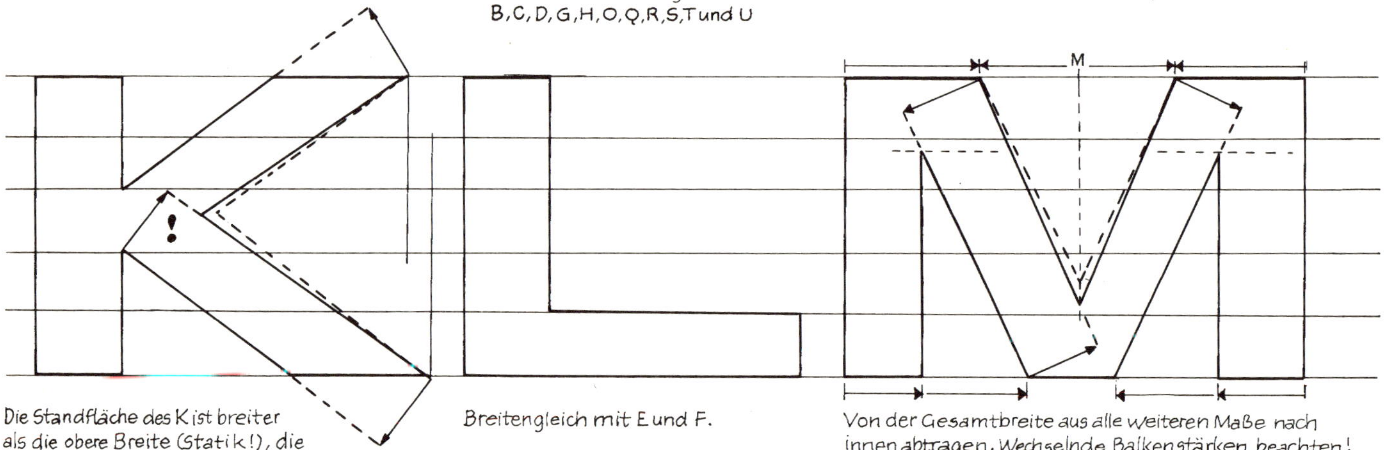

Die Standfläche des K ist breiter als die obere Breite (Statik!), die Schrägbalken leicht konisch

Breitengleich mit E und F.

Von der Gesamtbreite aus alle weiteren Maße nach innen abtragen. Wechselnde Balkenstärken beachten!

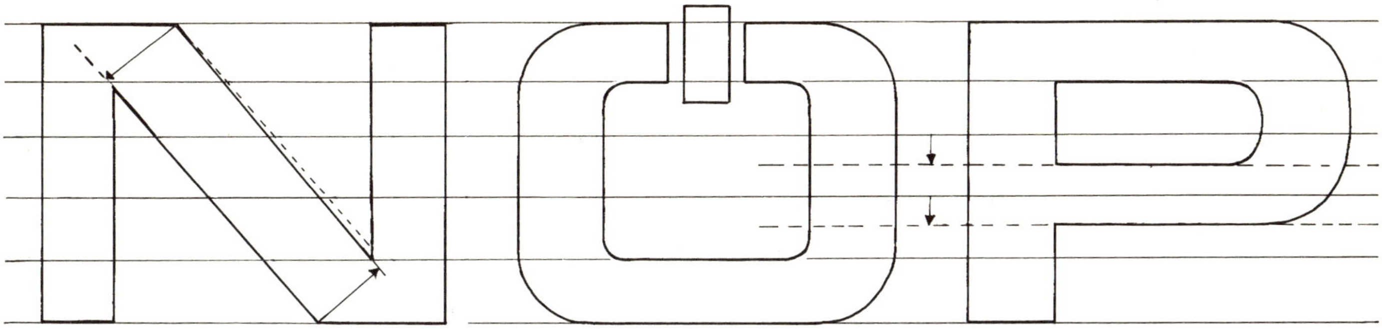

Das N ist etwas breiter als B, H oder O, die senkrechten Balken sind dünner als der Schrägbalken (siehe alle Antiqua-Formen des N)

Die Umlautpunkte des Ö können auch in normaler Art und Weise über dem Buchstaben eingesetzt werden

Der untere Balken liegt tiefer als die normalen der B, E oder H (siehe in ähnlicher Form bei F und R)

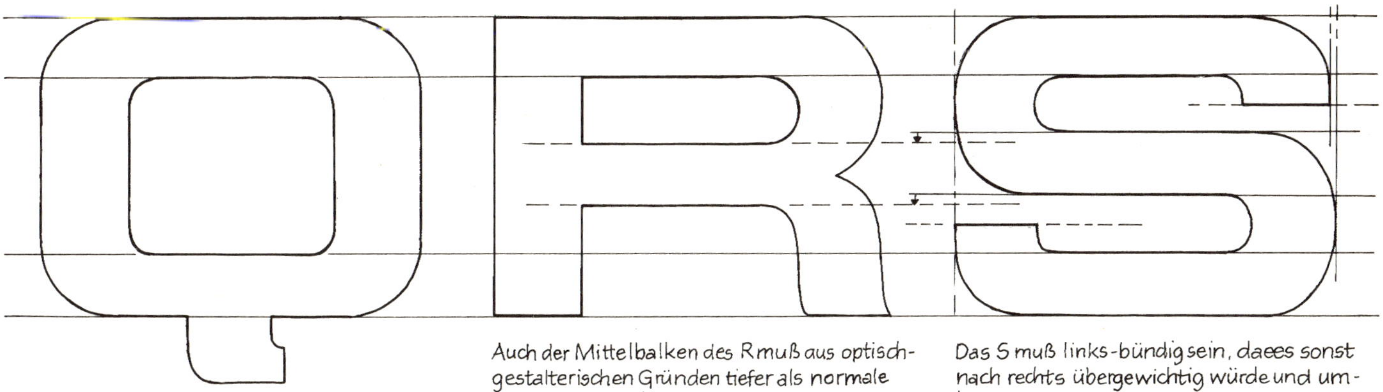

Auch der Mittelbalken des R muß aus optisch-gestalterischen Gründen tiefer als normale gezeichnet werden

Das S muß links-bündig sein, da es sonst nach rechts übergewichtig würde und umkippte.

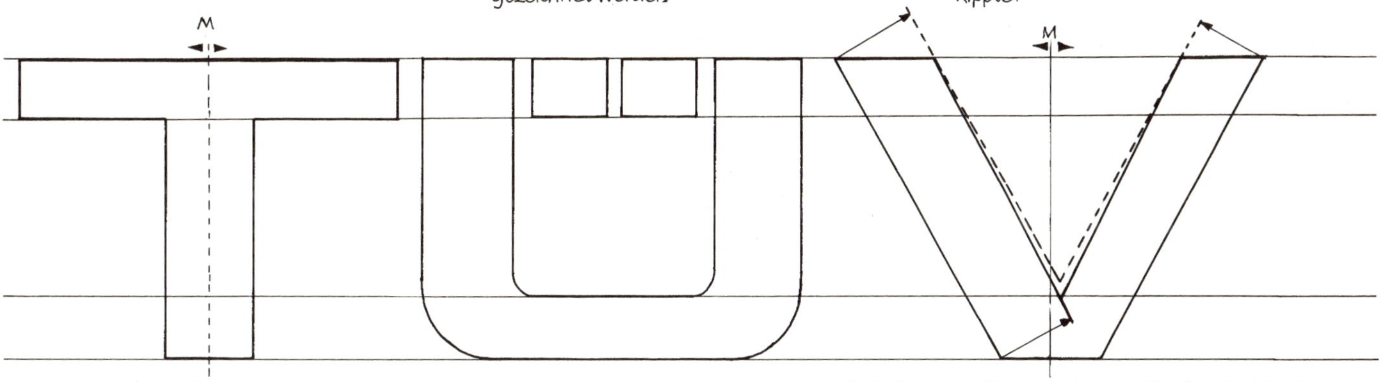

T wird von der Mitte aus aufgebaut

Auf Mitte aufbauen. Auf den Kopf gedreht ist das V identisch mit dem A

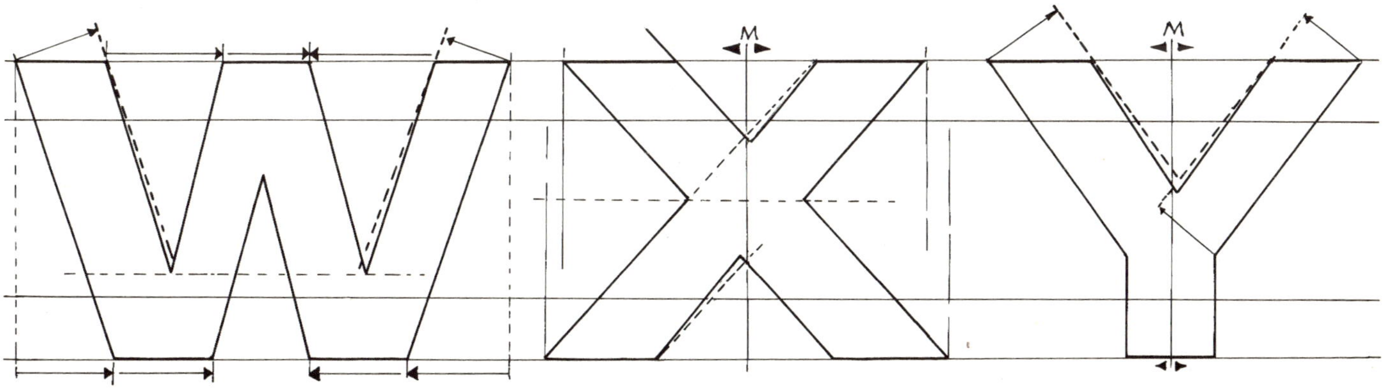

Das W wird wie das M auch von den Senkrechten aus aufgebaut; die Maße stets von außen nach innen abtragen; die Balkenstärken beachten

Oberteil wie auch bei B und S/E schmaler, die Basis breiter. Der Hauptbalken ist durchlaufend stärker als derjenige von re/o nach li/u

Auch das Y wird von der Mitte her gezeichnet. Der linke Schrägbalken ist der dickere - siehe auch die Antiqua

Breitfette Grotesk Gemeine

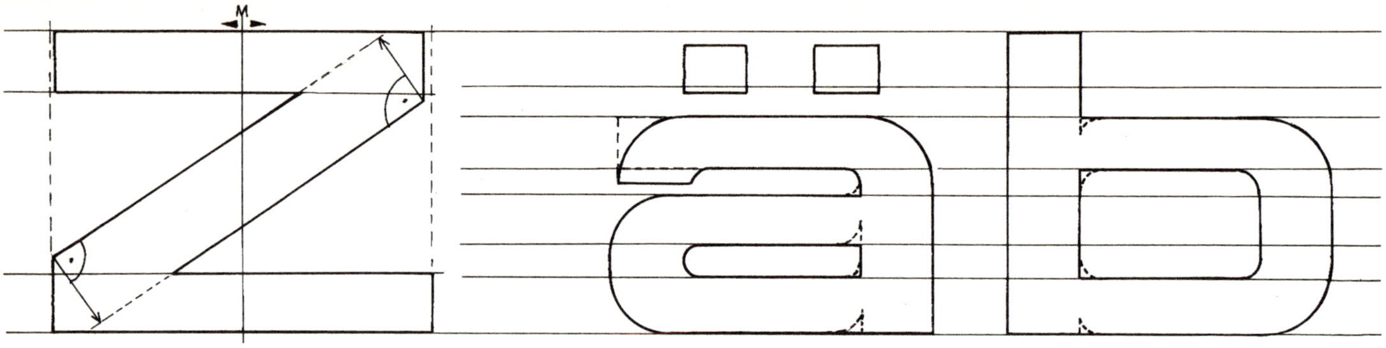

Die Schrägbalken werden immer im rechten Winkel abgemessen; Versalien haben dickere Balkenstärken als die Gemeinen

Die Kleinbuchstaben (Gemeine) können je nach Anwendung auch ohne die kleinen Aussen- und Innenrundungen gezeichnet werden, was bei den Großbuchstaben nicht möglich ist.

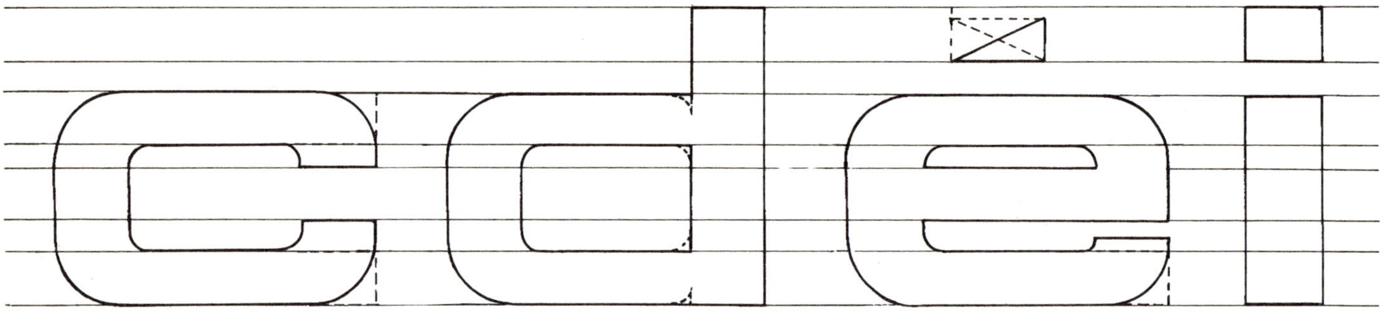

Beim C können die Innenrundungen nur weggelassen werden, wenn die Querbalken waagerecht auslaufen

b, d, g, p und q sind formgleich

Rundungen wie bei C oder auch S: punktierte Linien

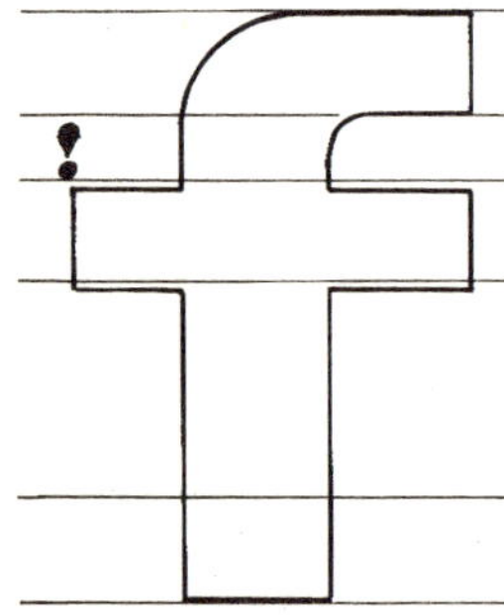

Der Querbalken ist links kürzer, rechts länger und tiefergelegt

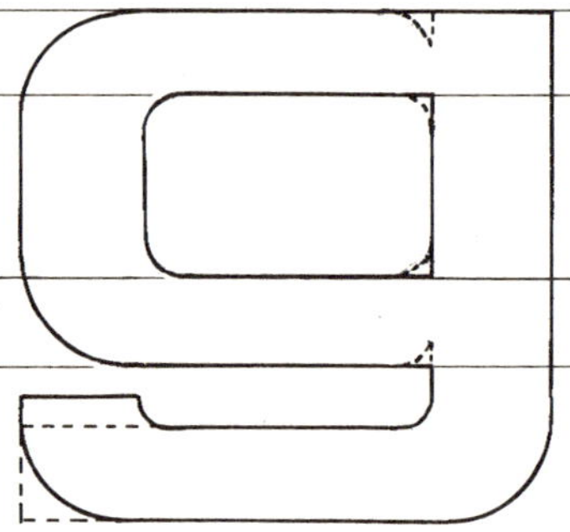

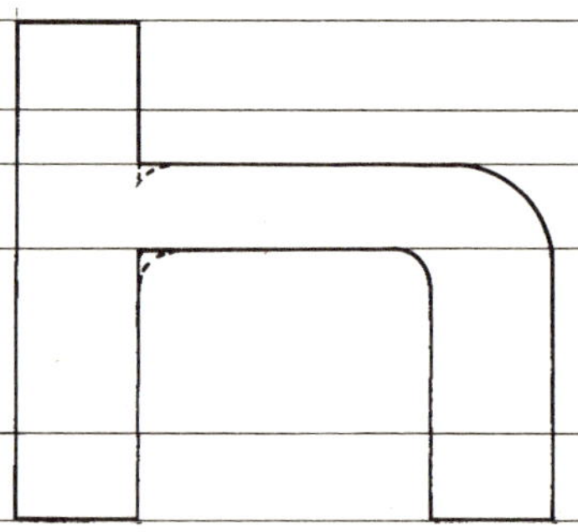

h und n (u) sind formengleich

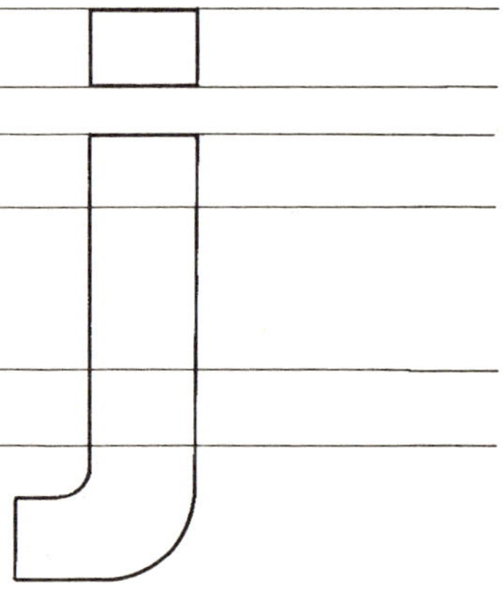

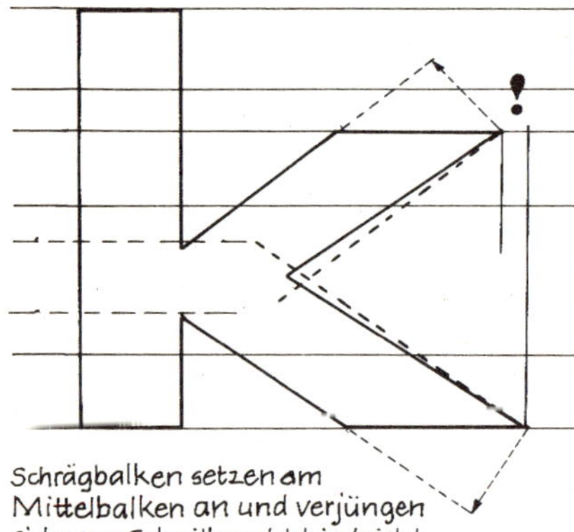

Schrägbalken setzen am Mittelbalken an und verjüngen sich zum Schnittpunkt hin leicht

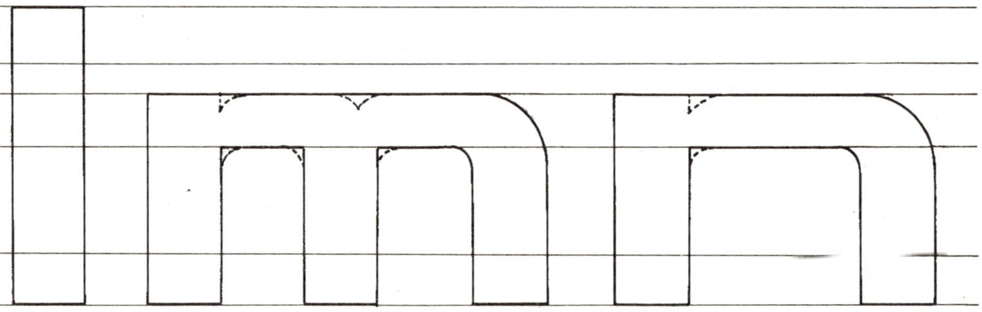

Wenn man die Innenrundungen wegläßt, bleiben auch die beiden kleinen äußeren Rundungen weg.

Kleine Rundungen wie bei m behandeln

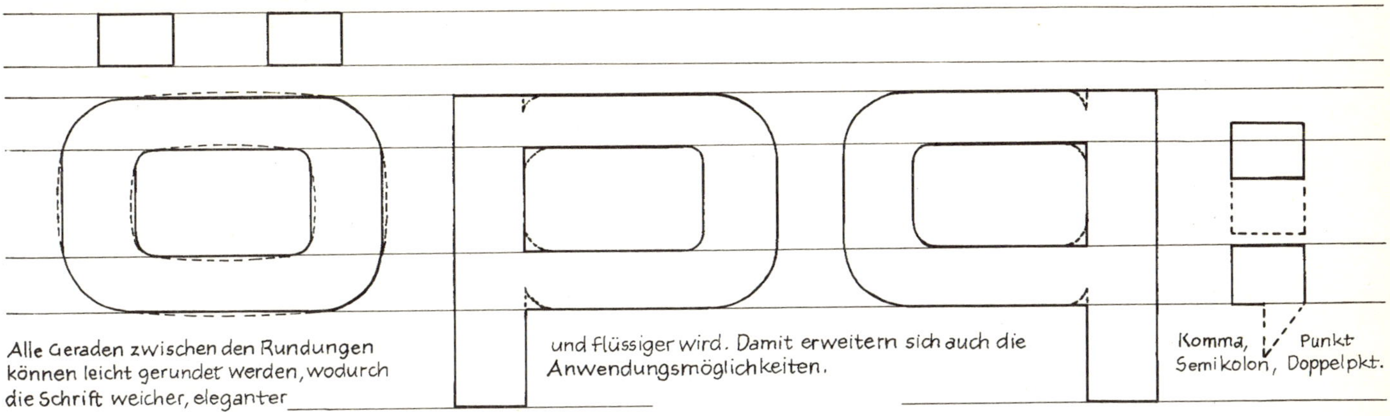

Alle Geraden zwischen den Rundungen können leicht gerundet werden, wodurch die Schrift weicher, eleganter und flüssiger wird. Damit erweitern sich auch die Anwendungsmöglichkeiten.

Komma, Punkt
Semikolon, Doppelpkt.

Wie bei den übrigen Rundformen können auch diese Buchstaben-Teile leicht konvex gezeichnet werden (siehe o)

Dieses u kann auch ohne Standbein (unten rechts) dargestellt werden, in bestimmten Fällen z.B. auch bei **m** und **n**

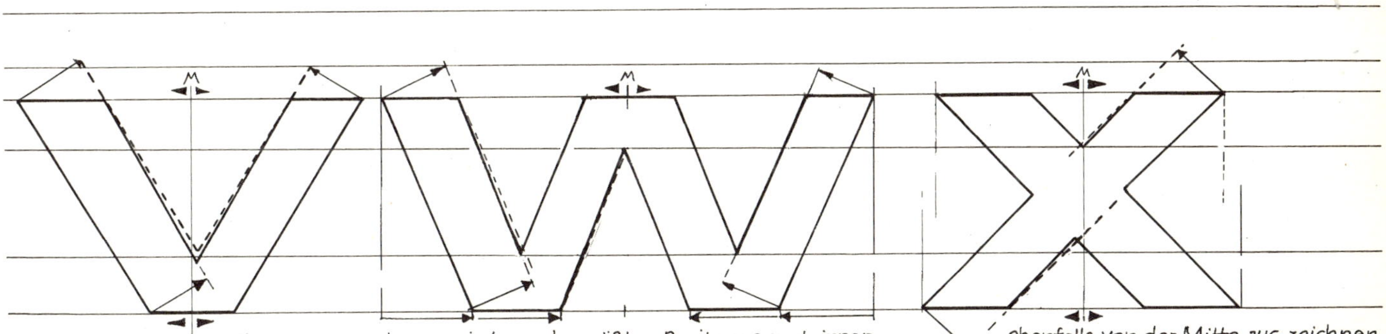

von der Mitte aus aufbauen, die unterschiedlichen Balkenstärken beachten

das w wird von der größten Breite aus nach innen gezeichnet. Oberlinie und Grundlinie sind wegen der unterschiedlichen Balkenstärken verschieden

ebenfalls von der Mitte aus zeichnen. Die Basis ist breiter, der linke Hauptbalken stärker als der recht

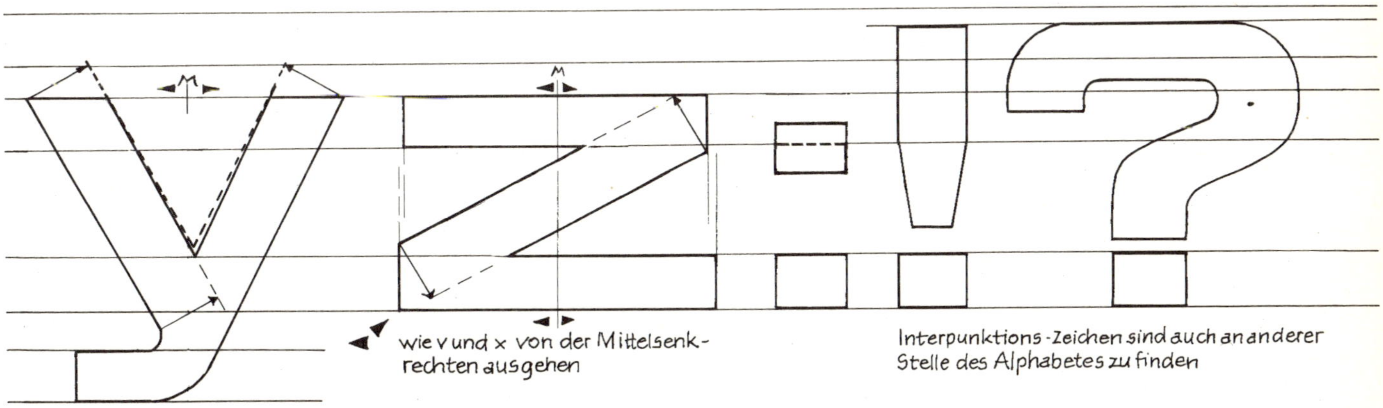

wie v und x von der Mittelsenkrechten ausgehen

Interpunktions-Zeichen sind auch an anderer Stelle des Alphabetes zu finden

Die Ziffern dieser breit-fetten Serifenlosen sind aufgrund der fast extremen Proportionen besonders diffizil von der Form her.

Gerade die »zweietagigen« Zeichen erfordern ganz besondere Aufmerksamkeit: Binnenformen müssen ausreichend offen gehalten werden

die 4 ist ein Zahlzeichen, das besonders gut ausbalanziert werden muß

der Mittelbalken muß über die normale Höhe hinaus angehoben werden

6 und 9 sind optisch formengleich, zeichnerisch jedoch entgegengesetzt

um etwa ein Siebentel muß das Standbein der 7 zurückgesetzt werden, um sie im Gleichgewicht zu halten

8 und 3 sind formengleich

Isometrische Schattenformen bieten eine Reihe von Varianten für die Schriftgestaltung. Siehe auch Band 1 Seiten 51/52

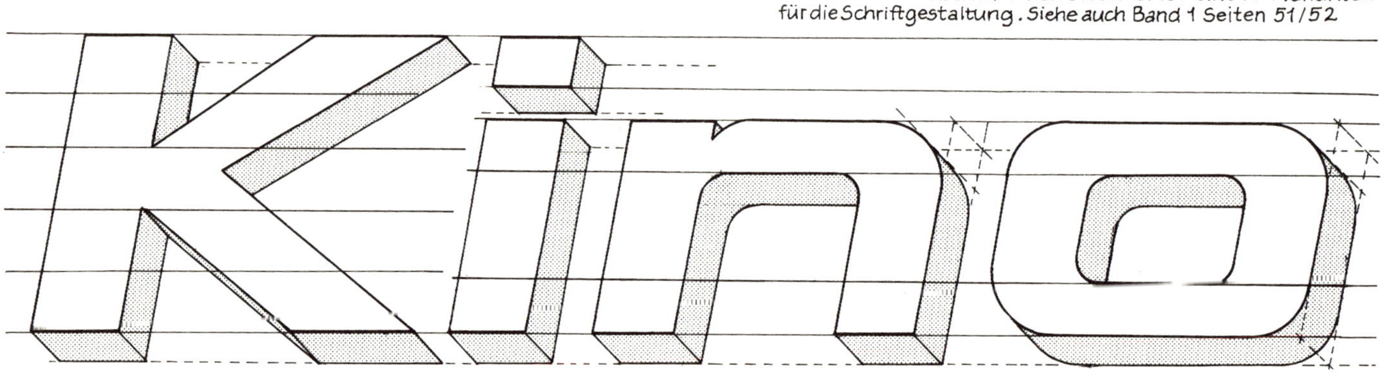

Kursivform mit isometrischem ›Schattenkörper‹. Nähere Zeichenanleitung dazu in Teil 1. Diese Darstellungsformen können auch reichhaltige Anregungen zu interessanten farbigen Gestaltungen und Anwendungen geben.

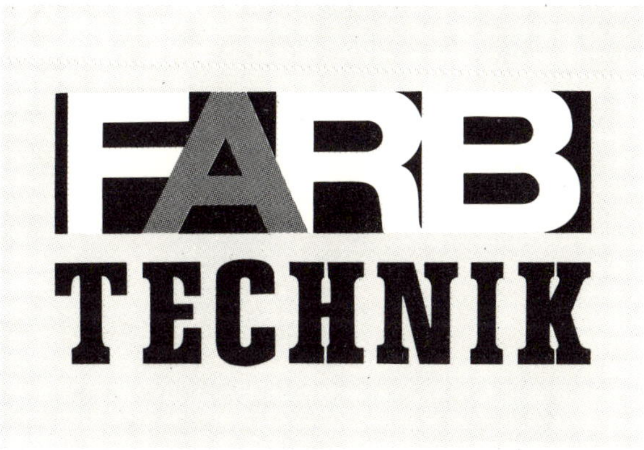

Typografie-Studien mit Variationen verschiedener gezeichneter oder mit dem Pinsel geschriebener Schriften

Die Variationen der einzelnen Schriftformen machen die Möglichkeiten der formalen Veränderungen deutlich. Dem Thema entsprechend wurden bei diesen Übungen Egyptienneformen verwendet, deren Charakter dem technischen Inhalt am besten entspricht. Als Auszeichnungsschrift wurden Serifenlose in unterschiedlichen Variationen, auch als Konturenschrift, gewählt. Dadurch entstehen gewünschte Kontraste, welche die Wortteile deutlich voneinander unterscheiden und somit auch hervorheben. Farblich sind die einzelnen Arbeiten, die im Format DIN A 2 gezeichnet wurden, dem Thema entsprechend recht unterschiedlich gehalten: Bei »Holztechnik« wurde auf den Holzfarbton Wert gelegt, während z.B. bei »Druckkunst« in Schwarz und Rot und bei »Farbtechnik« in mehreren Tonabstufungen gearbeitet wurde. Die Bauthemen wurden in Grau- und Blautönen gestaltet.

Die geschriebenen Arbeiten sind hier nur ausschnittsweise gezeigt. Sie wurden mit dem Pinsel auf Tapete oder auf Dispersionsgrund geschrieben. Vom Schriftcharakter her wurde bei beiden Platten dem Schülerwunsch entsprochen, zur Vorbereitung auf die Meisterprüfung in einer Frakturschrift zu schreiben.

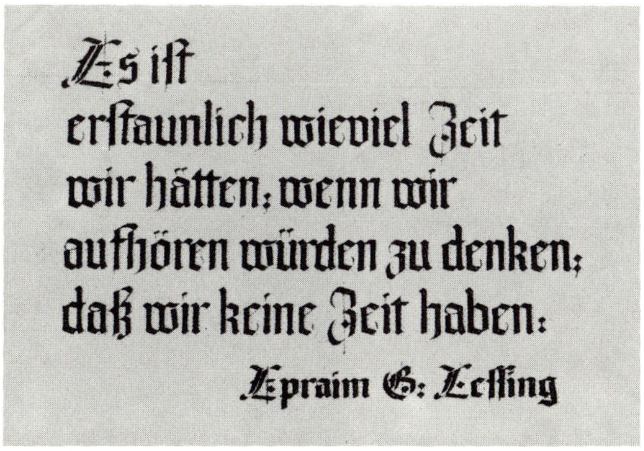

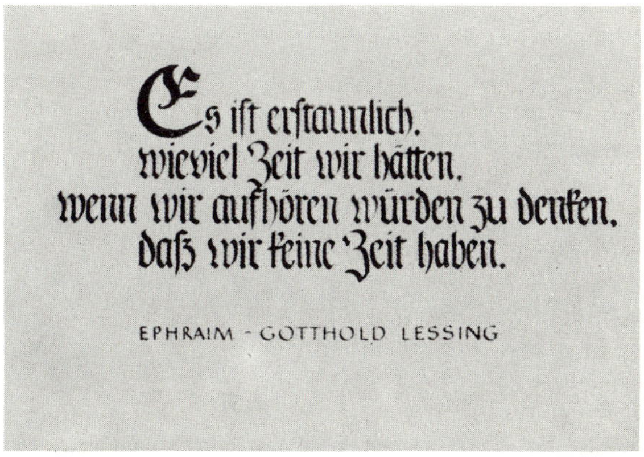

Typischer Fehler bei der Anwendung einer Fraktur: Das Schluß-S muß ersetzt werden durch das Lang-S.

Hervorragende Integration der Schrift in eine farbige Jugendstilfassade.

Idealer Einsatz der Renaissance-Antiqua an einem Fachwerkhaus aus dem 16. Jahrhundert.

Klassische Antiqua mit einer unziale-ähnlichen Form kombiniert. Zum Thema passen beide gut.

Schmiedeeisenschild an einer dörflichen Barockfassade: eine stilreine, sehr gute Lösung.

Beispielhafte Integration der Schrift in ein Fachwerkhaus in Celle (Weser-Renaissance).

Die Fassadenbeschriftung ist in der breitfetten Serifenlosen freistehend montiert. Sie ist vor dem dunklen Grund der Fenster hervorragend lesbar.

Im Gegensatz zu Bild 1 wurde hier der Text in Versalien geschrieben. Selbst aus spitzem Winkel ist die Schrift noch sehr gut lesbar.

Diese gestochen scharfe Aufnahme läßt deutlich erkennen, daß die Schrift durch zu starke Ausleuchtung überblendet. Dies stört besonders bei Dunkelheit sehr.

Dieses Beispiel zeigt eine erstklassige Gestaltung und beste Integration der Schriftwerbung in die Gesamtkonzeption der Fassade. Thema, Material und Schrift stimmen.

Moderne Fassadengestaltung: Die klassizistische Antiqua (in Chromgelb) steht sehr gut auf dem hellsilbernen Metallgrund der Fassade. Der Eingangsbereich ist rot.

Die Fassade wurde in Grautönen ausgeführt, die barockähnliche Schrift steht in Weiß davor. Da es sich um ein Modehaus handelt, entspricht der Schriftcharakter gut dem Thema.

SENATVS POPVLVSQVE IMP·CAESAR·PONTIFEX· MAXIMVS·DAT·EST ANNO XXXVII·CONSTANTINVS·
spätrömisch. Triumph-bogen
dorisch
jonisch
korinthisch
frührömisch 1.v.b.1.Jhd.n.C.
RÖMISCHE CAPITALIS
der Kaiserzeit 2. Jhd vor bis 4. Jhd n.Chr.
QVADRATA
Capitalis quadrata: geschr. Form 3. Jhd.
RVSTICA
geschriebene Form des 3.–5. Jhd.n.Chr.
Romanischer Kirchen- und Wohnbau 10./11. Jahrhundert
Überfang-bögen u. Kapitell
Codex Bar
Übergangsformen von Unziale zur Minusk.
carolingisc
800 n. Chr. – 1200
Spätere For
und frühgoti
Gotischer Kirchenbau
Dreipaß-
Fischblase
Vierpaß
Der Buchdrücker.
Gotische S
Die Brechung der Rundungen: deutsch
Rotunda
Die teilweise Brechung: Romanisch
Schwabac
Der Übergang zur Fraktur um 1490
Zentrale Kuppel-Basilika, 1510
Stein- und Fachwerk-häuser 15./16. Jhd. mit Portal
Renaissanc
Die Fraktur zur Zeit A. Dürers
Mediäval
Die Renaissance-Antiqua: Italien 1500
Human. Kur
Die humanist. Kursiv entsteht 1520
Barock-Kirche und Wohnhäuser Säulenform und Schmuck
Rocaille (Rokoko-Ornament) 1730
Gewundene Säule (Bernini)
ABCDEFGH
Die barocke Caslon-Antiqua
BAROCI
Schmuck- formen
Ea

Kuppeldom und Wohnhaus
Klassizismus: 1780–1810
Aufgrund seiner nur am klassischen Vorbild orientierten Architektur, die wenig neue Möglichkeiten bot, bildeten sich bald vielfältige Stile, die über Neogotik, -renaissance -und -barock im Historismus endeten.
Turmform des Klassizismus und Brunnen
BCDEFG
BCDEFGHIJ
ivwx DEFGH
Exupéry A
ABCDE rsftu
Die Romantik / Biedermeier waren nur stilbildend in der Mode und der Innenarchitektur. So wurden in der Architektur alle Stile vermischt.
1830–60
BCDEFG
BCDE BCDEFG
Romantik-Symbolismus-Historismus
BCDE
Jugendstil und Historismus
1850 bis 1912
Jugendstil 1895
NOP
BCDE
BCDE klmno2
MNOPQRST
Ende des Historismus und des Jugendstils führt
ab 1918 zur »Neuen Sachlichkeit« und zum »Bauhaus-Stil« (bis 1934)
ABCDEFGHI
RSTUV RSTU
KLM
XYZ fghij
Die Moderne ab 1950
Wallfahrtskirche Ronchamp von Le Corbusier (1953)
1970
1986
ABCDEFGH
FGHIJKL CDEF
BCDE ABC
moderne Formen
567890 BCD
ABCD BCDE

Einführung zu Teil 3

In den Teilen 1 und 2 des »Schriftatlas« habe ich bereits auf die Bedeutung der Schrift als wesentliches Medium menschlicher Kommunikation hingewiesen, denn Schrift begegnet uns täglich in vielfältigen Formen: geschrieben, gezeichnet, gedruckt oder geschnitten. Sie ist die Sichtbarmachung unserer Sprache, unseres Denkens, Wollens und Fühlens und wird stark geprägt vom Zeitgeist und dem persönlichen Duktus des Schreibenden, der Pinsel oder Feder führt. Sie ist zudem ein unmittelbarer Ausdruck der jeweiligen Epoche und ihrer stilgeschichtlichen Merkmale.

Wenn nun im Teil 3 die Schreibschriften in ihrer Entwicklung und Formevielfalt gesondert dargestellt und erläutert werden, so deshalb, weil erst die geschriebenen Buchstaben der Antiqua in ihrem zeitgeschichtlichen Wandel das Bild der Schrift prägten und vervollständigten. Beginnend mit der ersten Buchschrift des Abendlandes, der aus der römischen Capitalis hervorgegangenen Quadrata, werden die meist noch mit der Rohrfeder geschriebenen Formen der spätrömischen Epoche bis hin zur Zeit Karls des Großen als Grundlage aller folgenden Schreibschriften erläutert und dargestellt. Es wurden viele, aber leider auch oft untaugliche Versuche unternommen, diese geschriebenen Schriftformen für den Unterricht und die berufliche Praxis aufzuarbeiten, so daß die »Geschichte der geschriebenen Schrift lateinischen Ursprungs« meines langjährigen Lehrer-Kollegen Hans-Joachim Riethmüller mein Lehrwerk in hervorragender Weise erweitert. Die kunsthandwerkliche Anwendung der Schrift erfordert ein umfassendes Basiswissen, ohne das eine gute praktische Arbeit gar nicht möglich ist. Wir haben uns jedoch auf das für die berufliche Praxis und Weiterbildung Wesentliche und Notwendige beschränkt, da viele der geschriebenen Schriftformen heute nur noch historische Bedeutung haben, obwohl auch sie wesentliche Schritte der Schriftentwicklung sind. Wie auch auf allen anderen Gebieten wäre der heutige Stand der gesamten Kommunikationstechnik ohne diese kontinuierliche Weiterentwicklung nicht erreicht worden.

Wie bereits in den beiden vorangegangenen Teilen erwähnt, ist gerade die geschriebene Schrift die absolute Grundlage allen Bemühens um die gute Buchstabenform und setzt die Kenntnis der geschichtlichen Zusammenhänge des Phänomens Schrift voraus. Erst bei der Arbeit mit Feder oder Pinsel kann vom Schreibenden das Entstehen eigenständiger Buchstabenformen erlebt werden.

Es soll nicht Aufgabe dieses Teiles sein, Kalligraphie zu lehren. Vielmehr soll ein breiteres Fundament auf dem Gebiet der Schriftgeschichte zu neuen Anwendungs- und Gestaltungsmöglichkeiten anregen. Gerade die geschriebenen historischen Buchstaben erleben gegenwärtig eine begrüßenswerte Renaissance im Rahmen der Sanierung alter Bausubstanz unserer Kernstädte. Bedauerlicherweise hält aber die internationale Schriften-Industrie mit dieser erfreulichen Entwicklung nicht Schritt, weil sie beste historische Formen ausgemustert hat zugunsten oft fragwürdiger Modernismen. Und gerade hier wollen wir mit dieser Orientierungshilfe eine Lücke schließen, um verlorengegangene Maßstäbe neu zu setzen und mehr Klarheit in dieses Schriften-Chaos zu bringen.

Schreibschriften lateinischen Ursprungs

Am Beginn der Entwicklung der lateinischen Schreibschrift steht die in Stein gemeißelte *Römische Kapitalschrift* (Abbildung 1). Geprägt wurden ihre Formen aber nicht vom Steinmetz – abgesehen von den Serifen oder Schraffen, die das Balkenende markieren –, sondern vom Schreiber: Er »beschrieb« die Steine mit einem unbekannt gebliebenen Werkzeug, das wir uns wie einen Flachpinsel vorstellen können (siehe Teil 1 und auch Teil 2). Auf Papyrus oder Pergament begann man erst später mit einer zugeschnittenen Gänsekielfeder zu schreiben. Aus der »Capitalis monumentalis« (Denkmalschrift) wurde die *Capitalis quadrata,* eine Großbuchstabenschrift auf der Basis quadratischer Grundformen (Abbildung 2). Sie zeigt in gesteigerter, oft übertriebener Form die Grundkontraste, von denen alle Antiquaversalien (Großbuchstaben) leben: Unterschiede in den Proportionen (Breitenskala von I/E bis M), Rundungen, Gerade, Schrägbalken und schließlich der den Rhythmus in der Zeile prägende Wechselstrich (Abbildung 3).
Aus der »Quadrata« entstand mit der *Capitalis rustica* eine Art »Kursive« (Laufschrift), eine schmale, elegante Nebenform (Abbildungen 4/5), deren charakteristische Leichtigkeit aus einer Veränderung des Anstellwinkels der Feder resultiert: Aus den bisherigen 20 bis 30 Grad wurden etwa 60 Grad (Schriftstammbaum Seite 11). Die Weiterentwicklung geht aber von der »Quadrata« aus mit der Tendenz, weicheren Formen den Vorzug zu geben (aus V wird z. B. U) und gelegentlich die Grundlinien zu über- oder unterschreiten: Die ersten Schritte in Richtung Kleinbuchstaben-Schrift sind bei der *Unziale* (Uncialis = Unzialschrift) unübersehbar (Abbildung 6). Abschriften von den Evangelien (Teile des Neuen Testaments der Bibel) in Unzialschrift brachten irische und angelsächsische Mönche in unseren Raum. Mit dem Christentum faßte die lateinische Schrift bei uns Fuß und verdrängte in kurzer Zeit die germanische Kultschrift der Runen. Dort ist auch die Spätform der geschriebenen Unziale der karolingischen Zeit zu finden (Abbildung 7). Diese Schrift erhielt den Rang einer Auszeichnungsschrift, die in der romanischen und gotischen Epoche vor allem in und an Kirchenbauten Verwendung fand, zuletzt in der auf Seite 136 gezeigten ornamentalen Form: Diese ist zwar der Schreibform nachempfunden, aber zeichnerisch überarbeitet (siehe Seite 86).
Im 7. und 8. Jahrhundert entwickelten sich in Mitteleuropa sogenannte Nationalschriften. Um einem Zerfall in Sonderschriften in seinem Herrschaftsbereich vorzubeugen, führte Karl der Große zu Beginn des 9. Jahrhunderts eine in Irland entwickelte Universalschrift ein: die *Karolingische Minuskel* (Minuskel = Kleinbuchstabe) (Abbildung 8). Mit dieser Schrift war der entscheidende Schritt zu einer flüssig (auch sehr klein) zu schreibenden Gebrauchsschrift getan: offene Formen, klare Dreiteilung in Ober-, Mittel- und Unterlänge, Wechselstrich-Duktus bei gleichbleibender Federhaltung (siehe Seite 87).
In konsequenter Weiterentwicklung entstand aus der Karolingischen die Humanistische Minuskel in Italien und Spanien (Abbildung 9). Mit der Ergänzung durch die Großbuchstaben der römischen Kapitalschrift war im 15. Jahrhundert die *Antiqua* entstanden: die europäische, später auch amerikanische Standardschrift bis zum heutigen Tag. »Littera antiqua« (alte Schrift) nannte man allerdings diese Schrift nur deshalb, weil man die Abschriften römischer Literatur für Originale aus der »antiken« Entstehungszeit hielt. Dieser Name jedoch blieb ihr (siehe Seiten 20, 88–90).
Parallel zur geradstehenden Grundform entwickelte sich in Oberitalien eine schräge, schmale Kursivform, die man zu Recht als vollendete Schreibschrift bezeichnen kann: die *Humanistische Kursive* (Abbildungen 10/11). Besonders die in der Florentiner Schreibschule entstandene Cancellaresca (Kanzleischrift) ist eine Verschmelzung von Buch- und Handschrift in unübertroffener Form.
Die logische Weiterentwicklung der Karolingischen zur Humanistischen Minuskel und Kursive wurde nördlich der Alpen nicht mitvollzogen. Hier führte eine Sonderentwicklung zu schmaleren Formen, die bald auch gebrochen wurden. Parallel zur gotischen Baukunst entstand im 13. Jahrhundert eine *Gotische Minuskel* (in der erstmalig auch althochdeutsche Texte geschrieben wurden, Abbildung 17/18).
Die gotische Buchkursive ist eine etwas derbe, aber rhythmisch beschwingte, unkonventionelle Schrift, die Ernst Schneidler dazu anregte, im Jahr 1937 eine ihr ähnliche Kursive zu schaffen: die Legende. Wie alle späteren *gebrochenen Schriften* (Sammelbegriff aller aus der gotischen Minuskel entwickelten Schriftarten bis hin zur Fraktur) hat sie einen hohen Anteil an Ligaturen (Buch-

stabenverbindungen, die der Verdichtung des Schriftbildes dienen). Sie verweisen den einzelnen Buchstaben auf den (bescheidenen) Platz innerhalb des Wortbildes und lassen neue Doppelformen entstehen: z. B. ch, ß, st (siehe die Abbildungen auf den Seiten 137 bis 139).
In hochgotischer Zeit entstand eine sehr fette, enggestellte Schrift: die *Textur*. Sie hat ihren Namen von der gitter- oder gewebeähnlichen Dichte (lateinisch: textum = gewoben). In ihr gibt es keine vollen Rundungen; selbst die Großbuchstaben sind häufig durch Doppellinien verdichtet. Es ist die Schrift der holzgeschnittenen Blockbuchseiten. Man vermied große Lücken beim Schnitt, hob weniger aus als man Druckfläche stehenließ.
Gutenbergs Erfindung der beweglichen Lettern (gegossene Buchstaben aus Metall) griff auf diese Formen zurück mit der Folge, daß er 266 Buchstaben, Ligaturen und Variationsformen für seinen Schriftsatz benötigte. Tatsächlich sind seine Frühdrucke, in der Mitte des 15. Jahrhunderts entstanden, von handgeschriebenen und -geschnittenen Schriften kaum zu unterscheiden (siehe S. 17 u. 18).
„Gotisch« war in Italien ein Schimpfwort, das soviel wie »barbarisch« bedeutete. Dennoch blieb man auch dort nicht gänzlich unbeeinflußt von der »Mode« des Buchstaben-Brechens: Man schrieb eine offenere, relativ magere Variante der Textur, die *Rundgotische Schrift* oder *Rotunda*. In der Renaissance brachten Meßbücher aus Italien und Spanien diese Schrift auch nach Deutschland, wo sie als Auszeichnungsschrift in Gebrauch kam (Abbildung Seite 138 und Seite 18).
Aus der gotischen Minuskel und Buchkursive entstand als erste eigenständige deutsche Schrift um die Wende zum 16. Jahrhundert die Schwabacher im Nürnberger Raum. Ihre offenen und runden Formen mit eigenwilligen, spitzen Überschneidungen verkörpern etwas vom sich abzeichnenden Formenreichtum der deutschen Renaissance (Seite 139).
Die Krönung aller gebrochenen Schriften stellt die *Fraktur* dar, die trotz ihres Namens (lateinisch: fraktus = gebrochen) runder und flüssiger als die Textur, jedoch verspielter als die Schwabacher ist. Sie entstand in der Mitte des 16. Jahrhunderts unter der Mitwirkung Albrecht Dürers und ist eine Schreibform von hohem Niveau, gebunden an die Spätzeit des zu Ende gehenden Mittelalters. Dem widerspricht nur scheinbar die Weiterverwendung der Fraktur und der Schwabacher als Standard-Druckschriften bis zum Jahre 1942 (siehe Seite 19).
Johann Neudörffer – ein Zeitgenosse Dürers – schuf in Nürnberg mit einer schräggestellten Kanzleischrift die Vorform der sogenannten *Deutschen Schrift:* die erste gebrochene Gebrauchs-(Hand-)schrift. Am Ende dieser Entwicklung steht die schulmeisterliche Fibelschrift der »Sütterlin«, eine Schnurzug-(Griffel-)schrift von unsäglicher Steifheit. Sie ist die einzige geradstehende Laufschrift und geradezu schnörkelsüchtig (siehe Seite 142 und den Schriftstammbaum Seite 11).
Die bereits genannte »Cancellaresca« (Humanistische Kursive) war Ausgangspunkt für die Weiterentwicklung der Schreibschrift in Spanien und Frankreich. Bis zum Ende des 19. Jahrhunderts gab es keinen Unterschied in den Grundformen zwischen Handschrift und den Schriften der Berufsschreiber, die man bald mit Kalligraphie (Schreibkunst) bezeichnete. Aus der Übergangsform der durchaus »klassisch« wirkenden »Bastarda« entstand im späten 18. Jahrhundert die »Anglaise«, bei uns bekannt als *Englische Schreibschrift.* Der völlig veränderte Charakter dieser Schrift ergibt sich aus dem neuen Schreibwerkzeug, der elastischen Stahlfeder, deren Spitze sich bei Druck teilte. Auf diese Weise erzielte man dicke Linien, die nahtlos in dünne Haarstriche übergingen, wenn der Druck nachließ. Hohe Oberlängenschleifen und eine fast extreme Schräglage kennzeichnen diese im Bereich der Werbung nach wie vor beliebte Schrift (siehe Seite 24).
Es war nicht nur die Erfindung des Drucks mit Satzbuchstaben, auch nicht die Technik des Kupferstichs – die erst den Druck feinster Linien möglich machte –, die zum Niedergang der Schriftkultur führten. Vielmehr verursachten der eskalierende Wettbewerb auf dem freien Markt und die damit verbundene Reklame im letzten Viertel des 19. Jahrhunderts eine beispiellose Orientierungslosigkeit in der Typographie. Alle historischen Schriftformen, insbesondere die Schreibschriften, wurden verzerrt, verbogen und in pseudoplastische Formen verfremdet. Der Schriftenmaler war (wie heute oft auch!) zum Hobbykünstler verkommen, der alle guten Vorlagebücher der alten Schreibmeister vergaß. Gelobt wurde, was man noch nicht gesehen hatte; oft waren die Reklameschlagzeilen kaum noch lesbar. Hier zeigen sich deutliche Parallelen zu Werbeschriften der Gegenwart.
Freilich gab es noch im 19. Jahrhundert Ansätze für eine Erneuerung der Schriftkunst: Vor allem verdanken wir den Briten William Morris und Edward Johnston eine Besinnung auf die Werte bester Tradition, ohne die nun einmal Schrift – soll sie lesbar bleiben – nicht auskommt. Beide waren zunächst große Schreiber, bevor sie neue Druckschriften schufen. Johnston war Lehrmeister von Eric Gill (1882–1940), einem der ganz großen Schriftkünstler unserer Zeit.

Erst im beginnenden 20. Jahrhundert wurde die aus England kommende Besinnung auf Maß und Formqualität von deutschen Schriftkünstlern aufgenommen. Anna Simons vermittelte die Schriftpädagogik Johnstons an deutsche Studenten und schließlich prägte u.a. Ernst Schneidler (1882–1955) die Kalligraphie der zwanziger und dreißiger Jahre sowie der ersten Nachkriegszeit.

Aus England kommt auch eine Erneuerung der Handschrift, der sich der geniale Schreibmeister Paul Standard verschrieben hat. Sie greift auf die altehrwürdige Cancellaresca der Renaissance zurück, weil diese Schrift am ehesten ein rhythmisch-ausgewogenes Schreiben zuläßt – allerdings unter der Voraussetzung, daß eine Bandzugfeder benützt wird.

Bei uns hat die schleifenbetonte lateinische Ausgangsschrift mit ihren komplizierten Großbuchstaben, vor allen Dingen aber das Schreiben mit dem Kugelschreiber (unelastischer Schnurzug!) zum Niedergang des guten Schreibens geführt. Wenn nicht einmal mehr in den Schulen (trotz entsprechender Erlasse der Kultusminister) Wert auf eine Schreibdisziplin gelegt wird, braucht man sich nicht über mangelndes Verständnis für die Qualität geschriebener Schrift zu wundern.

In einer Zeit, in der Schrift in allen handelsüblichen Formen reproduzierbar ist, muß man den besonderen Wert handgeschriebener Schrift als einer einmaligen, persönlich geprägten, also kreativen Tätigkeit wieder schätzen lernen.

1a Römische Kapitalschrift: in den Stein eingekerbt (überarbeiteter Abrieb)

1b Das römische Alphabet mit den Buchstaben J, K, U, W und Z, die in der Renaissance hinzugefügt wurden

2 (Capitalis) Quadrata 4. Jahrhundert

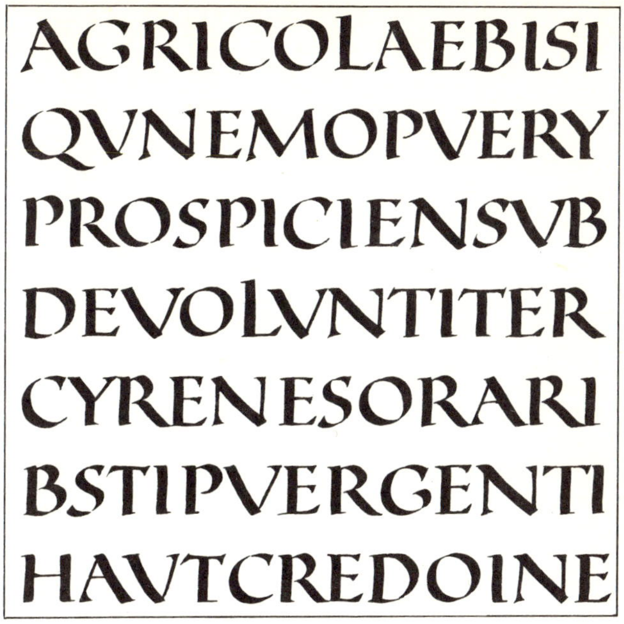

3 (Capitalis) Quadrata 5.(?) Jahrhundert

4 (Capitalis) Rustica, Pompeji 79 n. Chr.

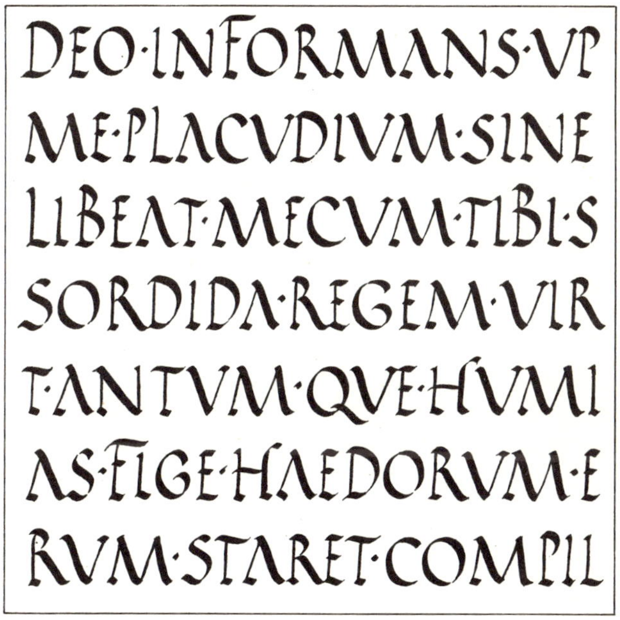

5 (Capitalis) Rustica, Pergamenthandschrift, 5.(?) Jh.

6 Römische Unziale, 5. Jahrhundert

7 Karolingische Unziale, 9. Jahrhundert

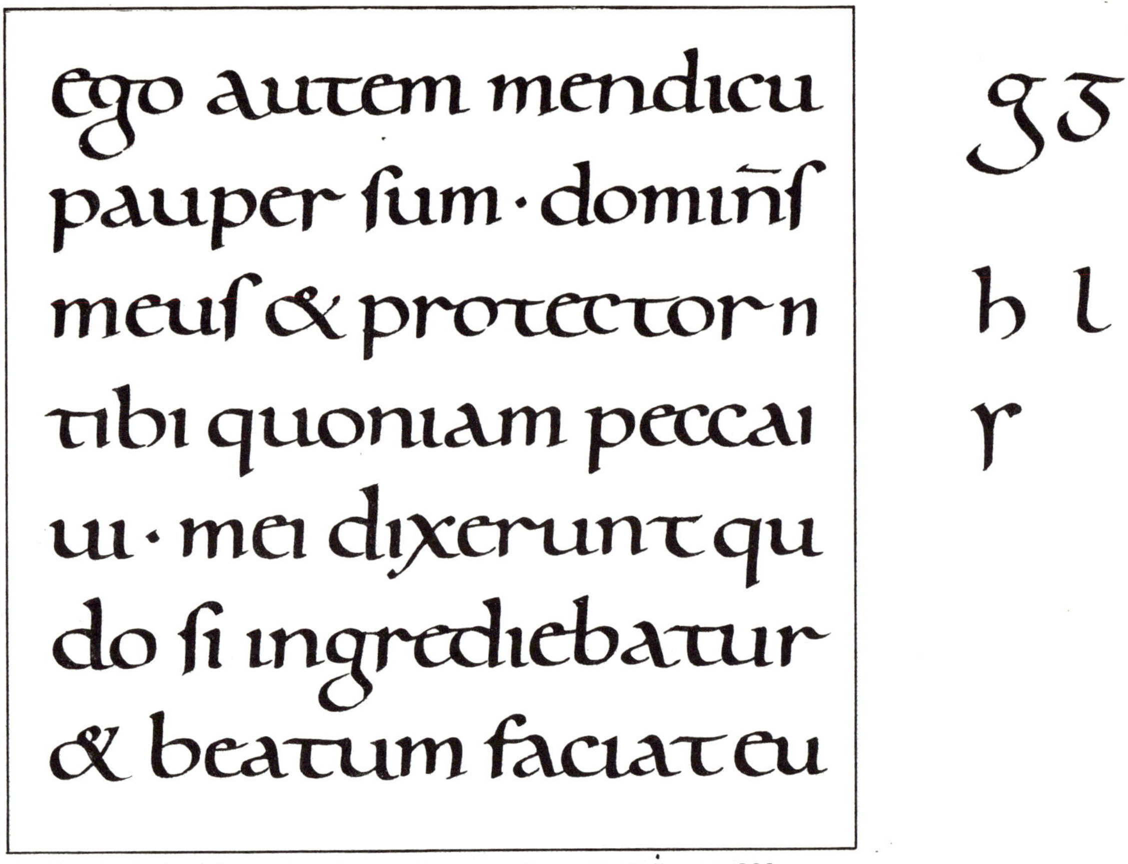

8 Karolingische Minuskel nach einer Handschrift aus St. Gallen um 860

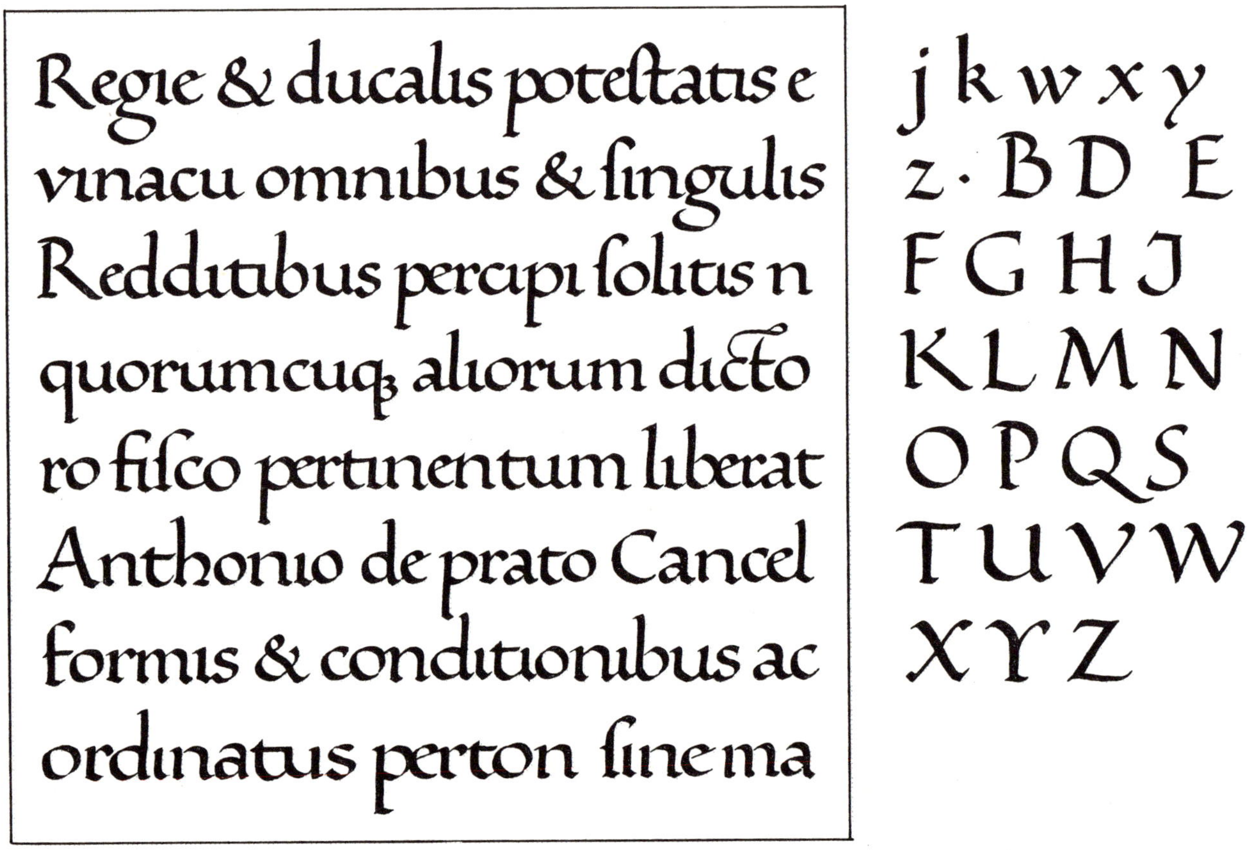

9 Humanistische Minuskel, 1. Hälfte 16. Jahrhundert

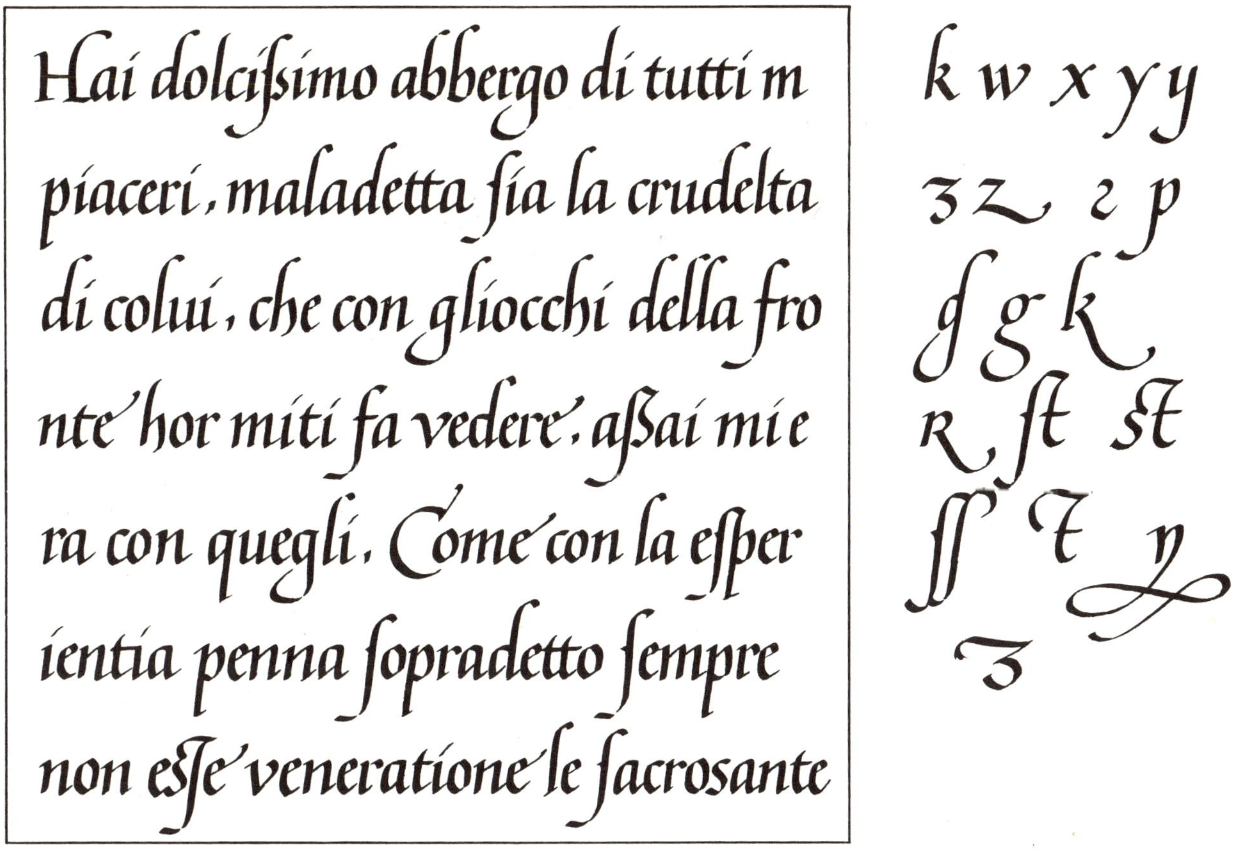

10 Humanistische Kursive (Cancellaresca)

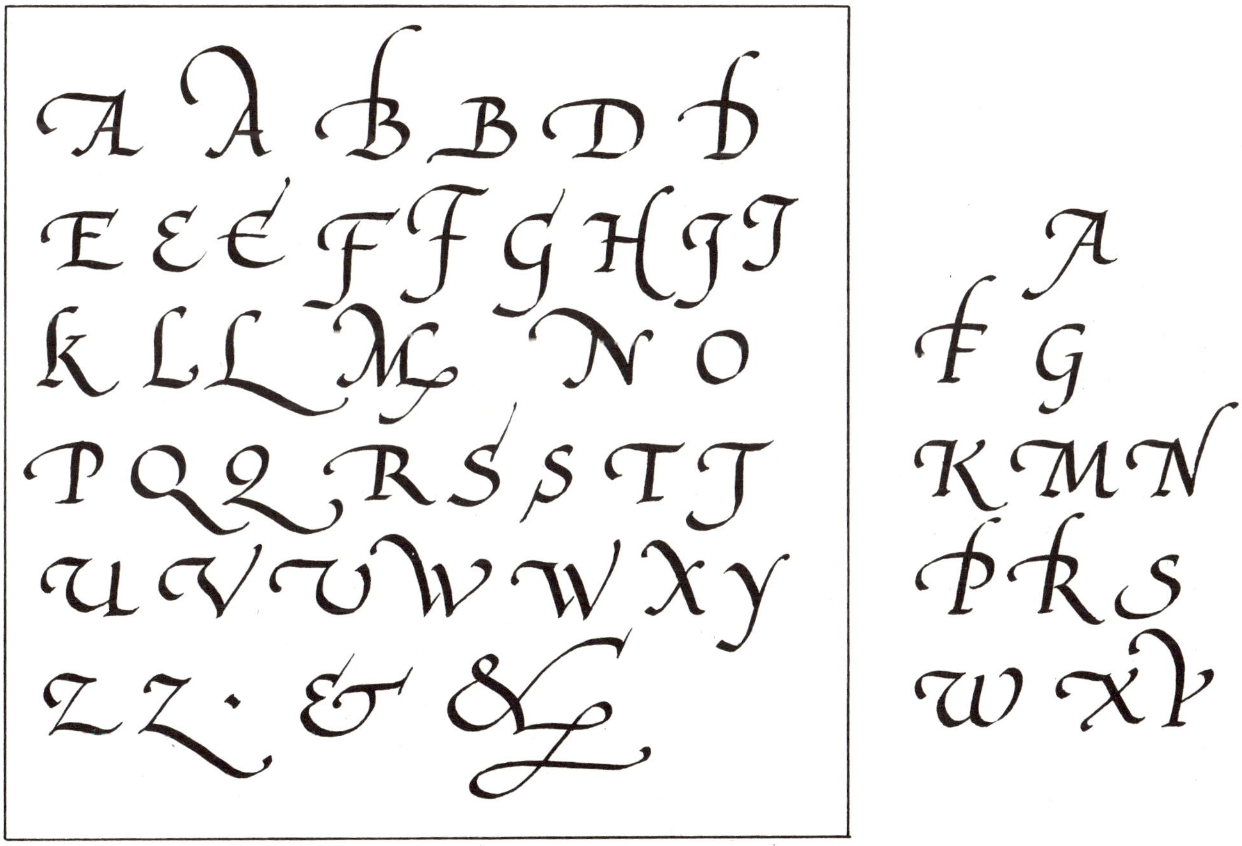

11 Schmuckinitialen der Humanistischen Kursive, Italien, 1. Hälfte 16. Jahrhundert,

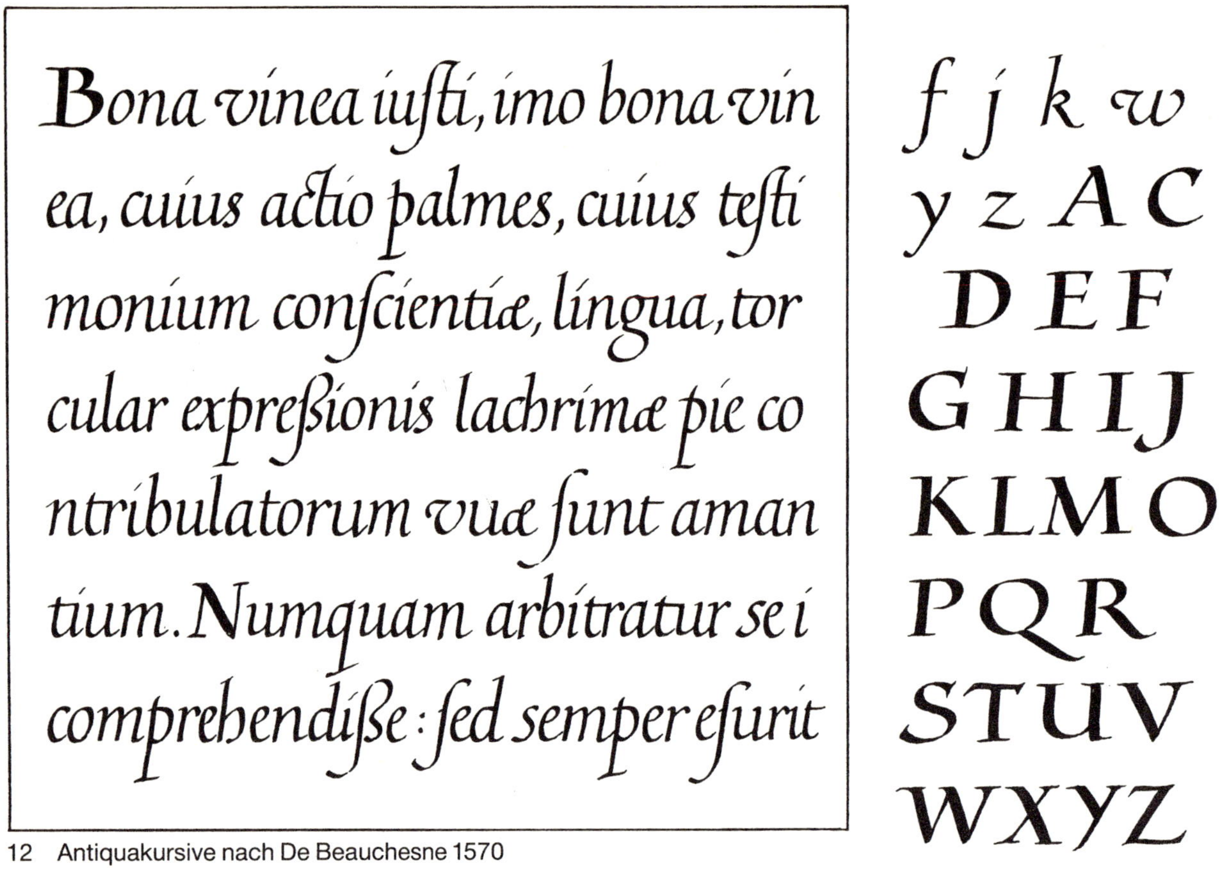

12 Antiquakursive nach De Beauchesne 1570

Antiquakursive der Renaissance und ihre Weiterentwicklung

Die Humanistische Kursive entstand aus einer lateinischen Handschrift der Frührenaissance, wie sie auch von Michelangelo beherrscht wurde. Der Übergang zur kalligraphischen, d. h. von Berufsschreibern zur »Schriftkunst« erhobenen Schrift ist nahtlos: Sie blieb das rhythmisch gegliederte Schriftband, klar und bestimmt in den Einzelformen, aber jeder Buchstabe auf den folgenden bezogen und – wo es sinnvoll ist – auch direkt verbunden.

In der Hochrenaissance erschien in Italien eine Reihe von Schriftmusterbüchern (u. a. von Arrighi, Palatino, Tagliente und dem Spanier De Yciar). Dieser Höhepunkt der Schreibkunst ist mit dem Namen »Cancellaresca« (Kanzleischrift) verbunden; diese Bezeichnung erhielten aber auch andere Schriften. Im Barock wurde dieser Schreibstil in Frankreich, den Niederlanden und vor allem in England weitergepflegt; ja gerade im letztgenannten Land riß die Tradition, »Italic« zu schreiben, nie ganz ab. Am Ende des 19. und zu Beginn des 20. Jahrhunderts fand man dort zu den besten historischen Schriften der Renaissance zurück und entdeckte, daß die Cancellaresca immer noch eine unübertroffen gute Schreibschrift ist. Unter anderen ist es Paul Standard zu verdanken, daß sie an vielen Schulen Großbritanniens als Grundschrift wieder eingeführt wurde.

Warum ist diese Schriftart »klassisch« zu nennen, d. h. von zeitlos gültiger Qualität? Weil vor allem die Schmalform und die Schrägneigung das flüssige Schreiben fördern. Sodann muß kaum (nur bei einzelnen Versalien) der Anstellwinkel der Feder verändert werden. Außerdem erhöhen die ausgeprägten Ober- und Unterlängen die Lesbarkeit dieser Schrift.

Besonderes Augenmerk verdienen die Versalien: Sie können in der einfachsten Form neben den Minuskeln stehen; aber auch Zierschleifen sind in vielfältigen Formen möglich. Man muß sie nur mit einigem Schwung mit der Grundform verbinden, damit sie nicht wie etwas unorganisch Angeflicktes wirken. Die Schwünge sollen allerdings nicht allzu ausladend werden, weil die Unterbrechung in der Zeile und die Größe des Zeilenabstands nicht zu groß werden sollen. Im deutschen Text sind unter Umständen so viele Substantive enthalten, daß man nur einzelne Versalien mit einer Zierschleife versehen kann.

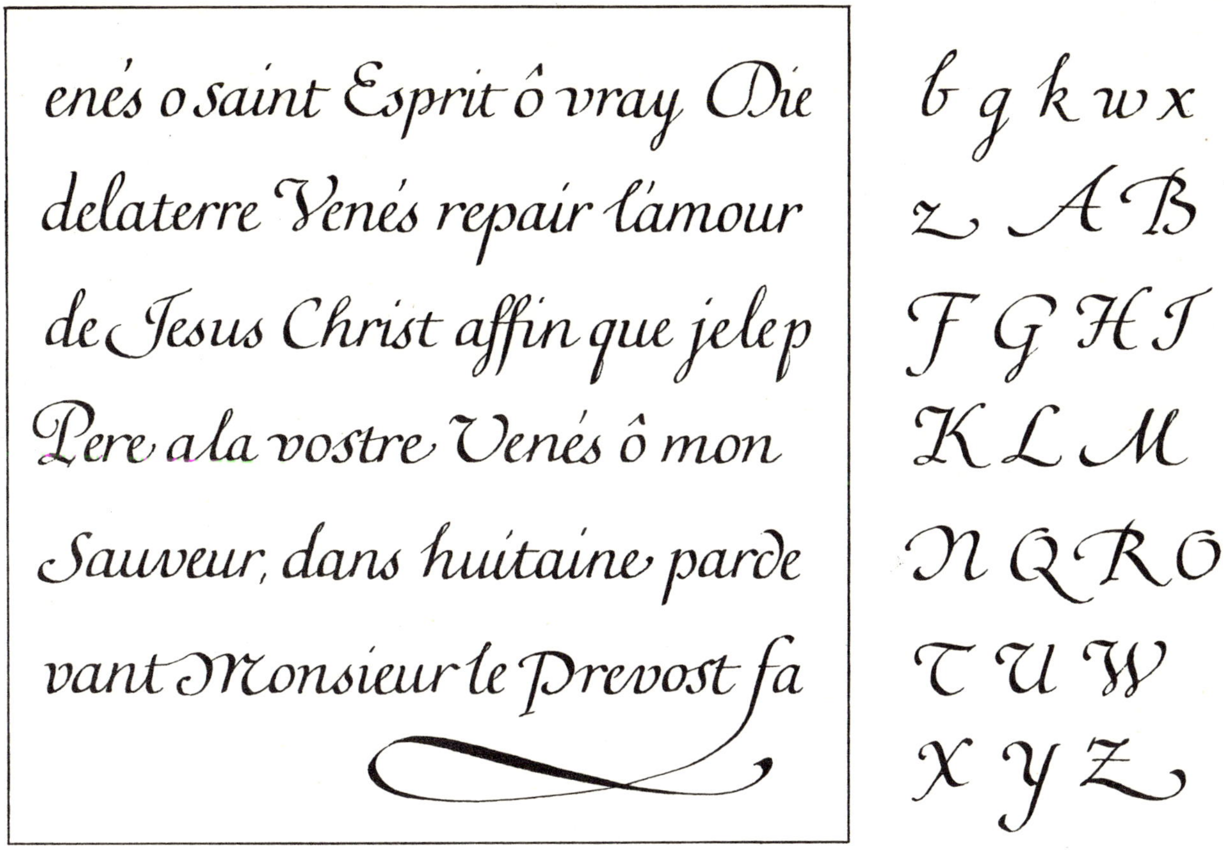

13 Bastarda (Bâtarde Italienne) nach Senault, Paris 1670

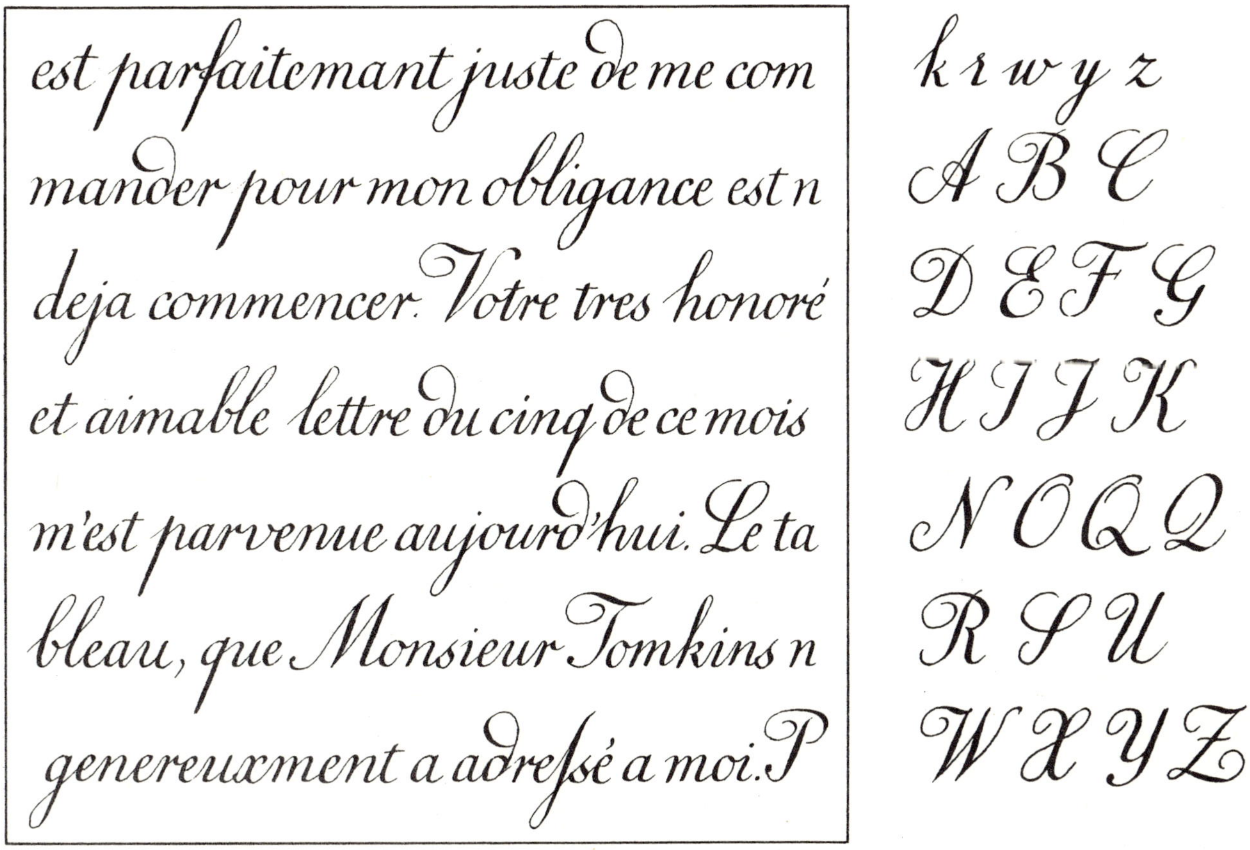

14 Englische Schreibschrift (English hand oder Anglaise coulée), Frankreich, 18. Jahrhundert

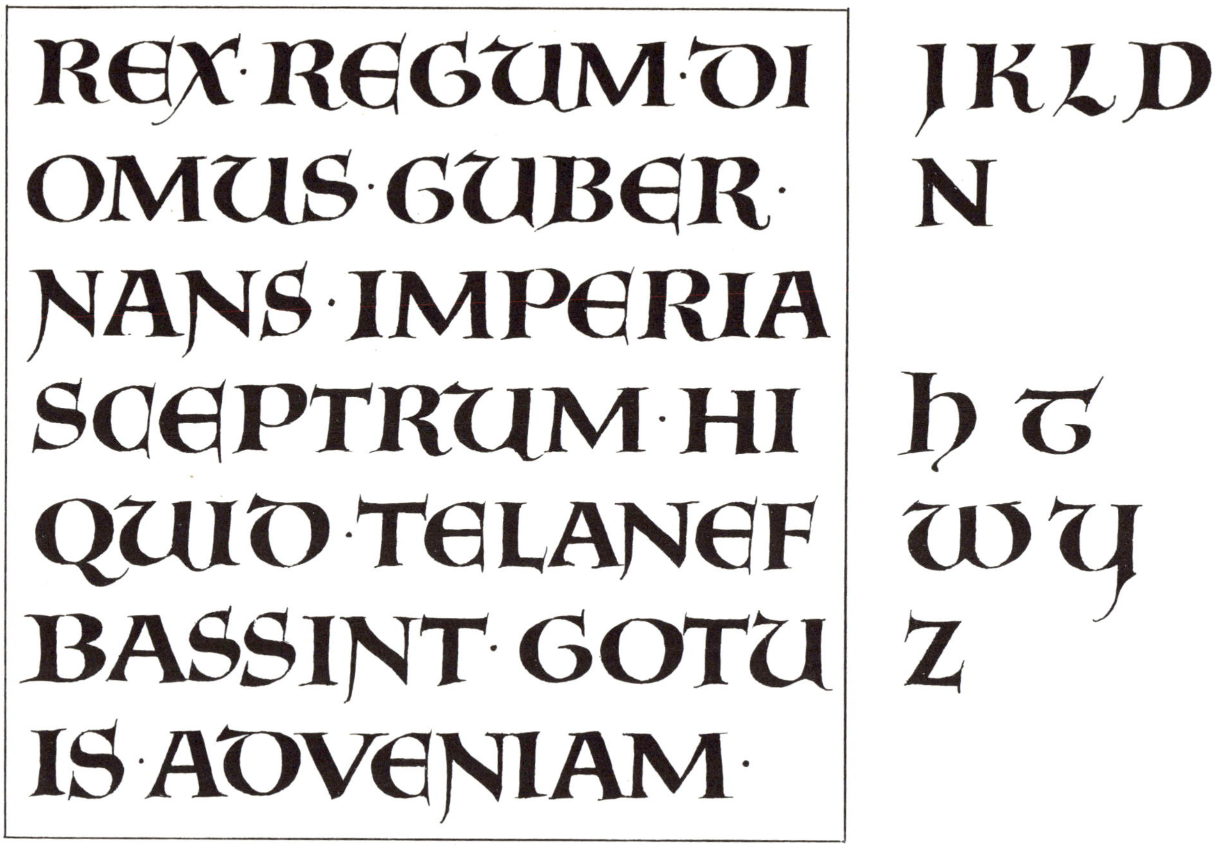

15 Romanisch-Gotische Unziale, Auszeichnungsschrift aus dem 12. Jh.

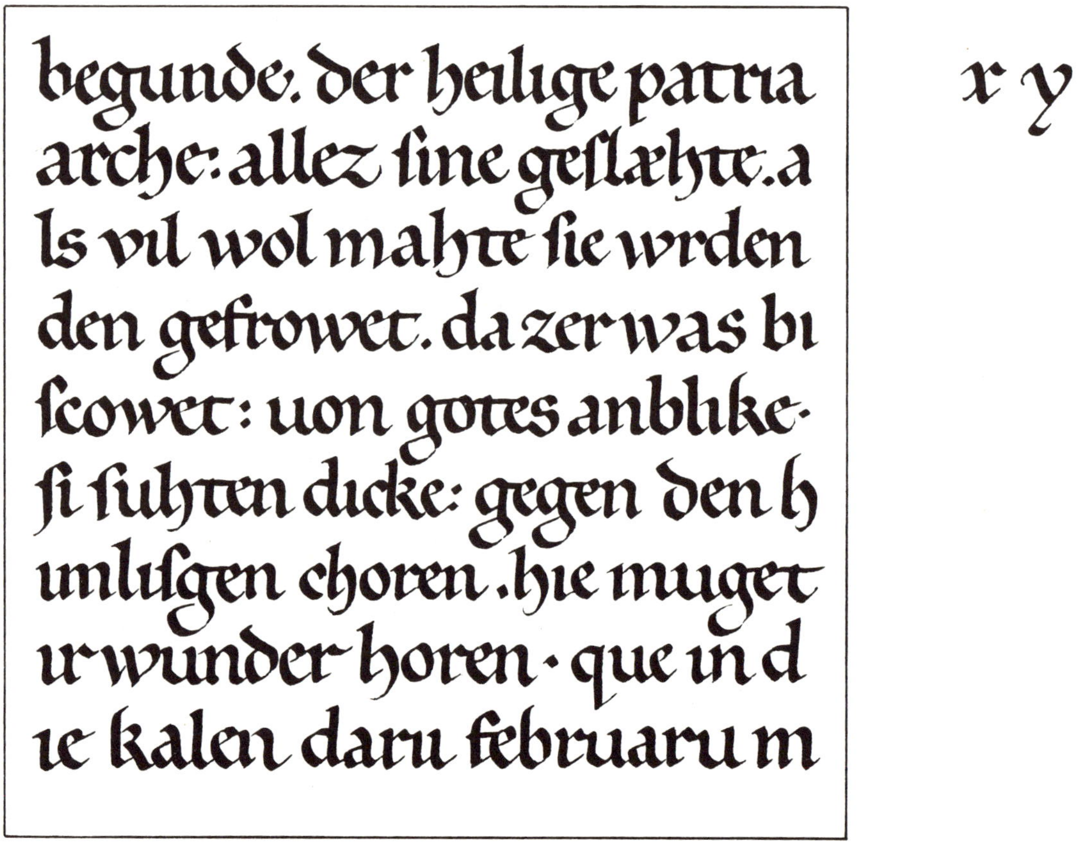

16 Frühgotische Minuskel, Anfang 13. Jahrhundert

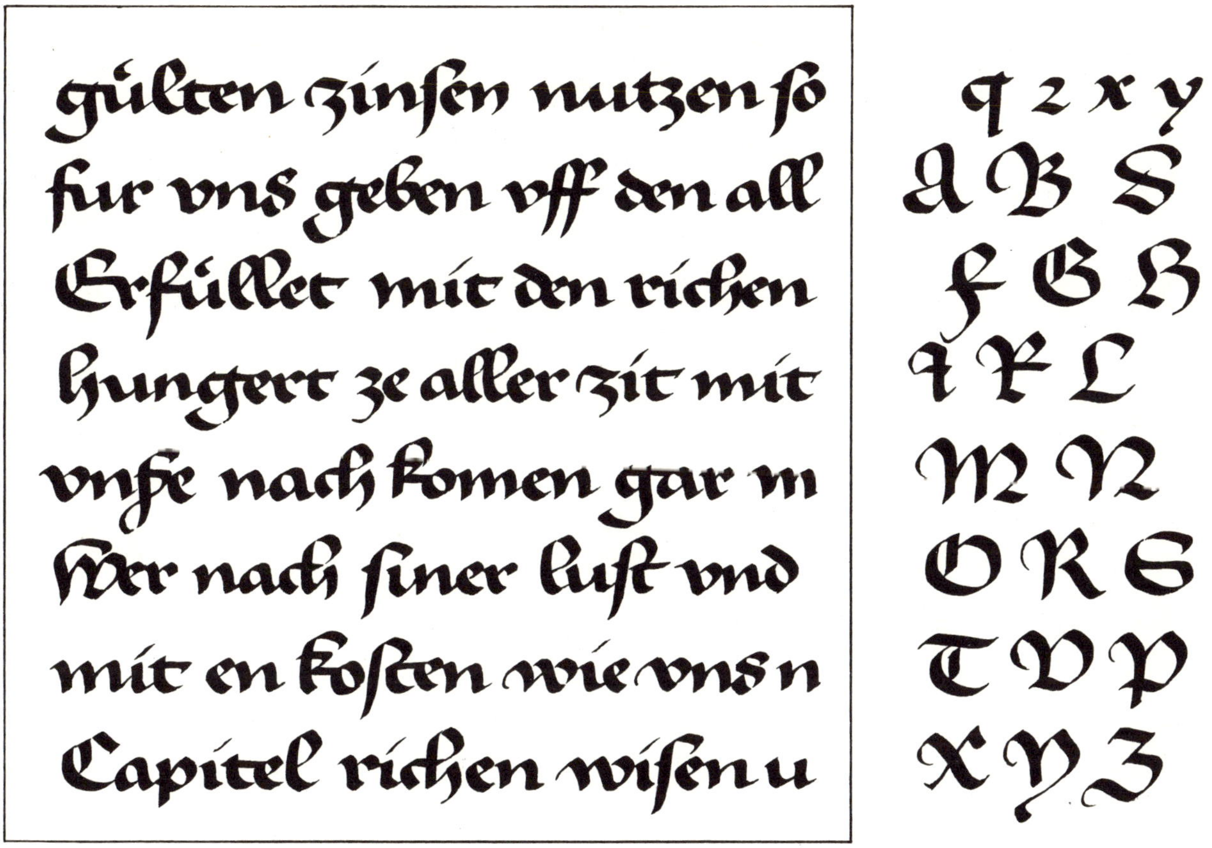

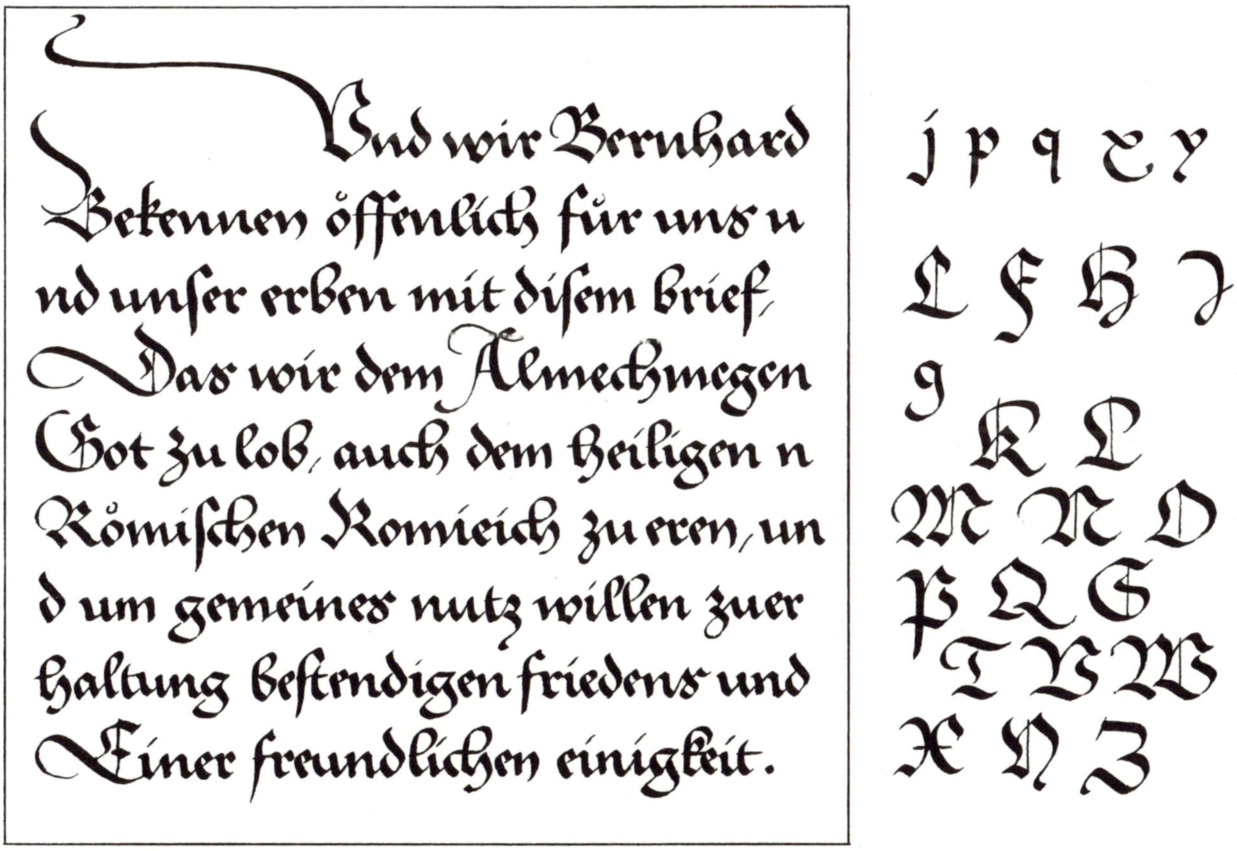

17/18 Gotische Minuskel (Kurrentformen), 13.–15. Jahrhundert

19 Gotische Minuskel (Textur) nach »Sächsische Weltchronik«, 13. Jh.

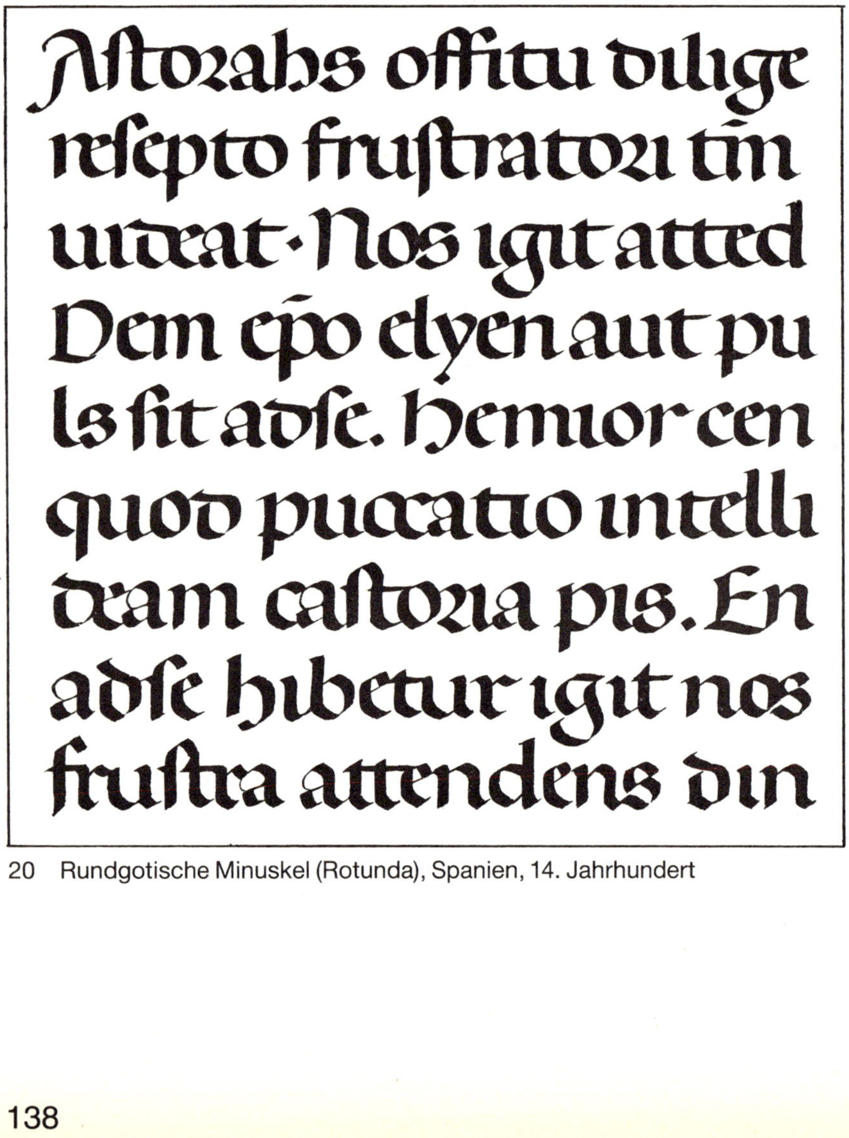

20 Rundgotische Minuskel (Rotunda), Spanien, 14. Jahrhundert

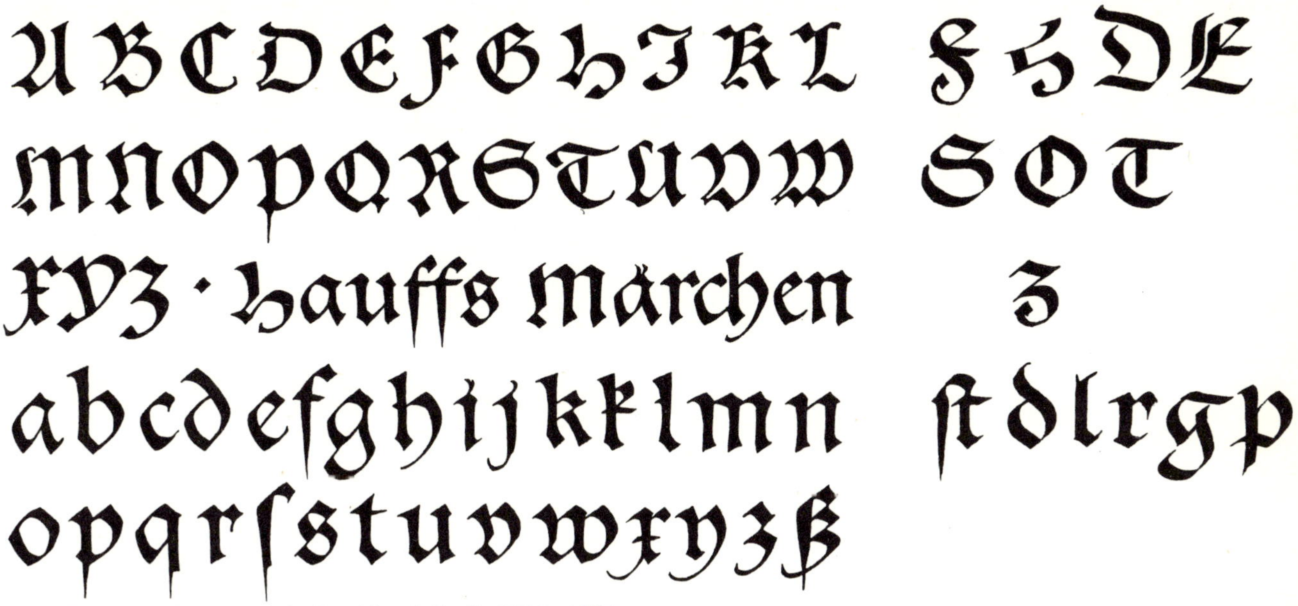

21 Schwabacher von Joh. Boehland, Berlin 1903–1964

Die Schwabacher ist zuerst als Druckschrift am Ende des 15. Jahrhunderts aufgetaucht. Nach der Textur ist sie die zweite Schrift Gutenbergs; sie wurde sehr schnell ihrer besseren Lesbarkeit wegen angenommen. Die aus Augsburg und Nürnberg kommende Schrift zeigt einen energischen Federzug. Charakteristisch sind die nebenstehenden Formen und das sog. Elefantenrüssel-S. – Als Übergangsschrift war sie so offen wie die Antiqua, so formenreich wie die Fraktur, die späte Endform der spezifisch deutschen Entwicklungslinie.

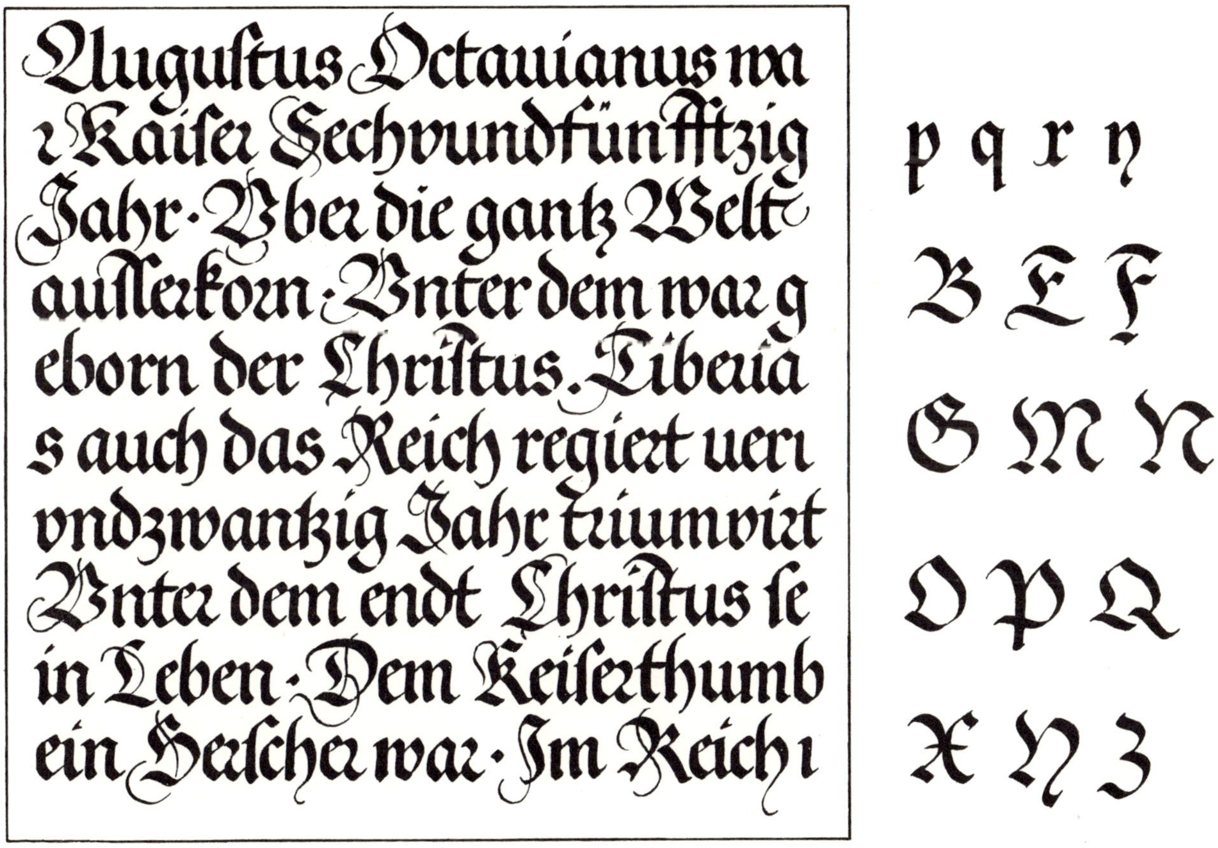

22 Fraktur nach Johann Leupolt, Nürnberg (?) 1590

Schreibformen der arabischen Ziffern

Die Ziffern der Römer hatten die Form der Kapitalschrift oder der (Capitalis) Quadrata. Da die einzelne Ziffer (nicht die Zahl!) aus bis zu vier Zeilen bestand, waren selbst einfachste Rechenvorgänge kompliziert und mühevoll. So ist es kein Zufall, daß es italienische Kaufleute waren, die das einstellige System der arabischen Ziffern von den Mauren in Spanien übernahmen, um rationeller rechnen zu können. Die Null hatten jene den Indern abgeschaut.

Im Mittelalter machten die als Gobarziffern eingeführten Zeichen für 2, 4, 5 und 7 noch eine Wandlung durch, bis sie schließlich in das Alphabet der Renaissance-Antiqua aufgenommen wurden, deren Formen noch heute gültig sind.

Die sogenannten *Minuskelziffern* hatten wie selbstverständlich auch Ober- und Unterlängen, wenngleich in einem anderen Verhältnis als bei den Minuskeln. Erst mit der klassizistischen Antiqua brachte man die Ziffern auf eine einheitliche (Großbuchstaben-)Höhe: Die *Versalziffern* wurden auch bei geschriebenen Schriften im Zusammenhang mit Versalzeilen üblich. Die Minuskelziffern aber sind ihrer besseren Lesbarkeit wegen in Verbindung mit »gemischter Schreibweise« (Groß- und Kleinbuchstaben) vorzuziehen. Einen Kompromiß stellen die Ziffern der Englischen Schreibschrift dar: Sie sind zwar gleich hoch, aber etwas kleiner als die Versalien gehalten (siehe auch Seite 24).

Für die Ziffern gibt es nach wie vor keinen Formenkanon, auf den man bei der Wahl einer historischen Schriftart zurückgreifen könnte. Man sollte sich trotzdem vor willkürlichen Formänderungen hüten und gute Beispiele (Fotosatzschriften mit Schreibduktus) zu Rate ziehen. Hier sei besonders auf die Ziffern der *Trump-Mediäval* (Seite 20) hingewiesen. Nicht von allen hervorragenden Satzschriften, die wirklichen Schreibduktus aufweisen, sind auch Fotosatzschriften vorhanden. Weitere, diesem hohen Standard entsprechende Satzschriften sind die *Palatino* und die *Chancery* von Hermann Zapf mit ihren Kursivformen. Besonders die letztgenannten Schriften geben den Schreibcharakter deutlich wieder. Zudem bieten diese Schriften beide Ziffernformen: Versal- und Minuskelziffern an.

Schon die alten **Römer** *hatten eine Art Zehnersystem, freilich ohne die Null (Sie erschien erstmals auf einer indischen Urkunde von 738 n. Chr. Geb.). Es ist teils additiv:* **XXX** *= 10+10+10 = 30,* **XVIII** *= 10+5+3 = 18, teils subtraktiv:* **IX** *= 10−1 = 9,* **XC** *= 100−10 = 90. Die niedrigeren Zahlzeichen sind aus Finger- bzw. Handzeichen entstanden; die höheren Zahlen entstanden aus Buchstaben:* **C** *=* **Centum** *= 100,* **M** *=* **Mille** *= 1000, außerdem* **L** *= untere Hälfte von* **C** *= 50,* **D** *= rechte Hälfte von einem Unzial-M = 500.*

→ Dieser Text wurde geschrieben im Jahre **MCMLXXXVII** *= 1987: Das Verschwinden der römischen Ziffern im >Schriftverkehr< seit Adam Riese (geboren 1492) bedarf da wohl keiner weiteren Erklärung.*

Arabische Ziffern der Neuzeit

Gobarziffern: erste in Europa auftauchende Übergangsform

Ziffern aus gotischen Inschriften

Zur Renaissance-Antiqua gehörende sogenannte Minuskel-Ziffern mit Ober- und Unterlängen

wie oben in Kursivform

(geschriebene) Frakturziffern der Renaissance
Ziffern zur »Alten Schwabacher«

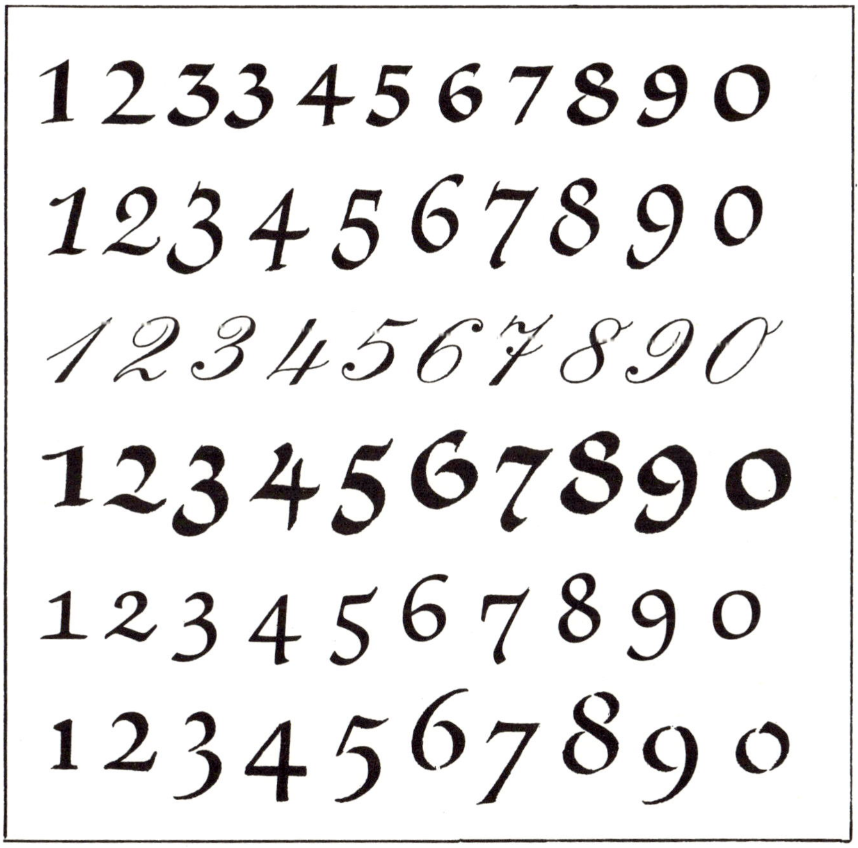

Sogenannte Versalziffern einer modernen (handschriftlichen) Antiqua

Minuskelziffern einer modernen Antiqua-Kursive

Englische Schreibschrift (Versal-Ziffern)

Breite, fette Variante einer geschriebenen Antiqua

Ziffern der Zapf-Chancery von Hermann Zapf (1979)

Ziffern zur Auriol, einer modernisierten Jugendstilschrift

Sütterlin-Schulschrift

A B C D E F G H I J K L M N
O P Q R S T U V W X Y Z
a b c d e f g h i j k l m n o p q r ſ s ß ſt
t u v w x y z ä ö ü – Es ist aus!

Diese vereinfachte Form der Deutschen Schulschrift – in der Grundform anfangs des 20. Jahrhunderts an den deutschen Schulen eingeführt – wurde von Ludwig Sütterlin / Lahr / Berlin gezeichnet. Ab 1928 Pflichtschrift bis etwa zum Ende des 2. Weltkrieges. – Von da an stirbt dieser Ast der Schriftentwicklung ab, der sich aus den Kanzleischriften des 17. und 18. Jahrhunderts und ihren Handschriften entwickelte.

Lateinische Schulschrift

A B C D E E F G H I J K L M
N O P Q R S T U V W X Y Z
a b c d e f g h i j k l m n o p
q r s ß t u v w x y z ä ö ü

Ursprünglich stark mit der Humanistischen Kursive verwandt, verlor sie im Laufe der Zeit und mehrerer Reformen sehr viel von ihrem frischen, fast klassischen Charakter. – Das hier geschriebene Alphabet entspricht weder den gültigen west- bzw. ostdeutschen Ausgangsformen, sondern kann eher als Mischform aller im deutschsprachigen Raum gelehrten Formen gelten, die zur freien Handschrift hinführen soll.

LIGATUREN ſind Buchſtaben-verbindungen als Ergebnis einer verdichtenden Schreib-weiſe: es ſſ ſt ſu gr ll oo pe rr

ſſ ß ss ſp tt tz tu ze zz

AA AD KA KT KS KS LA

LZ LS NN OO PU RA RS RS

ST TY TT TZ WA ZA

PINSELSCHRIFT ist eine handwerkliche Technik, die präzise Formen mit dem individuellen Duktus des Schreibers vereint.

ELIFHT

WWAV

MNZX

YKRBPJ

DCGOS

U·123&4

Mit dem Pinsel geschriebene Antiqua-Alphabete:
Farbauftrag nichtdeckend (Transparenz erfordert eine gewisse Sicherheit beim Schreiben, da kein Nachziehen mehr möglich)

Ausschnitt aus einer Festschrift,
Frankreich, 16. Jahrhundert, mehrfarbig

Initialen: Historische Beispiele und neue Anwendungsmöglichkeiten

Die Initiale hat ihren Namen von dem lateinischen Wort initium (der Anfang) und bezeichnet einen besonders großen, sich auffällig von der Textschrift absetzenden ersten Buchstaben. Formenreichtum und Verzierungen aller Art bei historischen Werken der Kalligraphie verdienen unsere Bewunderung und sollen auch hier mit einigen wenigen Beispielen angedeutet werden. Wir können aber für heute abgefaßte Texte – auch wenn es sich um Jubiläumsurkunden handelt – keine historischen Formen kopieren. Wo aber repräsentative, handgeschriebene (bedingt auch gedruckte) Texte eine besondere Note bekommen sollen, liegt es nahe, den Anfang mit einer Schmuckform zu markieren. Das ruhige Raster der Textschrift erhält damit einen Kontrapunkt, der sich in der Regel auch farblich – in seltenen Fällen durch Goldauflage – von der Grundschrift absetzt.
Die Großschreibung der Anrede in Verbindung mit dem Initial wie beim obigen Beispiel ist eine historische Besonderheit. Es bleibt aber die Möglichkeit, Initial und »Überschrift« zu kombinieren, wenn das erste Wort des Textes eine besondere Hervorhebung rechtfertigt.

Beginn des Johannes-Evangeliums, geschrieben in Irland um 680

Confiteant' dn̄o miſcdie eius :
lia eius filijs hominū. Ut ſacri
ficiū laudis : ⁊ annūcient opera ei
tatione. Qui deſcendūt mare in
facientes operationē in aquis mul
viderūt opa dn̄i : et mirabilia eiu
do. Dixit et ſtetit ſpiritꝰ ꝓcelle
ti ſūt fluctus eius Aſcendūt uſ
et deſcendunt uſqȝ ad abiſſos : a
in malis tabeſcebat. Turbati ſ
ſunt ſicut ebrius : et omnis ſapi
uorata eſt. Et clamauerūt ad i
tribularent' : et de neceſſitatibȝ e
eos. Et ſtatuit ꝓcellam eius in
luerūt fluctus eius. Et letati ſu

Texturtype von Johann Fust und Peter Schöffer, Mainz, Psalter von 1457 (Teil einer Seite).
Die Initialen sind im Original rot

Titel zu Schedels Weltchronik von A. Koberger, Nürnberg 1493, Holzschnitt nach geschriebener Vorlage

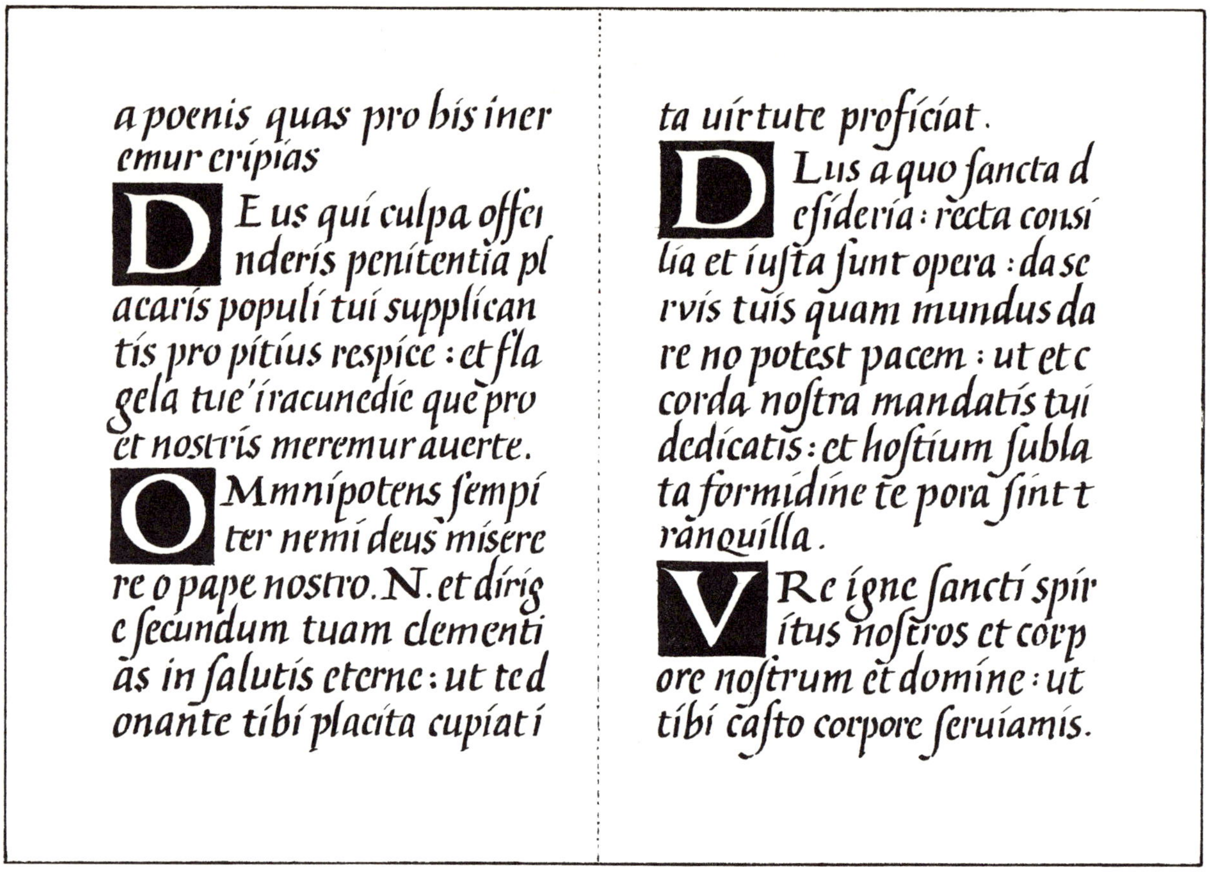

a poenis quas pro his iner
emur eripias
D Eus qui culpa offei
nderis penitentia pl
acaris populi tui supplican
tis pro pitius respice : et fla
gela tue iracunedie que pro
et nostris meremur auerte.
O Mmnipotens sempi
ter nemi deus misere
re o pape nostro. N. et dirig
e secundum tuam clementi
as in salutis eterne : ut ted
onante tibi placita cupiat i

ta uirtute proficiat.
D Eus a quo sancta d
esideria : recta consi
lia et iusta sunt opera : da se
rvis tuis quam mundus da
re no potest pacem : ut et c
corda nostra mandatis tui
dedicatis : et hostium subla
ta formidine te pora sint t
ranquilla.
V Re igne sancti spir
itus nostros et corp
ore nostrum et domine : ut
tibi casto corpore seruiamis.

Typographie des Stundenbuchs von Arrighi, Italien um 1515

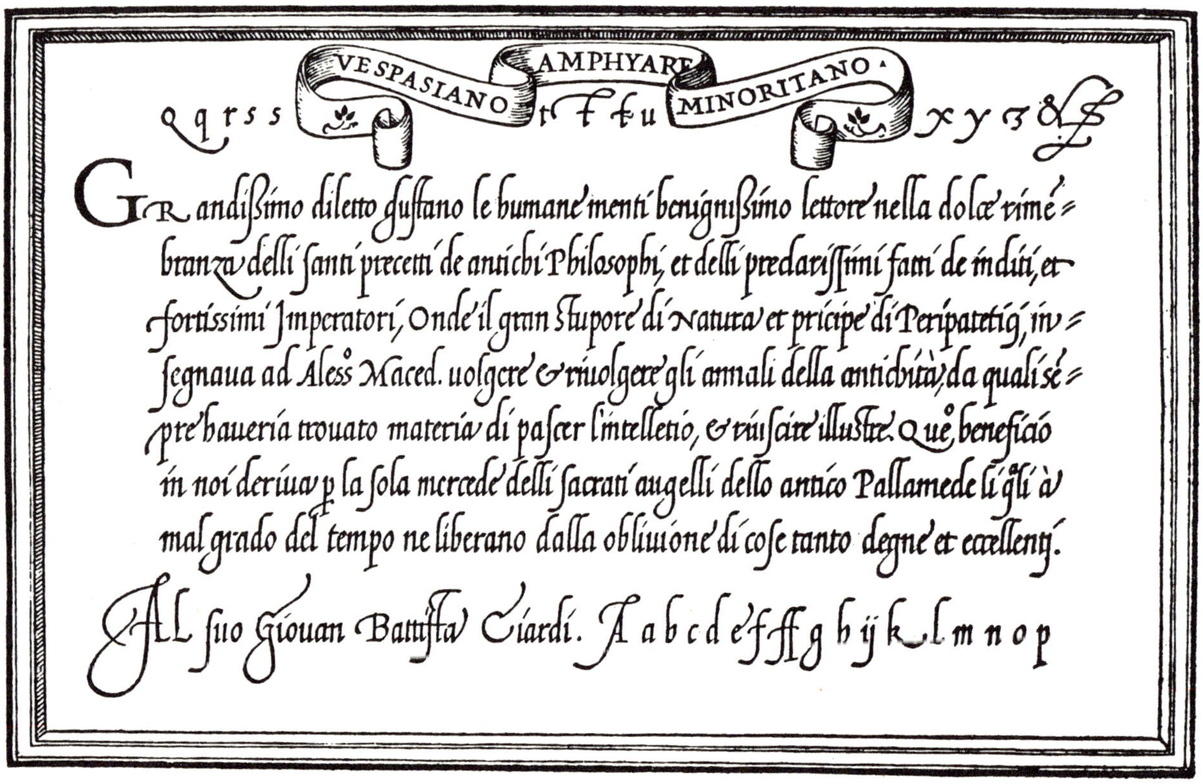

VESPASIANO AMPHYARE MINORITANO

q r s s t f u x y z &

Grandissimo diletto gustano le humane menti benignissimo lettore nella dolce rime=
branza delli santi precetti de antichi Philosophi, et delli preclarissimi fatti de inditi, et
fortissimi Imperatori, Onde il gran Stupore di Natura et pricipe di Peripatetici, inv=
segnaua ad Aless. Maced. uolgere & riuolgere gli annali della antichità, da quali se=
pre haueria trouato materia di pascer l'intelletto, & riuscire illustre. Que beneficio
in noi deriua p la sola mercede delli sacrati augelli dello antico Pallamede li gli à
mal grado del tempo ne liberano dalla obliuione di cose tanto degne et eccellenti.

Al suo Giouan Battista Ciardi. A a b c d e f f g h i j k l m n o p

Aus dem Schreibbüchlein des Amphiareo, Venedig 1554, Holzschnitt

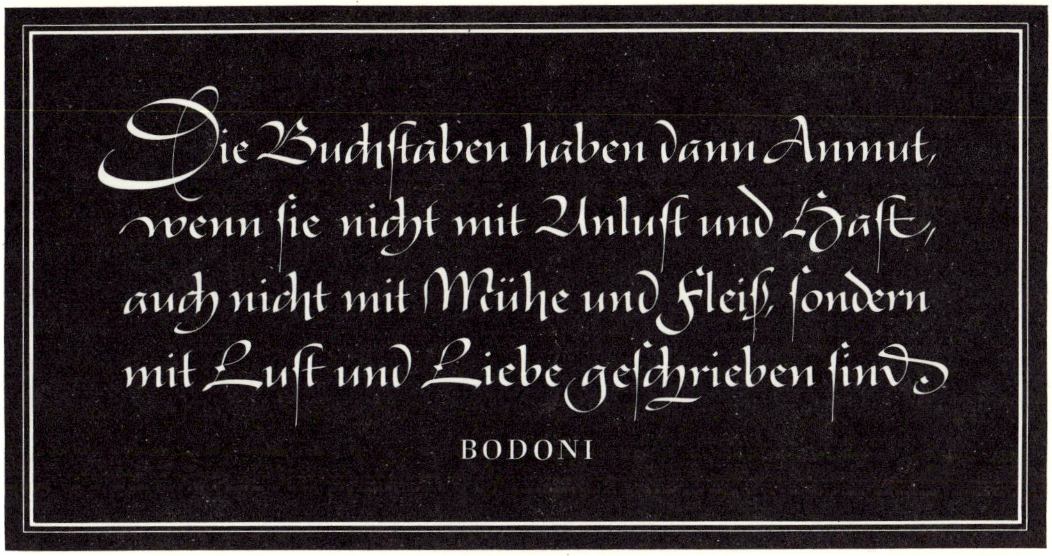
Die Buchstaben haben dann Anmut,
wenn ſie nicht mit Unluſt und Haſt,
auch nicht mit Mühe und Fleiß, ſondern
mit Luſt und Liebe geſchrieben ſind.

BODONI

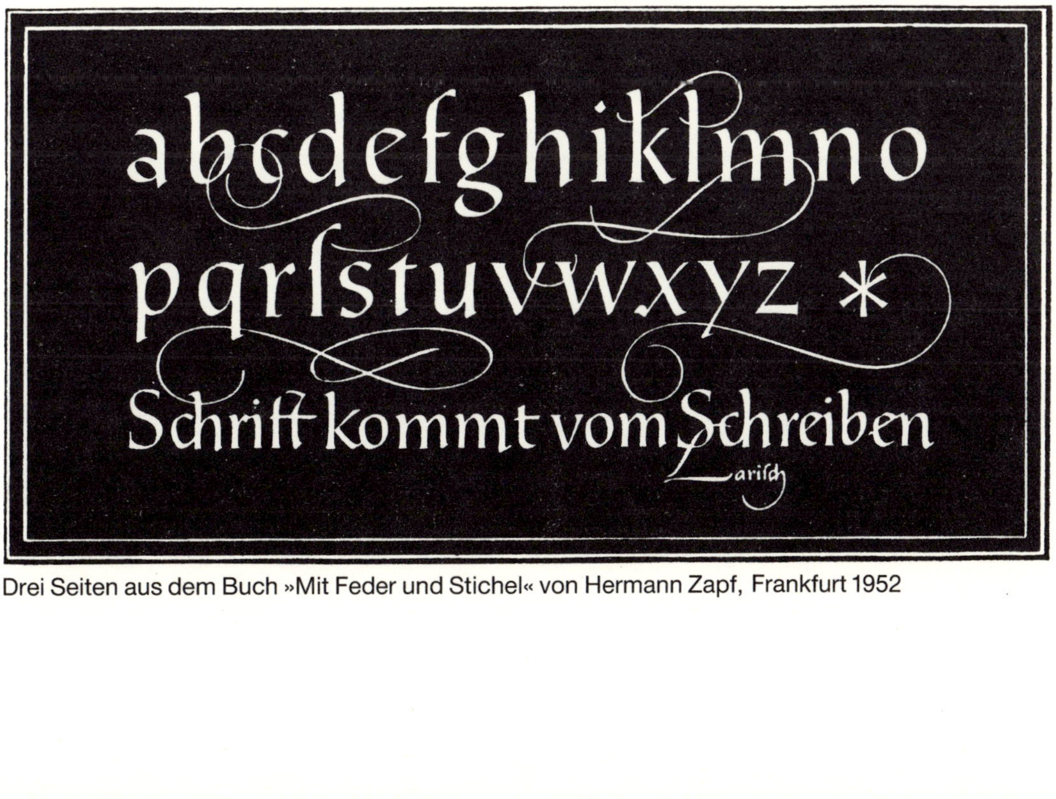
abcdefghiklmno
pqrſstuvwxyz *
Schrift kommt vom Schreiben
Larisch

Drei Seiten aus dem Buch »Mit Feder und Stichel« von Hermann Zapf, Frankfurt 1952

Die Wahrheit iſt das, was jeder Menſch zum Leben braucht und doch von niemandem bekommen oder erſtehen kann. Jeder Menſch muß ſie aus dem eigenen Innern immer wieder produzieren, ſonſt vergeht er. Leben ohne Wahrheit iſt unmöglich. Die Wahrheit iſt vielleicht das Leben ſelbſt.

APHORISME VON FRANZ KAFKA

Was ist »modern« an diesen beiden Beispielen der Initialanwendung aus jüngster Zeit?

Die großzügige Typographie, die ein flüssiges Lesen unterstützt, eine gewisse Sachlichkeit, ruhige Zeilenbänder, viel Raum. Beim ersten Beispiel zeigen die Initiale und weitere Einzelbuchstaben Zierformen, die sich selbstverständlich in das Schriftbild einfügen. Beim zweiten Beispiel handelt es sich um in den Text integrierte Initialen, die das Graubild rhythmisch unterbrechen. Das ist nicht bei jedem deutschen Text möglich, da die unselige Großschreibung der Substantive zu einer einseitigen Häufung fetter Versalien führten könnte (siehe auch Beispiel Seite 134 in lateinischer Sprache).

Jedes Wort ist wie ein Kunstwerk und als solches einem lebenden Organismus ähnlich: Der einzelne Buchstabe nämlich trägt den Formwillen des Ganzen in sich, so wie jede Zelle um den Plan des Ganzen weiß. Der einzelne Buchstabe also ist Teil des gesamten Kunstwerks und muß selbst sein wie dieses.

JOHANNES BOEHLAND

Eine Initiale sollte derselben Schriftart zugehören wie der Text, kann sich aber im Duktus deutlich unterscheiden – in der Größe sowieso. In der Regel ist sie dickbalkig, dabei heller und reiner in der Farbe. Auch vor Kursivschrift bleibt sie meist geradstehend. Das gezeigte Beispiel muß man sich mit dunklem Schatten in der Farbe des Buchstabens vorstellen.

Besonders betont wird eine Initiale, wenn sie negativ in einem farbigen Rechteck ausgespart bleibt, das oben und links bündig in den Text eingesetzt wird. Die Höhe des Rechtecks kann auf Buchstabengröße begrenzt werden.

Eine über den Zeilen angeordnete Initiale wird am besten im Goldenen-Schnitt-Verhältnis placiert (Mitte Initiale–nach links 5, nach rechts 8 Teile). Günstig für Texte, die im unteren Teil eines Blatts beginnen, das darüber unbeschriftet bleibt.

Rahmen um eine Initiale geben ihr eine bildartige Wirkung. Sie sollte stets in den Text eingebunden sein, wenigstens die Initiale selbst (wie im gezeigten Beispiel: Oberkante bündig mit erster Zeile). Weniger geeignet für die Buchstaben I, L und Q.

ZIERFORMEN können Teil einer Überschrift-ähnlichen Hervorhebung sein. In diesem Fall sollte die Auszeichnung, die Initiale und der Text gleichartig geschrieben sein.

WORTinitialen sind eine Zwitterform: weder Initiale im engeren Sinn noch Überschrift, geeignet für besonders hervorzuhebende Wörter oder Wortteile. Sie gehören derselben Schrifttype zu wie der Text, können sich aber in Größe, Duktus oder Farbe (auch durch Kursivform) unterscheiden.

Variationsformen der geschriebenen Initiale

Der Begriff *das Initial* oder *die Initiale* (beide Formen sind gebräuchlich und richtig) kommt aus dem Lateinischen und bedeutet »Anfang«.

Auf den Seiten 157 bis 175 ist zu jedem Buchstaben des Alphabets eine Reihe von Zierformen abgebildet, die mit einer Bandzugfeder oder mit einem Flachpinsel gleicher Breite ohne Vorzeichnung geschrieben sind. Sie sollen in den gezeigten Formen nicht einfach übernommen werden, sondern vielmehr dazu anregen, selbst Initialen zu entwerfen (man wird aus einer Vielzahl von Entwürfen den besten aussuchen – eine Methode, nach der auch die vorliegende Auswahl getroffen wurde).

In der ersten Reihe wird jeweils (negativ) die Form der Capitalis Rustica und in Kontur die Form der Römischen Kapitalschrift sowie (schwarz) eine breite Form mit betonten Serifen gezeigt. Negativ- und Konturform sind bei allen weiteren Beispielen anwendbar, die Konturform verlangt allerdings eine gewisse Größe und einen fetten Duktus (dicke Balken) und bleibt in der Regel geradstehend.

Besondere Initialformen mit großen Zierbogen weist die »Humanistische Kursive«, auch »Cancellaresca« genannt, auf. Sie sind auf Seite 133 abgebildet. Die Versalien der gebrochenen Schriften Textur, Schwabacher, Fraktur und Rotunda sind Zierformen, die bei den entsprechenden Alphabet-Beispielen in den Teilen 1 bis 3 zu finden sind.

Die Übereinstimmung der Initialen mit der Textschrift ergibt sich aus der einfachen Regel, daß beide mit gleichartigem Schreibwerkzeug (Bandzugfeder oder Flachpinsel), der Text allerdings in magerem Duktus geschrieben werden.

Die Renaissance-Antiqua kann auch als Satzschrift mit geschriebenen Initialen kombiniert werden. Ob geschriebener oder gedruckter Text: Zur geradstehenden Textschrift kann ein Kursiv-Initial gestellt werden und umgekehrt. In jedem Fall aber ist durch Größe, Farbe und Duktus ein eindeutiger Kontrast zwischen Initiale und Textblock Voraussetzung für ein typographisch überzeugendes Gesamtbild.

Wie bei den Vokal-Umlauten bereits angedeutet (also Ä, Ö und Ü), können kompakte Ligaturen als *eine* Initiale stehen. Als weitere Beispiele sind Qu und St angeführt. Natürlich sind auch Ligaturen wie Ch, Ph, Sch und Th möglich.

Gleichsam als Anhang sind auf Seite 173 und 174 Beispiele für komplizierte Schmuckbuchstaben gezeigt. Die aus einem Bündel geschriebener Linien bestehenden Initialen können bei aufwendigen Arbeiten dort eingesetzt werden, wo die Initiale sehr groß, aber nicht als fetter massiver Buchstabe erscheinen soll. Durch Zierlinien, die manchmal in einen Rahmen münden, kann aus der offenen Form ein geschlossenes Rechteck entstehen. Solche Formen dürfen zwar das Ergebnis spielerischer Versuche sein, aber sie sollten nicht verspielt wirken. Die Grundform darf niemals verfälscht oder gar unkenntlich gemacht werden. Alle Teile der Initiale sollten mit Bandzugfedern – auch mit unterschiedlich breiten – geschrieben werden.

Das sehr dynamische A, das vergleichsweise einfach zu schreiben ist, bietet uns in allen Varianten ausgezeichnete Verwendungs-Möglichkeiten als Initial.
Aber: Auch bei der stärksten Veränderung darf die Dreieckform nicht verlassen werden; der rechte Schrägbalken kann senkrecht gestellt werden (auch bei anschließender geradestehender Schrift), niemals jedoch der linke!

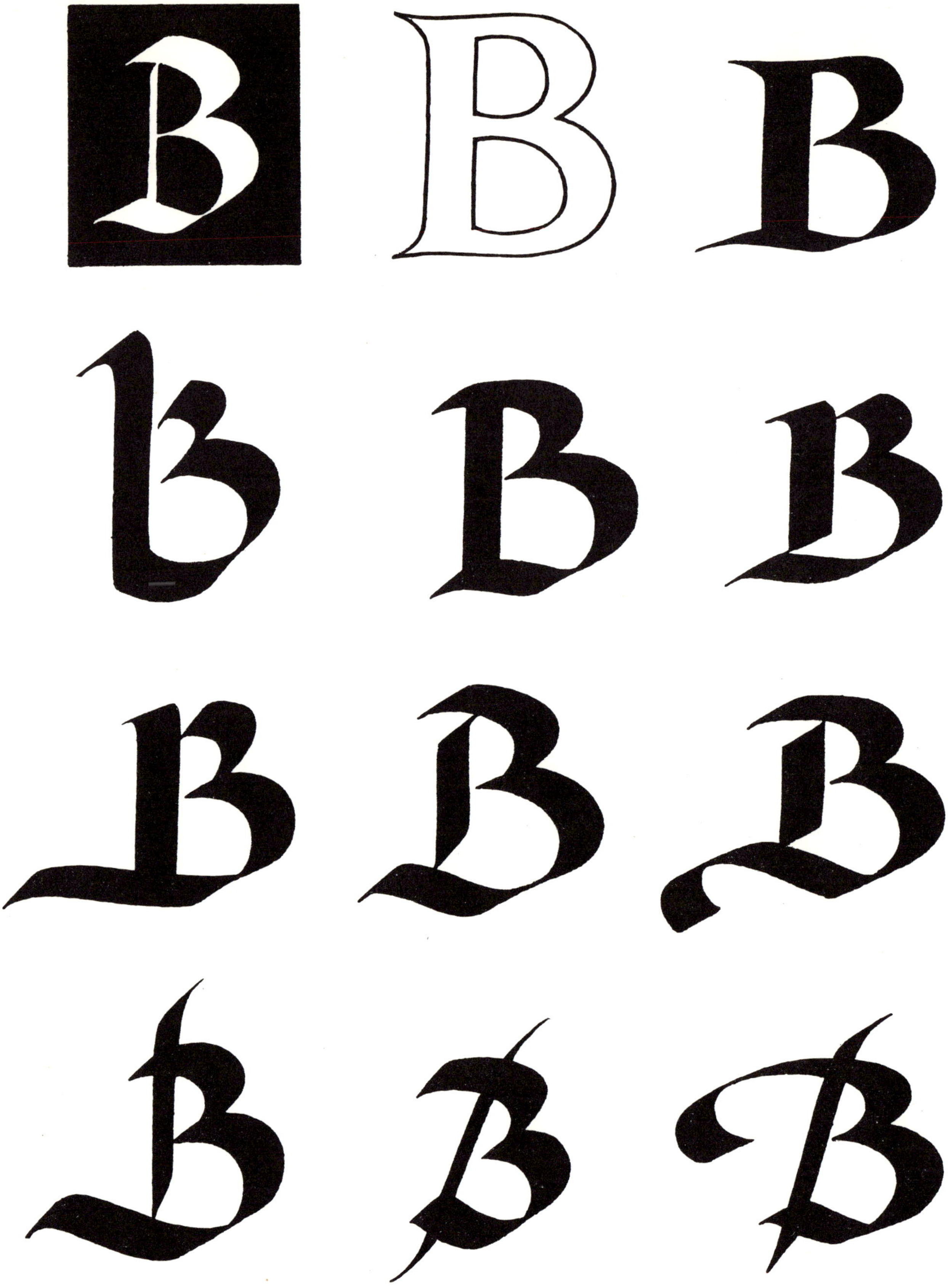

Aufgrund seiner detailreichen Figur eignet sich das B ausgezeichnet für die Verwendung als interessantes Initial in jedem der dargestellten Schriftcharaktere. Es ist schwierig zu schreiben, da das Ausbalancieren dieses Buchstabens mit seinen Rundungen erhebliche Anforderungen an das Formgefühl des Schreibers stellt.

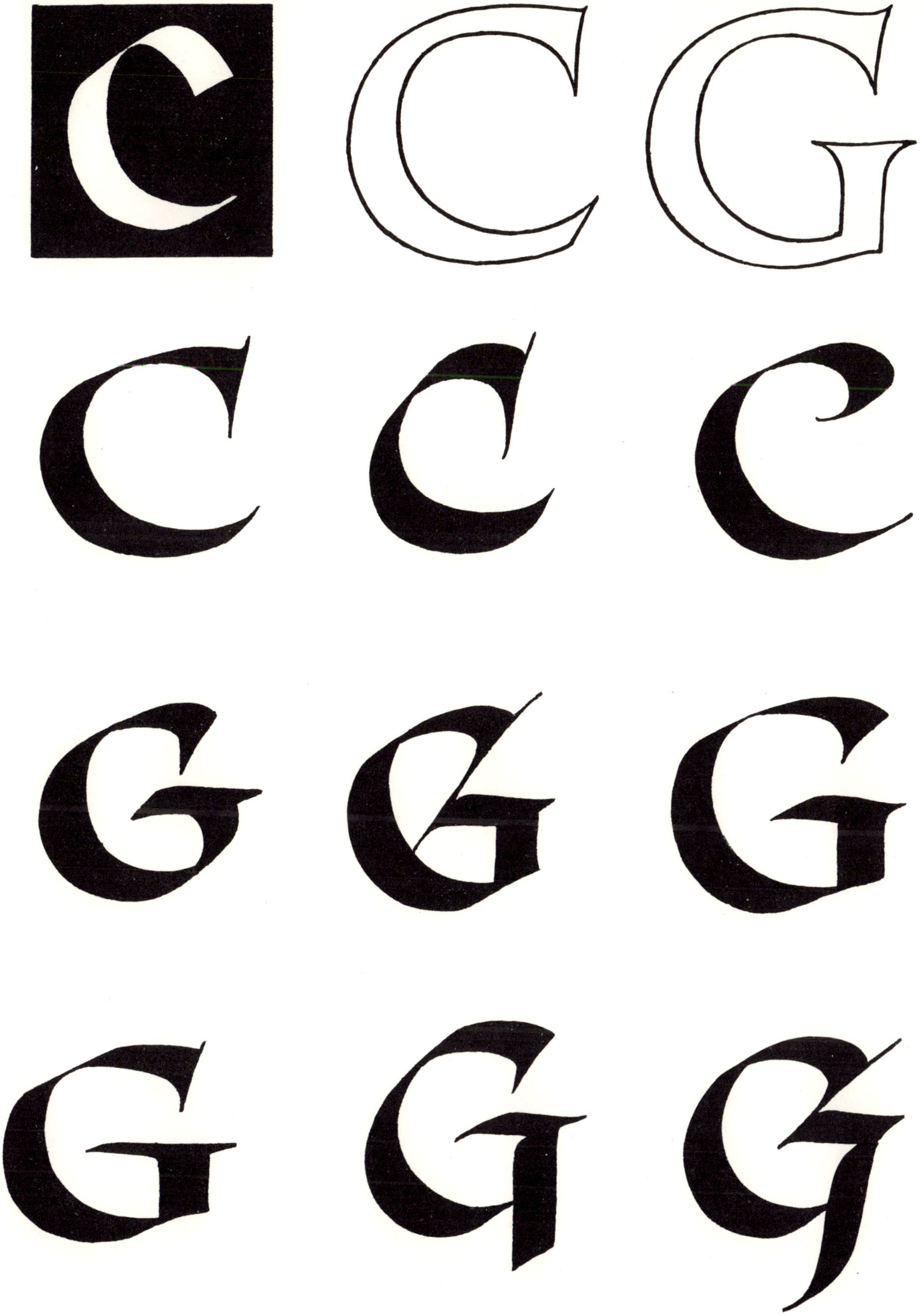

Die Kreisform bestimmt den Charakter beider Buchstaben, die sich jedoch durch Winkel, Standbein und oft den Querbalken des G deutlich unterscheiden. Senkrechte wie auch waagerechte bilden den Ansatz für schmückende Verlängerungen.

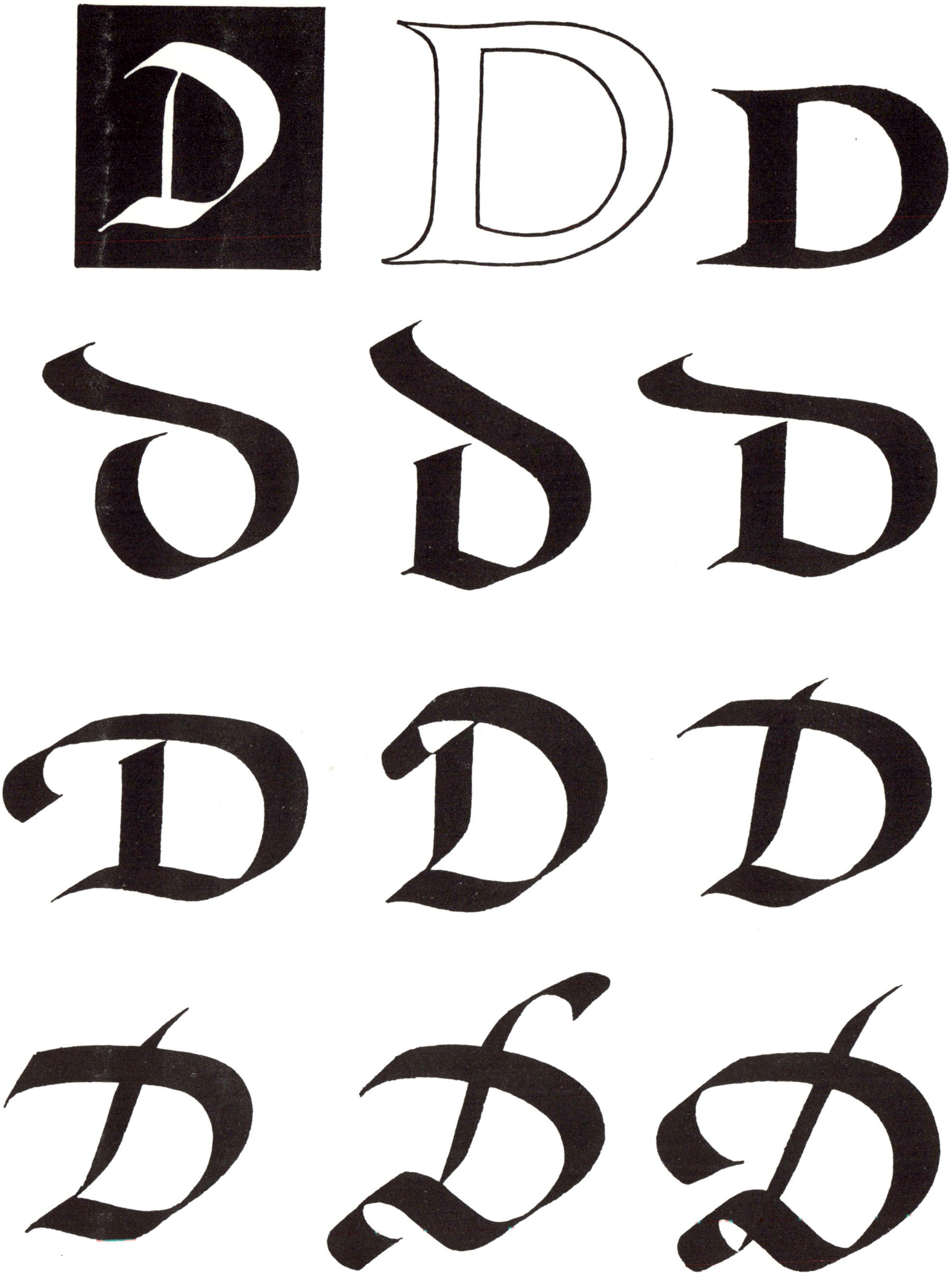

Das optisch behäbig-breite D bietet dem Schreiber eine ganze Reihe schöner Varianten für Schmuckinitialen. Aufgrund seiner spannungsreichen Grundform ergeben sich aus dem Kontrast der Senkrechten zu dem beherrschenden Bogen sehr dynamische Gestaltungsmöglichkeiten für die unterschiedlichsten Aufgaben.

Beide Buchstaben stammen aus einer Grundform; beim F entfällt lediglich der untere Querbalken des E. – Aus diesem Aufbau ergeben sich in beiden Buchstaben besonders typische und schöne Gestaltungsmöglichkeiten als Initial- und Schmuckformen.

Dieser in der Grundform sehr strenge Buchstabe kann durch gebogene Zierformen aller Art dynamischer gestaltet werden (siehe auch die Variationsformen der Cancelleresca-Versalien H H H u.a.).
Es känn sogar die kleinbuchstab-ähnliche Unzialform variiert werden.

Einfachste Form des Alphabetes; sie unterscheiden sich dadurch voneinander, daß I auf der Grundlinie endet, während J immer eine Unterlänge hat. Je nach Stellung im Text können beide Buchstaben oben links einen Ansatzschwung tragen, der jedoch beim Jot zum regelrechten Querbalken werden kann.

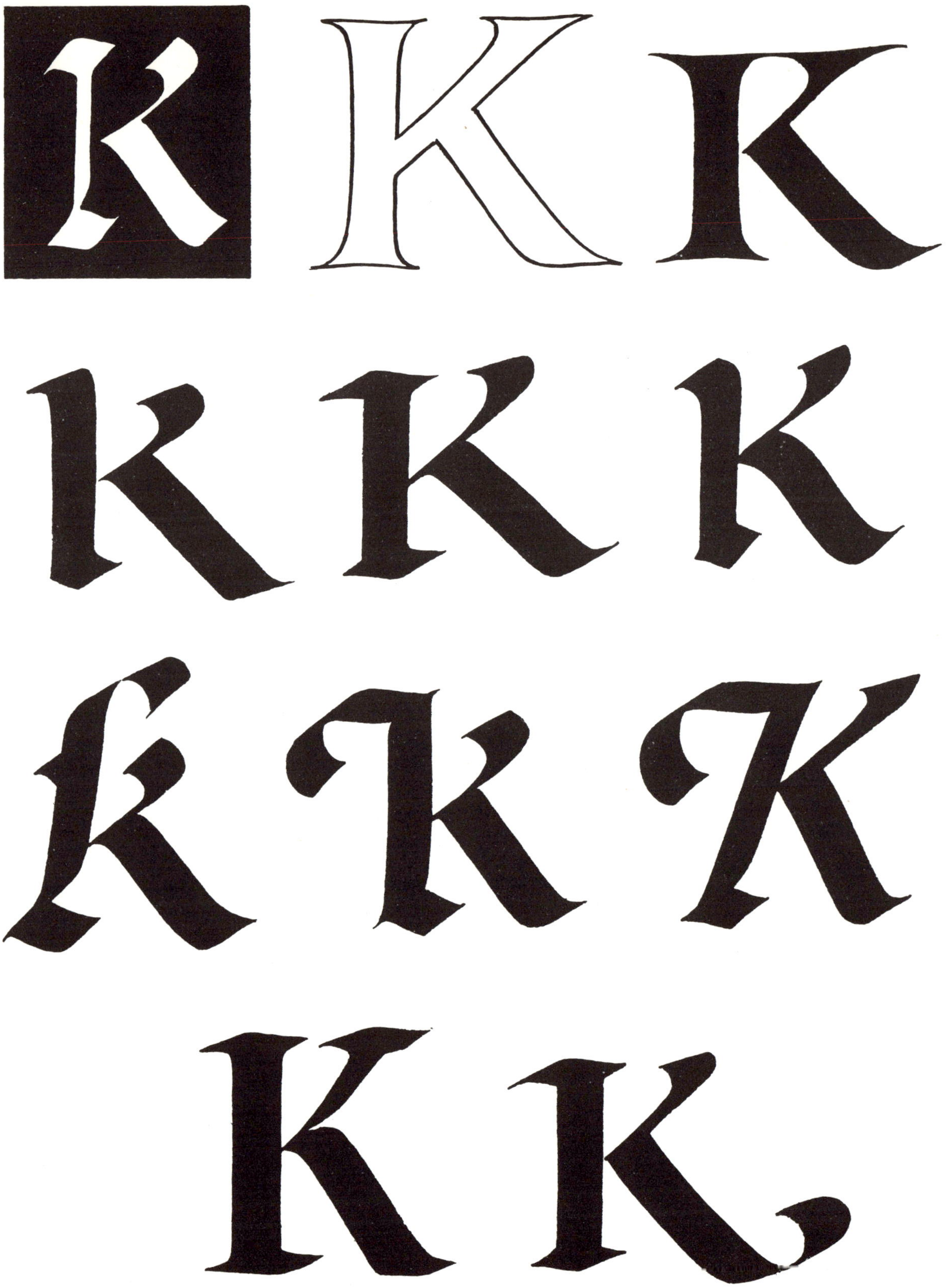

Dieser Buchstabe existierte im lateinischen Alphabet nicht, wohl aber als ϰ (Kappa) im griechischen, aus dem er im frühen Mittelalter in die Nationalsprachen Holländisch und Deutsch übernommen wurde. Seine differenzierte Form bietet sehr viele Variationsmöglichkeiten.

Bei rundem Ansatz des oberen Schrägbalkens muß eine Ähnlichkeit mit dem R-Bogen vermieden werden (Verwechselung!).

*Obwohl das **L** eine einfache Figur des Alphabets ist, erweist sich gerade deswegen seine Integration in Wörter und Texte als besonders schwierig und oft als problematisch. So wird das ›Fleisch‹ dieser sehr offenen Buchstaben vielfach durch Schwungelemente gefüllt, deren Formen stilistisch aber stimmen müssen. Siehe hierzu Teil 1 (..ausgleichen d. Wörter)*

Das M ist formal ein sehr differenziertes Formengebilde und als solches wohl schwierig zu schreiben und zu zeichnen, aber es bietet dem geschulten Schreiber eine Fülle gestalterischer Möglichkeiten. Da unser Alphabet weitgehend an Senkrechten und der waagerechten Grundlinie orientiert ist, bieten sich zur dekorativen Ausschmückung besonders der erste und zweite Balken an.

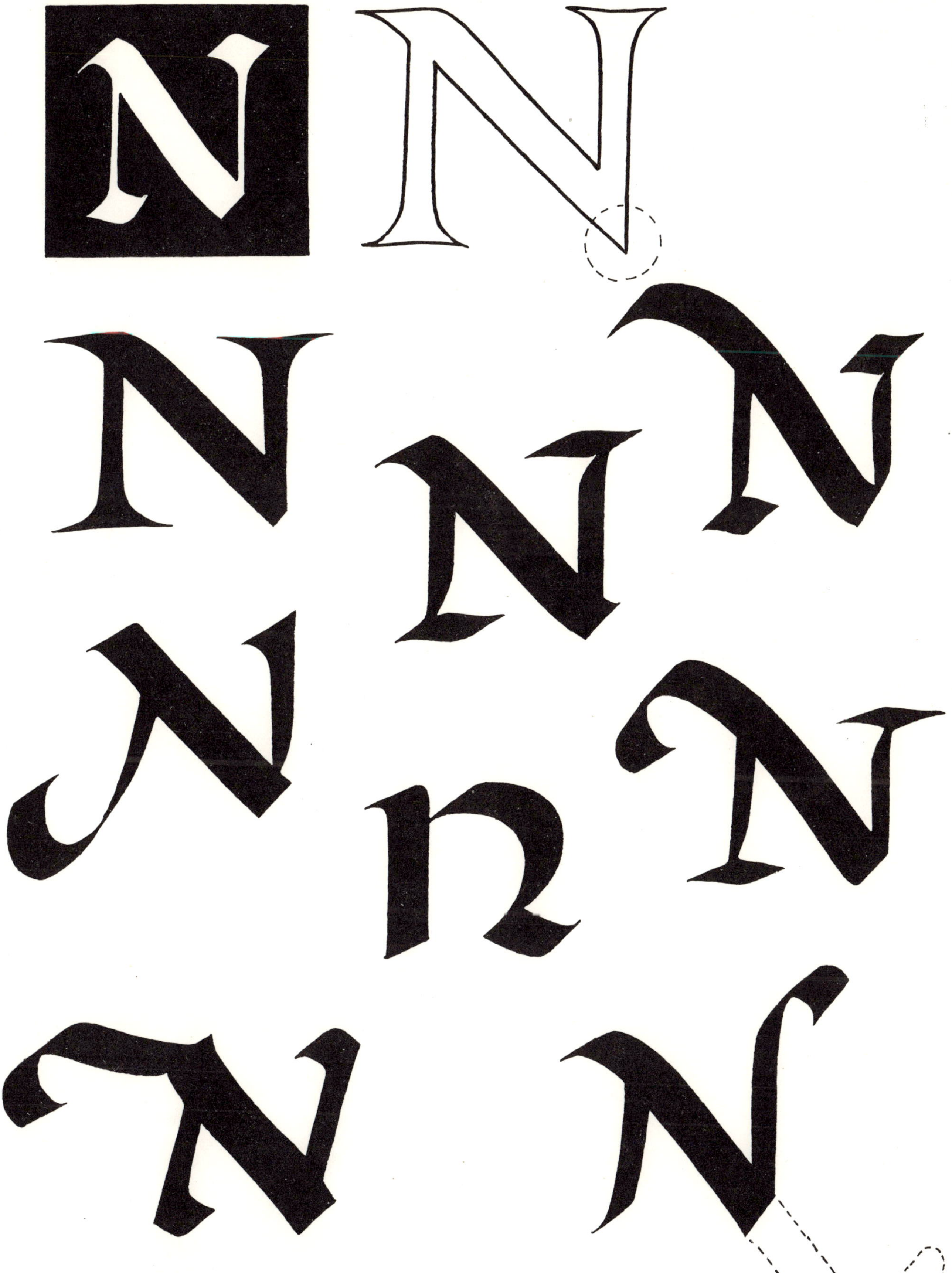

Das Charakteristikum des Buchstabens N ist sein dominierender, schräger und fetter Hauptbalken. Da er unten rechts nie einen Serifen hat, bietet sich dieser Balken sowohl in der unteren als auch in der oberen Weiterführung als äußerst dekoratives Gestaltungselement an.

Vom klassischen O und Q ausgehend bildeten sich bis zum
kleinen q und besonders in Verbindung mit dem u recht interessante und
unterschiedliche Zeichenformen. Bei flüssig geschriebenen Formen
nützt man oft und gern das ›Schwänzchen‹ als Element dekorativer Gestaltung

Beide Buchstaben stammen aus der gleichen Grundform; während beim P der Bogen betont wird, ist es beim **R** der Fuß. Beim in den Schriftblock integrierten Initial-R entsteht gerne ein zu großer Hohlraum (besser also in die erste Zeile stellen).

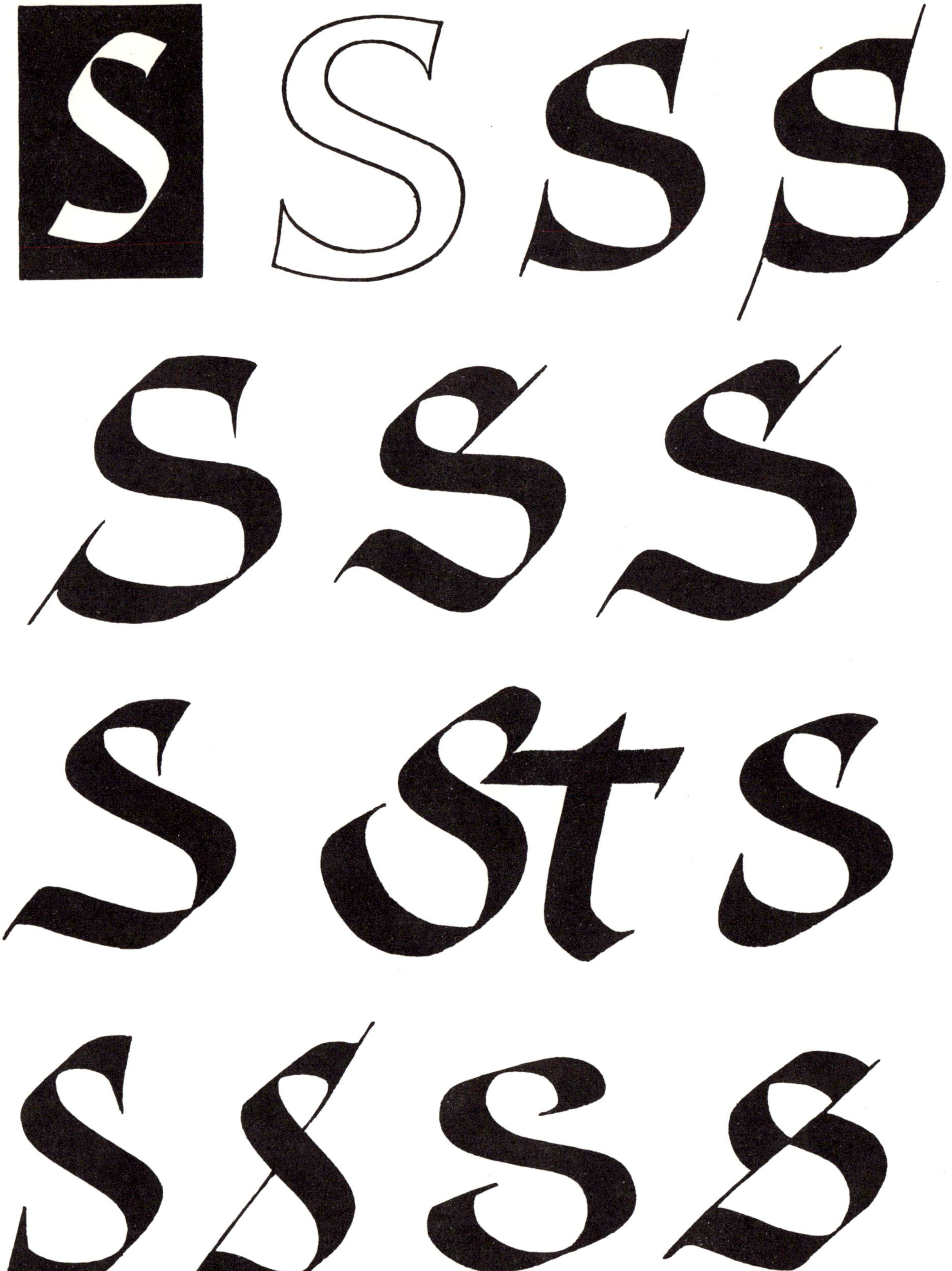

Einer der schönsten, aber auch schwierigsten Buchstaben, der besonders bei den historischen Minuskeln, Textur-, Fraktur-sowie den Kanzleikursiven eigenartige Verwandlungen erlebte, während die reinen Antiqua-Varianten sehr logisch auf der klassischen S-Form aufbauten und lediglich leichte Schwünge hinzukamen.

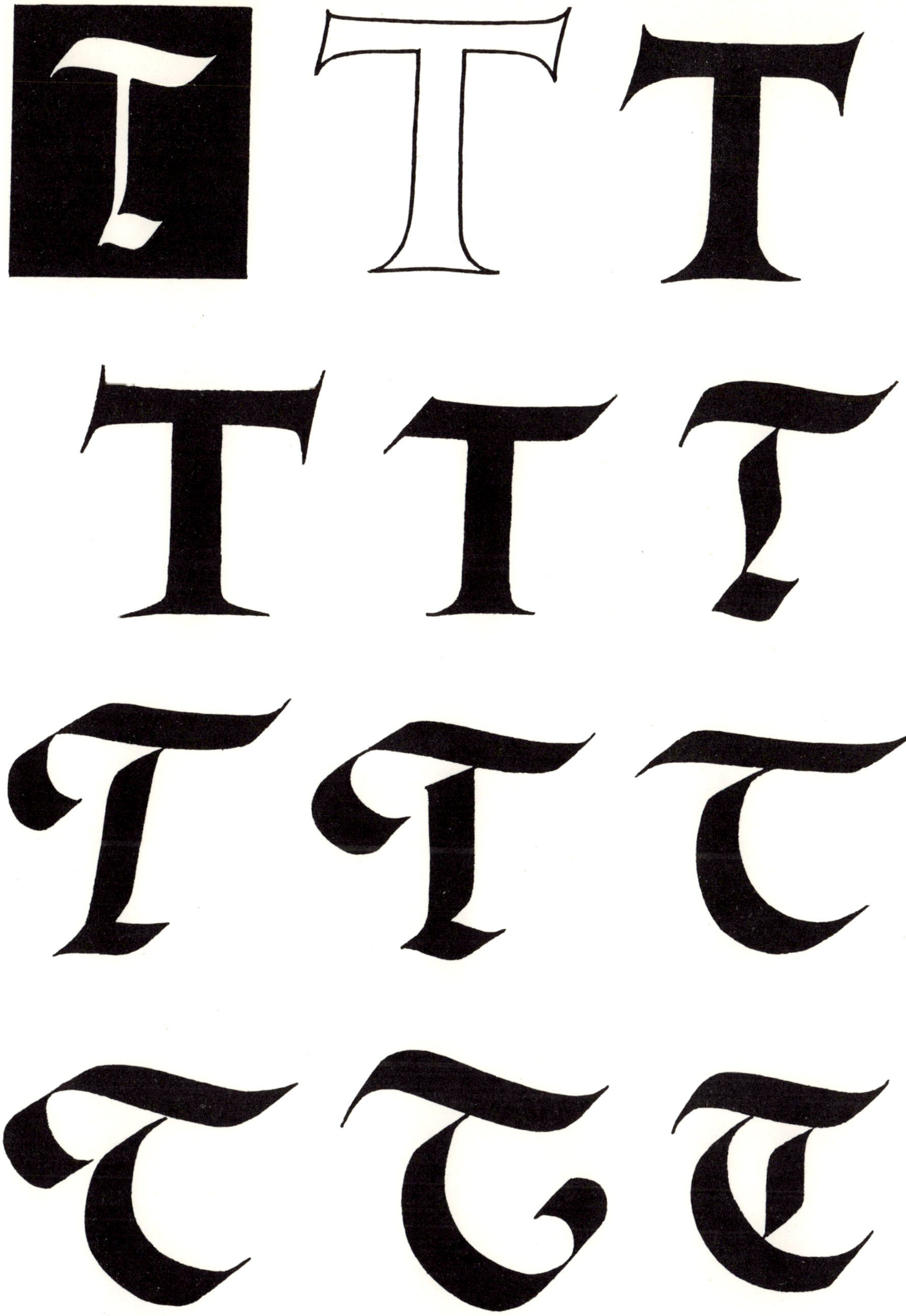

Das T ist aufgrund seiner sehr offenen Form oft nur schwer im Schriftblock zu integrieren, da es gern ›Löcher reißt‹. Aus diesem Grund wird die Strenge der Zwei-Balken-Form häufig durch den gebogenen Schaftteil (wie auch in der Unzialschrift) oder durch einen geschwungenen Querbalken vermieden.

Wie K, W und Z war auch das U den Römern unbekannt: es bildete sich im Früh-Mittelalter aus dem V und wurde auch unterschiedlich gesprochen. Man beachte in Band 1 den Karolingische Minuskel. Beim V ist darauf zu achten, daß auch bei stark gebogenen Schrägbalken die Dreieckform eindeutig erhalten bleibt.

Auch das W war dem römischen Alphabet fremd. Es entstand durch Verdoppelung des V als weiche Lautform. Daher wird es auch recht unterschiedlich geschrieben. Wichtig ist, daß man zu breite Formen vermeidet, um die Geschlossenheit der ganzen Form nicht zu gefährden. Fortsetzung nächste Seite ▷

X und Ypsilon sind aus dem griechischen Alphabet übernommen worden und veränderten ihre Form nur unwesentlich. Während das X kaum Möglichkeiten für Zierformen bietet, ist die Kelchform des Ypsilon schon bei den Römern häufig als überhöhter Buchstabe eingeschoben worden.

Das im römischen Alphabet unbekannte Z hat während seiner Entwicklung viele Veränderungen erfahren, besonders durch die gebrochenen Schriften (siehe Teil 1). Eine diesen Varianten ähnliche Form erscheint hier in Zeile 4, Mitte, das in den Kurrent-(Hand-)schriften noch oft verwendet wird.

Alle Schmuckbuchstaben dieser und der folgenden Seite sind mit der Bandzugfeder geschrieben und sind für diejenigen Schriften als Initialen geeignet, die ebenfalls mit Flachfeder oder -pinsel geschrieben wurden. Es ist unerläßlich, daß sich der Schreiber vorher Gedanken darüber macht, was möglich bzw. erwünscht ist. Erst dann sollte zur Feder gegriffen und geübt werden!

Außer fleißigem Üben setzt das Entwerfen und Schreiben solcher Initialen viel Grundwissen über Gestaltungsmöglichkeiten sowie Zierform-Studium voraus. – Die hier gezeigten Formen könnten jeweils zum kompletten Alphabet ergänzt werden. – Darüber hinaus können die gezeichneten Schmuckformen der Teile 1 und 2 wertvolle Anregungen vermitteln.

Anwendung der geschriebenen Schrift

Schon im Teil 1 wird mit Nachdruck darauf hingewiesen, daß das Schreiben die »Hohe Schule« für die Schriftanwendung überhaupt darstellt. In Teil 2 wird ein einfaches Grundalphabet vorgestellt, das demjenigen, der sich dem Schriftschreiben ernsthaft widmen möchte, ermöglicht, sich mit Filzstift, Bandzugfeder oder Flachpinsel in die Formenwelt der Kursive (lateinisch: currere = laufen) einzuschreiben. Voraussetzung für richtiges Schreiben ist eine gewisse Liebe zur Sache, aber auch eine vorhandene Begabung. Ohne diese beiden Voraussetzungen und den notwendigen Fleiß ist ein Erfolg nicht möglich. Derjenige aber, der genügend übt, wird bald feststellen, daß es sich gelohnt hat: Auch in der Gegenwart hat das Schreiben durchaus einen Stellenwert, ja, es ist für Graphiker, Werbetechniker und Schauwerbegestalter von grundlegender Bedeutung. Nur durch das Schreiben *erfährt* man die differenzierten Form- und Proportionswerte der einzelnen Zeichen und ihre Zuordnung zum Wortbild, lernt ihre Charaktere kennen und sie anzuwenden.
Der Computer verführt vielfach zu Fehlern, wenn derjenige, der ihn bedient, nicht die Schule des Schreibens durchlaufen hat, die ihn zwang, die Schriftformen mit dem Schreibwerkzeug zu beherrschen und typographisch richtig einzusetzen. Die Anwendung in der Praxis bietet viele Möglichkeiten, die auf den folgenden Bildseiten in gedrängter Form angedeutet sind. Weitere Beispiele zeigen die Teile 1 und 2. Die historischen Bilder verdeutlichen, wie Initial und Text zu einem gestalterischen Ganzen vereint sind, und sie zeigen Möglichkeiten der Anwendung, die z. B. bei der Urkunde oder dem Schmuckblatt reizvolle Aufgaben bieten.
Die Schreibschrift spielt in der Außenwerbung eine wichtige, aber auch umstrittene Rolle. Einige Beispiele zeigen, wie mit dem Pinsel direkt auf den Putz (oder auch das Schild) geschrieben werden kann: Die Häusernamen oder Firmenbezeichnungen »Gelber Hammer« und »Zum Schlößli« mögen dies illustrieren. Hier ist in bester Gestaltung und Schriftmischung (Renaissance-Antiqua mit einer Frakturform) deutlich gemacht, wie Schrift an der Fassade erscheinen sollte: im Charakter dem Stil des Hauses angepaßt, nach Größe und Farbe in die Fassade integriert. Das bedeutet stets Einordnung der Schrift in die gegebene Architektur, um Schmuckelement und nicht Störfaktor des Ganzen zu sein. Hier wird in der Praxis am allermeisten gesündigt. Nicht die Größe macht die Qualität aus, sondern Charakter, Schriftart und ihre Integration in die Fassade, die nicht in erster Linie Schriftträger ist. Es wird schließlich kein Haus um die Schrift herumgebaut!
Ein Problem taucht bei der Anwendung der geschriebenen Schrift immer wieder auf. Der Gegensatz zwischen der Statik der Architektur und der Kursivschrift. In diesen Fällen hat es sich als hilfreich erwiesen, wenn die Schrift auf einem von der Fassade getrennten Schriftträger aufgebracht wird. Dadurch gibt man der Schrift ihren eigenen Lebensraum, der seinerseits der Architektur entspricht und in sie integriert ist. Nur so gelingt es, beide zu einer Einheit zu verschmelzen. Hierzu sind auf speziellen Bildseiten (124 und 125) unter dem Titel »Schrift und Baustil« in einem historischen Abriß die Stilabhängigkeiten und -merkmale der einzelnen Schrift- und Architekturformen dargestellt. Sie können weder erschöpfend noch verbindlich sein, aber das Wissen um die geschichtlichen Zusammenhänge muß auch heute die fachliche Grundlage jedes Schriftfachmanns sein. Auf die bei der Restaurierung alter Bausubstanz wiederholt erhobene Forderung nach der Einheit von Schrift und Bau sei hier hingewiesen, denn mangels Kenntnis der Gesamtproblematik werden allzu viele Gestaltungssünden begangen.
Wie jede Schriftform benötigt die Kursive besondere Lebensräume, in denen sie ihre volle Charakteristik entfalten kann. So muß darauf geachtet werden, daß die schrägstehenden Buchstaben und Wortbilder nicht aus den Flächen (Fassadendetails) herauslaufen, was bedeutet, daß z. B. neben einer rechten Hausecke keine Kursivschrift zu knapp enden, neben einer linken Ecke nicht zu früh beginnen darf, weil hierdurch die optische Täuschung den Eindruck vermittelt, die Schrift laufe weiter oder setzte sich als Schriftband fort. Eine geradstehende Schrift wird diesen Eindruck weitaus weniger vermitteln, da die Betonung hier in der Senkrechten liegt. Teil 1 befaßt sich eingehender mit dieser Problematik, die an Fahrzeugen in gleicher Weise auftritt; allerdings handelt es sich dabei um bewegliche Objekte, an denen es mitunter sogar wünschenswert erscheint, wenn Schrift oder Zeichen optisch weiterlaufen.
Kursivschriften, auch die gebrochenen Schriften des Mittelalters oder die Antiquaformen der Renaissance, sind in harten Materialien nur unzulänglich darzustellen. Sie wirken in den meisten Fällen erstarrt, mitunter sogar verkrampft. So bleibt auch in diesen Fällen der in sich geschlossene Schriftträger (Glas- oder Holzschild, in Metallgeätzte handgeschriebene Schrift u. a.) die bessere Lösung. Vor jedem Einsatz derartiger Schriften muß also über einige Vorentwürfe ein genauer Entwurf angefertigt werden, um zur bestmöglichen Lösung zu gelangen. Die Gefahr, durch eine schlecht geschriebene Antiqua, Kursive oder Fraktur eine Fassade zu verunstalten,

ist ungleich größer als bei Verwendung einer normalen Druckschrift. Die geschriebene Schrift ist zeichnerisch umzusetzen; man kann aber nicht zeichnerisch-konstruktiv eine Schreibform nachahmen. Eine Ausnahme bildet hier die Englische Schreibschrift: Ihren Spitzfederduktus kann man auch konstruktiv nachzeichnen, zumal das Schreiben mit (kaum noch erhältlichen) langen Spitzfedern nur in geringer Größe möglich ist und eine besondere Übung verlangt. Warum aber dann nicht gleich den Fotosatz oder den Schriftcomputer zu Hilfe nehmen;

Hausname in Fraktur in optimalem Verhältnis zur Tür

St. Galler Psalterium, geschrieben um 870 von Folchart

Gotische Minuskel an restauriertem Altbau

Geschriebene Antiqua-Versalien

Hausname in geschriebener Rotunda

Richtige Schriftmischung:
Fraktur mit Antiqua-Versalien

Geschriebene Unziale am historischen Altbau

Barocke Fraktur mit vergoldeten Initialen

Historischer Ausleger mit Frakturform

Historistische Textur
(falsche S-Formen in »weissen«)

Antiqua-Kursive im Ausleger, barockisierend

Moderne Pinselkursive in gutem Stil

Moderne Antiqua-Versalien

Fahrzeugbeschriftung in einfacher Fraktur

Fassadenbeschriftung: verzierte Fraktur
mit barockisierendem Schmuck

Frakturbeschriftung am historischen Altbau
mit Schmuck-Initialen

Oldtimer in Originalbeschriftung. Moderne
Barock-Antiqua mit Englischer Schreibschrift

Moderne Ladenbeschriftung in freigestalteter
Kursive mit Initialen. Gute Schriftmischung

Für ein Kind

GÜNTER BRUNO FUCHS

Ich habe gebetet für dich. So nimm von der Sonne und geh.
Die Bäume werden belaubt ſein.
Ich habe den Blüten geſagt, ſie mögen dich ſchmücken.

Kommſt du zum Strom: Da wartet ein Fährmann.
Zur Nacht läutet ſein Herz übers Waſſer.
Sein Boot hat goldene Planken, die tragen dich.

Die Ufer werden bewohnt ſein.
Ich habe den Menſchen geſagt, ſie mögen dich lieben.
Es wird dir einer begegnen: Der hat mich gehört.

Geschriebenes Gedicht in moderner Cancellaresca

Moderne Unzialschrift mit unterschiedlichen Antiquaformen gemischt

Ladenbeschriftung in neuerer Fraktur mit Initialen.

Historisierender Ausleger mit Englischer Schreibschrift und Zierinitialen

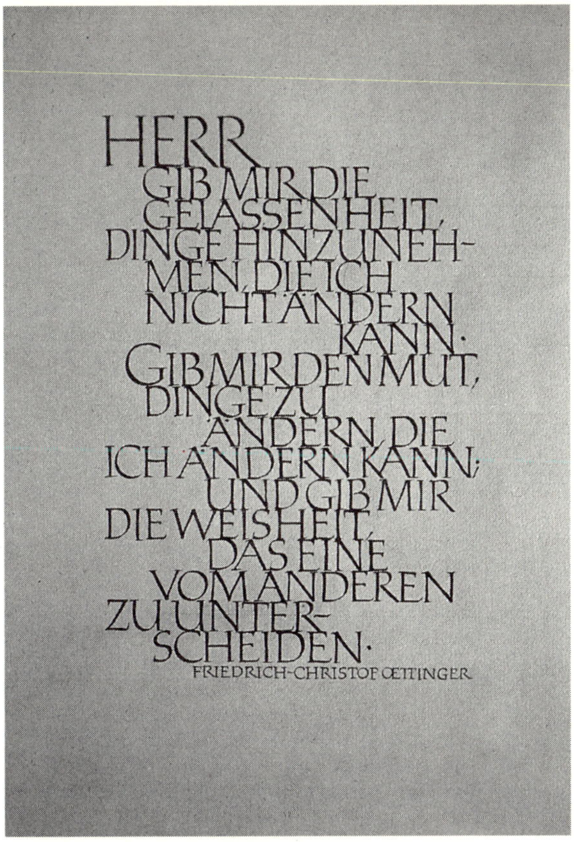

Sinnspruch in Antiqua-Versalien mit Breitfeder geschrieben, zweifarbig

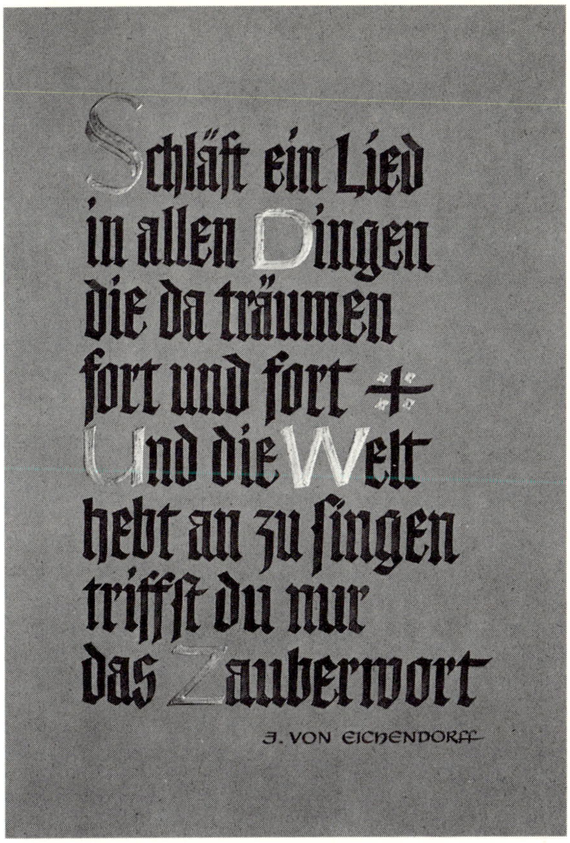

Textur-Schriftblatt mit vergoldeten Initialen in Antiquacharakter (Schülerarbeit)

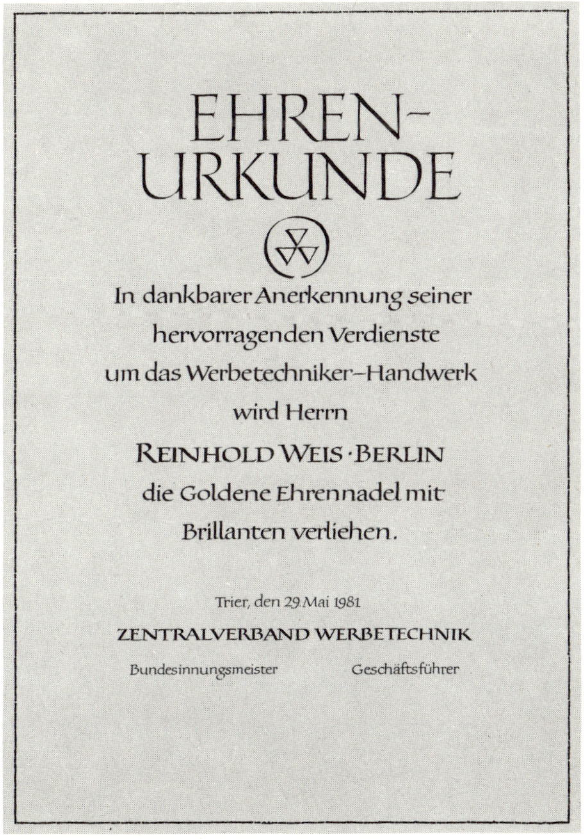

Ehrenurkunde, geschrieben in Antiqua-Versalien und gemischt mit Minuskeln, zweifarbig

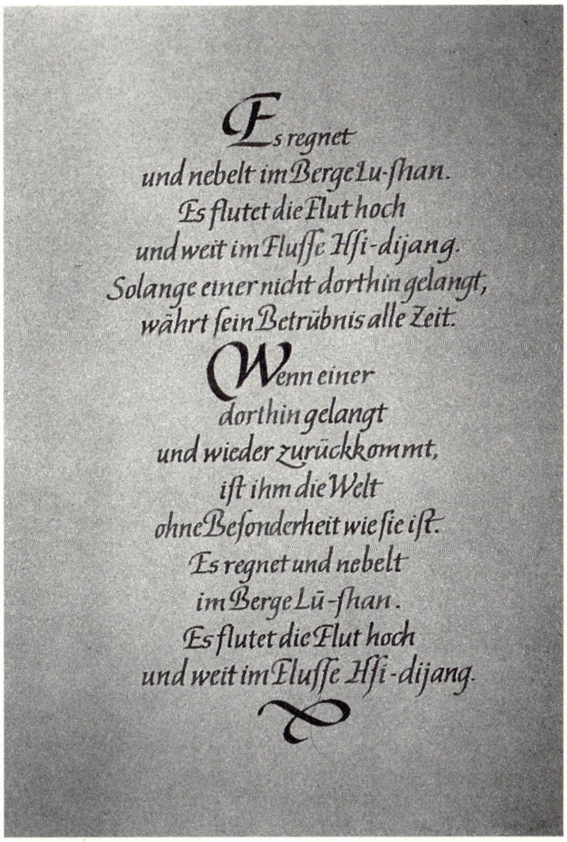

Schriftblatt in Antiqua-Kursive mit farbigen Schmuckinitialen

Literatur

Barthel, Gustav: Konnte Adam schreiben?, Weltgeschichte der Schrift, Köln 1972

Boehland, Johannes: Der Schriftschreiber und Graphiker, Berlin 1966/67

Claiborne, Robert: Die Erfindung der Schrift, Hamburg 1974

Degering, Hermann: Die Schrift, Die Entwicklung unserer Schrift, Tübingen 1929

Doede, Werner: Schön schreiben – eine Kunst, Die Nürnberger Schreibschule, München 1966

Erdmann, Herbert: Buchstabe der Steinzeit – Schrift der Gegenwart, Erzählungen um die Entwicklungsgeschichte der Schrift, Donauwörth 1977

Fairbanks, Alfred, und Berthold Wolpe: Renaissance Handwriting, London 1960

Földes-Papp, Cároly: Vom Felsbild zum Alphabet, Stuttgart 1966

Fugger, Wolfgang: Ein nutzlich und wohlgegrundt Formular Mancherley schöner schriefften, Das Schreibmeisterbuch von 1553, München-Pullach 1967

Gürtler, André: Die Entwicklung der lateinischen Schrift, Basel o. J.

Hogarth, William: Artur Bakers Historie kalligraphischer Alphabete, New York 1980

Johnston, Edward: Schreibschrift – Zierschrift – angewandte Schrift, Braunschweig

Käch, Walter: Rhythmus und Proportion in der Schrift, Olten Froiburg 1956

Kapr, Albert: Deutsche Schriftkunst, Dresden 1959

Kapr, Albert: Schriftkunst, Geschichte, Anatomie und Schönheit der lateinischen Buchstaben, Dresden 1971

Maier, Manfred: Elementare Entwurfs- und Gestaltungslehre, Programm der Basler Kunstgewerbeschule, Band 2, Stuttgart 1977

Meyer, Hans Ed.: Die Schriftentwicklung, Zürich 1959

Nettelhorst, Leopold: Schrift muß passen, Schriftwahl und -ausdruck in der Werbung, Wirtschaft und Werbung, Essen 1959

Plata, Walter: Schätze der Typographie, Gebrochene Schriften, Frankfurt/Main 1968

Reimann, Ernst: Der Große Schriftatlas, Stuttgart 1970/1978

Tschichold, Jan: Meisterbuch der Schrift, Ravensburg 1952/1979

Willers, Annemarie: Kleine Stilfibel in Schrift- und Grundrißbildern, Dresden 1966

Zapf, Hermann: Mit Feder und Stichel, Frankfurt 1952